UNIVERS PORT-ROYAL
sous la direction de Jean Lesaulnier
28

Fénelon et Port-Royal

Actes de la journée d'étude « Fénelon et Port-Royal » qui s'est tenue à l'abbaye de Saint-Germain-des-Prés, à Paris, le 2 mars 2015

Fénelon et Port-Royal

Sous la direction de Patricia Touboul,
Laurence Devillairs et Alberto Frigo

PARIS
CLASSIQUES GARNIER
2017

Patricia Touboul est agrégée de philosophie, docteur en littérature française, maître de conférences en esthétique et philosophie de l'art à l'université Paul-Valéry – Montpellier III. Elle est coauteur d'une anthologie, *Le Corps* (Paris, 2002), auteur de *Fénelon et les arts du dessin* (Paris, 2012) et de plusieurs articles sur le XVIIe siècle ainsi que sur l'esthétique et l'art contemporains.

Laurence Devillairs, agrégée de philosophie et docteur en philosophie, enseigne à l'Institut catholique de Paris et au Centre Sèvres. Elle est l'auteur de plusieurs ouvrages sur Descartes, Leibniz, et Fénelon, dont *Fénelon. Une philosophie de l'infini* (Paris, 2007), ainsi que d'une anthologie *Fénelon ou le génie méconnu* (Paris, 2012). Elle a récemment publié *Guérir la vie* (Paris, 2017).

Alberto Frigo, ancien élève de l'École normale supérieure de Pise, docteur en philosophie et agrégé de philosophie, a enseigné aux universités de Caen et de Paris-Sorbonne. Il prépare actuellement une édition de la *Théologie naturelle* de Raymond Sebond. Il est l'auteur de *L'évidence du Dieu caché. Introduction à lecture des* Pensées *de Pascal* (Rouen, 2015) et de *L'Esprit du corps. La doctrine pascalienne de l'amour* (Paris, 2016).

ISBN 978-2-406-05824-3 (livre broché)
ISBN 978-2-406-05825-0 (livre relié)

AVANT-PROPOS

En cette année 2015, nous célébrons le tricentenaire de la mort de Fénelon. À cette occasion, plusieurs manifestations, conférences, colloques se déroulent en France, aussi bien à Cambrai, à Lille, au château de Sainte-Mondane, son lieu natal dans le Périgord, qu'à Strasbourg. Notre journée d'étude s'inscrit dans le cadre de ces célébrations, et nous espérons qu'elle apportera une contribution éclairante à certains aspects de l'œuvre de Fénelon, en l'occurrence à ceux qui se trouvent en rapport avec la pensée de Port-Royal.

La question que nous avons retenue pour cette journée d'étude est d'une certaine façon une question « mal aimée » ; une question, peut-être en raison de ses aspects abstraits, trop théologiques ou trop philosophiques – ce sera précisément l'un des points sensibles que nous espérons aborder aujourd'hui –, que Henk Hillenaar, en 2000, estimait quelque peu délaissée parmi les études féneloniennes. Et force est d'observer que, quinze ans plus tard, ce constat reste vrai, comme il reste vrai que la thèse sur la question du jansénisme de Fénelon, qu'Eugène Griselle appelait de ses vœux en 1912, n'a toujours, à notre connaissance, pas trouvé de candidat.

Pourtant les récents travaux publiés – par Jacques Le Brun ou Sylvio De Franceschi –, de même que les récentes études sur la bulle *Unigenitus*, ont permis de mesurer la nécessité d'approfondir cette perspective afin d'enrichir la connaissance de la philosophie de Fénelon, celle des interprétations de la théologie augustinienne, et enfin l'ecclésiologie de la fin du XVIIe siècle et du début du XVIIIe siècle.

Il faut aussi souligner, en dépit des apparences, que Fénelon est « trop » connu, donc méconnu, souvent réduit à quelques clichés : il est l'auteur du *Télémaque*, et l'étrange défenseur d'un amour pur, exclusif de tout sentiment. S'il est méconnu, c'est que, pour une large part, il est incompris. Son entreprise est, certes, périlleuse : proposer une sorte de métaphysique de l'expérience mystique, en la définissant dans ses principes, sa pureté, sans rien y mettre de psychologie ou d'expérience mondaine, et – plus singulier –, sans faire intervenir *a priori* la promesse des vertus théologales, celle de l'espérance notamment, qui devient conséquence, et non plus cause, de l'amour pour Dieu. Un amour pur qui, peut-on dire, est apophatique, en cela que l'amour de Dieu est avant tout impliqué par la purification conceptuelle de l'idée même de Dieu. Faire admettre cette idée impliquait un singulier combat, que Fénelon, eu égard à la *doxa* de son temps, ne pouvait que perdre.

Mais c'est aussi cet autre combat – contre le jansénisme – qu'on connaît encore mal. Un combat qui revêtait une importance toute particulière, puisqu'il mettait cette fois-ci, en apparence du moins, Fénelon du côté de l'Église en avouant que la lecture de la Bulle *Unigenitus* lui aurait donné l'« une [de ses] plus grandes consolations ».

Ce combat contre le jansénisme – qui s'ajoute à tous ceux d'une existence pour le moins mouvementée –, qui s'est traduit par un foisonnement d'écrits – instructions pastorales diverses, mémoires, correspondance –, lui a permis en effet de préciser sa théologie, son ecclésiologie, mais aussi bien sa philosophie qui trouve là sa pleine maturité, sinon son achèvement, par les réponses qu'elle apporte à la doctrine supposée des jansénistes sur la grâce efficace, et plus généralement aux grandes problématiques du temps : celles de l'accord du libre arbitre et de la grâce, du libre arbitre et de la nécessité, de la nature du libre arbitre, de la volonté, de la concupiscence et de l'amour, de la délectation en général et dans l'amour de Dieu. Que ce soit dans l'*Instruction pastorale en forme de dialogues sur le système de Jansénius*, ou bien dans l'importante correspondance avec François Lamy, Fénelon entend combattre ce qu'il pense être les erreurs du jansénisme, décidé à enterrer, moralement et théologiquement, l'*Augustinus* de l'hérétique Jansénius, sous son propre *Augustinus Cameracensis*.

Fénelon est en effet convaincu que les disciples de Jansénius sont aveuglés, disciples de Calvin plus que d'Augustin. Aveuglés sur la question de la grâce, ils le sont aussi quant à la nature de la délectation suscitée par la grâce, et au rôle joué par la volonté ; ils se trompent de même sur la nature de la volonté et du libre arbitre, donc également sur le sens du péché, ce qui conduit à une anthropologie entièrement négative, et à la privation de la part que l'homme prendrait à son salut. Mais l'aveuglement des jansénistes est plus profond encore : ils refusent de se soumettre à l'Église, par l'acceptation pleine des conclusions de la bulle *Unigenitus*, et se comportent ainsi comme d'authentiques hérétiques.

Fénelon avait-il raison de penser cela ? Jacques Le Brun rappelle à juste titre que « l'infaillibilité de l'Église qu'il professait n'était pas exactement celle dont la papauté réclamait la reconnaissance[1] » ; quant à sa lecture de saint Augustin, on ne peut dire qu'elle soit fidèle – si tant est que ce qualificatif ait un sens –, traversée qu'elle est par les lectures qui l'orientent, dont celle de Descartes n'est pas la moindre.

De cette controverse qui a opposé Fénelon à la pensée de Jansénius, on trouve un échantillon remarquable, parce que opérant une synthèse entre ses différents aspects, dans l'*Instruction pastorale [...] en forme de dialogues sur le système de Jansénius*. À travers des dialogues fictifs échangés avec le personnage de Fremont incarnant le « jansénisme », Fénelon veut réduire à néant les erreurs d'un parti, d'une cabale. Mais il est piquant d'observer qu'il emprunte précisément les armes de ses ennemis, en prenant pour modèle les *Lettres Provinciales*, d'un certain Blaise Pascal, défenseur de la grâce efficace. Ce paradoxe n'en est peut-être qu'un parmi d'autres. Bien des aspects de cette polémique restent à élucider, dont, on l'a dit, celui des sources qu'exploite le prélat, pour réfuter l'adversaire, et des interprétations qu'il en propose : qu'elles soient philosophiques (Aristote, saint Augustin, saint Thomas, Suárez, Descartes, l'occasionnalisme de Malebranche), patristiques ou spirituelles. C'est par l'élucidation de ces sources qu'il sera permis de mesurer plus objectivement l'écart qui sépare, sur le plan de la doctrine, Fénelon de ce qui n'est peut-être qu'un adversaire imaginaire, un « fantôme », même si ce fantôme peut trouver à s'incarner et à se démultiplier dans un diocèse dont Fénelon assure que, comme le diable, il est partout.

Par ailleurs, le combat contre le jansénisme ne saurait être analysé sans être référé, même indirectement, à l'autre grande querelle, celle du quiétisme, qui a aussi fait de Fénelon un ennemi de l'Église. Car, ne l'oublions pas, ce sont bien deux ennemis de l'Église qui s'opposent, et cela peut, peut-être, contribuer à une forme de rapprochement, certes forcé, mais qui soulignerait le paradoxe dont sont sujets les disciples de Jansénius (partisans d'un « fixisme » doctrinal, ils ne se soumettent cependant pas aux décisions de l'Église), et Fénelon lui-même (disposé à toute obéissance mais ouvert à la notion de tradition vivante).

---

1 « Introduction », dans *Fénelon. Œuvres*, t. I, Paris, Gallimard, « Bibliothèque de la Pléiade », 1983, p. XXV.

Mais ce rapprochement n'est peut-être au fond pas si forcé qu'il n'en a l'air. Que Fénelon se soit présenté lui-même comme l'adversaire du jansénisme signifie-t-il qu'il l'ait été de Port-Royal, autrement dit de toute la production intellectuelle qui lui revient ? Les différends autour de la grâce, ou ceux autour de l'oraison, lesquels ont opposé si vivement Bossuet et Nicole à Fénelon permettent-ils de conclure à une incompatibilité générale d'idées ? Au contraire, bien des conclusions, qu'elles touchent à la morale, à la pédagogie ou à l'esthétique, leur sont communes – tandis qu'elles s'écartent, ensemble et résolument, de celles des jésuites – Fénelon pas plus que ses prétendus « ennemis » n'appréciant l'indigne souplesse de la morale des casuistes ni l'excès ornemental de leur prose ou de leurs ouvrages plastiques. Ennemi des jansénistes, donc, l'archevêque de Cambrai le serait-il autant de Port-Royal ?

Il y a là, on le voit, comme le réclamait jadis de ses vœux Henri de Lubac, l'occasion pour une riche enquête qui rende compte de la pensée fénelonienne dans ses constantes tout autant que dans ses évolutions. Ce sont ces différentes facettes que nous nous proposerons d'examiner dans le cadre de cette journée et qui, nous l'espérons, nous conduira à nuancer l'image sans doute trop rigide d'un Fénelon adversaire du jansénisme.

Nos remerciements iront tout d'abord à la Société des Amis de Port-Royal, et à son président, Simon Icard, qui ont accueilli et, pour ainsi dire, conçu ce projet en même temps que nous. Ils iront aussi à ces figures tutélaires : à Philippe Sellier, pour les constants encouragements qu'il nous a prodigués et pour les conclusions qu'il a, avec énergie et enthousiasme, rédigées au pied levé ; à Jacques Le Brun, qui nous a fait l'honneur de sa présence, et dont les travaux sur Fénelon n'ont cessé de nous inspirer. Enfin, nous remercions la paroisse de Saint-Germain-des-Prés qui a généreusement mis à notre disposition cette belle salle.

Laurence DEVILLAIRS,
Alberto FRIGO et Patricia TOUBOUL

LE PARTI MOLINISTE FACE À L'IMPOSSIBLE MISE EN SYSTÈME DE LA DOCTRINE JANSÉNISTE

Le rôle de la notion théologique de délectation victorieuse dans la genèse de l'antijansénisme fénelonien

La confrontation des systèmes théologiques dans la moderne querelle catholique de la grâce a obligé les protagonistes à tenter d'identifier les concepts cardinaux à partir de quoi caractériser la doctrine de la partie adverse ou autour desquels articuler leur questionnement polémique. Il est revenu aux deux premières *Provinciales*, respectivement consacrées à la notion de *pouvoir prochain* et à celle de *grâce suffisante* de définir dès 1656, et pour plusieurs décennies, deux cordonnées essentielles du débat[1]. Encore au début du XVIIIe siècle, la discussion sur le concept thomiste de *potestas proxima* et sur l'existence d'une *gratia sufficiens* entendue *more thomistico* demeure un passage obligé du discours controversial *in materia gratiæ et prædestinationis.* Une troisième notion, celle de délectation

1 Sur la campagne des *Provinciales*, voir O. Jouslin, *La campagne des* Provinciales *de Pascal. Étude d'un dialogue polémique*, 2 vol., Clermont-Ferrand, 2007. Consulter aussi L. Cognet, « Les *Provinciales* et l'histoire » (1965), repris dans B. Pascal, *Les Provinciales, Pensées et opuscules divers*, éd. G. Ferreyrolles et Ph. Sellier, Paris, 2004, p. 157-229, E. D. James, « *The Problem of Sufficient Grace and the* Lettres Provinciales », *French Studies*, XXI/3, 1967, p. 205-219, J. Plainemaison, « Blaise Pascal et la *grâce suffisante* des thomistes dans les *Provinciales* », *Revue thomiste*, LXXX/4, 1981, p. 575-585, repris dans ID., *Blaise Pascal polémiste*, Clermont-Ferrand, 2003, p. 57-69, et *id.*, « Pourquoi les *Provinciales* ou une guerre perdue d'avance », *Revue historique*, CCLXXXVII/1, 1992, p. 61-88, repris dans ID., *Blaise Pascal polémiste*, *op. cit.*, p. 27-56. Voir également *La campagne des* Provinciales. *Actes du colloque de Paris, 19-21 septembre 2007*, *Chroniques de Port-Royal*, 58, 2008, en particulier S. De Franceschi, « Les premiers jansénistes face à la doctrine thomiste. Jansénisme et thomisme à la veille de la campagne des *Provinciales* », p. 307-322, et J.-P. Gay, « L'écriture de l'histoire des *Provinciales* : révélateur des transformations des usages et des fonctions de la polémique ? », p. 35-49. On se permet également de renvoyer à S. De Franceschi, *Entre saint Augustin et saint Thomas. Les jansénistes et le refuge thomiste (1653-1663) : à propos des 1re, 2e et 18e* Provinciales, préf. G. Ferreyrolles, Paris, 2009.

victorieuse, *delectatio uictrix*, tend toutefois à devenir prédominante dans les argumentaires antijansénistes peu avant la fulmination de la Bulle *Unigenitus*, réorientation de la dispute dont Fénelon a été tenu responsable[2]. Il y a là un fait polémique digne d'intérêt et que les contemporains ont eux-mêmes relevé, constatant que l'archevêque de Cambrai était devenu la figure de proue du parti moliniste[3]. Dans ses *Observations importantes*

---

2 Sur le thème augustinien de la délectation, outre les analyses de Ph. Sellier, *Pascal et saint Augustin*, Paris, 1995 [¹1970], « Les deux délectations », p. 329-335, voir Y. Mochizuki, « La délectation dans les *Écrits sur la grâce*. Une orientation nouvelle dans les controverses jansénistes », *Pascal, auteur spirituel*, éd. D. Descotes, Paris, 2006, p. 351-392, L. Devillairs, « Le plaisir en théologie : Port-Royal et ses adversaires », *Ruine et survie de Port-Royal (1679-1713). Actes du colloque international organisé par la Société des Amis de Port-Royal (Paris, Port-Royal des Champs, 22-23 septembre 2011)*, éd. S. De Franceschi et R. Mathis, *Chroniques de Port-Royal*, 62, 2012, p. 149-166, et S. De Franceschi, « La controverse théologique par l'instruction pastorale. Délectation victorieuse et prémotion physique selon Fénelon : à propos de la *Théologie de Châlons* de Louis Habert (1711) », *Les métamorphoses de la théologie. Théologie, littérature, discours religieux au* XVII*e* *siècle*, éd. J.-P. Gay et Ch.-O. Stiker-Métral, Paris, 2012, p. 147-171.

3 Sur la contribution doctrinale de Fénelon à la querelle janséniste, voir le décevant état des lieux fait par H. Hillenaar, « Fénelon et le jansénisme », *Nouvel état présent des travaux sur Fénelon*, éd. H. Hillenaar, Amsterdam, 2000, p. 25-44. Henk Hillenaar a pourtant livré nombre d'éléments de réflexion dans ses propres travaux : voir H. Hillenaar, *Fénelon et les jésuites*, La Haye, 1967, ID., « Fénelon et Pasquier Quesnel », *Revue des Sciences philosophiques et théologiques*, LXI/1, 1977, p. 33-58, et ID., « Fénelon, Louvain et l'augustinisme », *L'augustinisme à l'ancienne faculté de théologie de Louvain*, dir. M. Lamberigts et L. Kenis, Louvain, 1994, p. 309-331. Consulter aussi L. Ceyssens, « Autour de l'*Unigenitus* : Fénelon », *Antonianum*, LIX/3-4, 1984, p. 482-540, M. Haillant, « Jansénius et ses défenseurs dans l'*Instruction pastorale* de Fénelon portant condamnation du *Cas de Conscience* », *L'image de Jansénius jusqu'à la fin du* XVIII*e* *siècle. Actes du Colloque de Louvain, 7-9 novembre 1985*, éd. J. M. van Eijl, Louvain, 1987, p. 119-136, et P. Magnard, « La querelle des augustinismes », *Fénelon. Philosophie et spiritualité*, éd. D. Leduc-Fayette, Genève, 1996, p. 137-154. L'apport fénelonien à la controverse catholique sur la grâce et le libre arbitre a été récemment réévalué par L. Thirouin, « À la recherche du vrai saint Augustin », *Les écoles de pensée religieuse à l'époque moderne. Actes de la Journée d'Études de Lyon (14 janvier 2006)*, éd. Y. Krumenacker et L. Thirouin, *Chrétiens et Sociétés, Documents et Mémoires*, 5, 2006, p. 25-64, et surtout par M. Terestchenko, *Amour et désespoir de François de Sales à Fénelon*, Paris, 2000, « La délectation victorieuse et la liberté d'indifférence : Fénelon, critique de Jansénius », p. 178-203. On se permet également de renvoyer à S. De Franceschi, « Fénelon et la définition du vrai thomisme. De la condamnation du *Cas de conscience* (1704) à la Bulle *Unigenitus* (1713) », *Revue des sciences philosophiques et théologiques*, XCII/1, 2008, p. 33-76, ID., « Fénelon et la recherche du vrai thomisme. Le débat sur l'antithomisme fénelonien (1725-1726) », *Revue d'histoire ecclésiastique*, CIII/3-4, 2008, p. 839-886, ID., « Fénelon et la notion thomiste de prémotion physique. Le thomisme moderne au tribunal du molinisme », *Revue de l'histoire des religions*, CCXXVIII/1, 2011, p. 37-70, ID., « Le statut du thomisme selon la théologie moliniste. L'antijansénisme de Fénelon au secours de l'orthodoxie thomiste », *Revue théologique de Louvain*, XLII/2, 2011, p. 217-241, et ID., *La Puissance et la Gloire. L'orthodoxie*

au sujet de la thèse de M. de Prades (1752), le janséniste Pierre-Sébastien Gourlin (1695-1775), qui préside alors aux destinées des *Nouvelles ecclésiastiques*, affirme très clairement : « M. de Fénelon [...] est le premier qui ait entrepris, après plus de cinquante ans de dispute, de marquer en quoi consiste l'hérésie condamnée dans Jansénius, dont jusque-là on avait fait un si grand mystère[4]. » Pour surprenant qu'il soit, le propos n'en est pas moins rigoureusement cohérent avec la stratégie polémique observée par les jansénistes depuis le début des contestations et qui consiste à prétendre qu'en proclamant qu'il a condamné les cinq Propositions *in sensu a Jansenio intento*, le magistère n'a finalement pas défini la cible de ses anathèmes ni circonscrit les erreurs qu'il avait voulu proscrire. L'autorité romaine avait été si peu explicite que même les molinistes avaient dû travailler à la caractérisation du système théologique dont ils faisaient grief à leurs adversaires – et Fénelon, pour couper court aux arguments des jansénistes, avait proposé une tactique astucieuse : « Les molinistes, par l'organe de ce prélat, prétendirent que l'hérésie jansénienne [...] ne consiste pas, comme on l'avait dit jusqu'alors, dans le dogme calvinien d'une grâce nécessitante, mais dans la doctrine de la grâce victorieuse, expliquée par la force et la supériorité du saint amour au-dessus de l'amour impur des créatures[5]. » Véritable coup de force polémique, donc, l'identification proposée par Fénelon entre la doctrine janséniste et le système – indéniablement augustinien, note Gourlin – de la *delectatio uictrix*, selon une tactique que les documents magistériels n'avaient en rien laissé présager dans la mesure où il n'y était nulle part question de la nouvelle notion : « Cette doctrine dont on n'aperçoit pas le moindre vestige dans les cinq Propositions, puisqu'il n'y est pas parlé une seule fois de la délectation victorieuse, est devenue tout à coup, dans l'imagination et sous la plume de M. de Fénelon, le monstre du jansénisme[6]. » La thèse fénelonienne s'était apparemment solidement enracinée en terrain moliniste. Dans la préface de sa *Bibliothèque janséniste*

thomiste au péril du jansénisme (1663-1724) : le zénith français de la querelle de la grâce, préf. O. Chaline, Paris, 2011, « Le molinisme fénelonien face au thomisme jansénisant », p. 299-326, et « Le double foyer congruiste et thomiste de l'orthodoxie », p. 335-363.

4 [P.-S. Gourlin], *Observations importantes au sujet de la thèse de M. de Prades soutenue en Sorbonne le 18 novembre 1751, censurée par la Faculté de théologie le 27 janvier 1752 et condamnée par M. l'archevêque de Paris le 29 du même mois*, s. l., 1752, p. 240.

5 *Ibid.*, p. 240.

6 *Ibid.*, p. 241.

(1731), le jésuite lyonnais Dominique de Colonia (1660-1741) considérait les arguments de Fénelon comme définitifs, même s'ils le conduisaient à une conclusion plutôt expéditive : « Les personnes un peu instruites n'ignorent pas que le système des deux délectation invincibles, qui fait le fond des nouvelles erreurs, conduit naturellement au quiétisme, et au quiétisme le plus grossier[7]. » Le propos ne pouvait que susciter la réplique indignée du parti augustinien. Dans sa *Réponse à la bibliothèque janséniste* (1740), le P. Tranquille de Bayeux, un temps capucin avant de quitter son ordre en 1725 pour embrasser la cause des Appelants et rallier le jansénisme, relève que les auteurs molinistes concentrent désormais leurs attaques sur « le système de la délectation victorieuse » : « Depuis que M. de Fénelon, archevêque de Cambrai, et M. Tourneli, docteur de Sorbonne, ont fait consister la prétendue hérésie de Jansénius dans ce point, il est peu d'écrivains molinistes qui ne fassent la même chose[8]. » La tactique définie en sa pleine puissance polémique par Fénelon dans son imposante *Instruction pastorale en forme de dialogues* souscrite le 1er janvier 1714 pour justifier les censures de l'*Unigenitus* avait été en effet souverainement reconduite par le théologien Honoré Tournély (1658-1729), un antijanséniste notoire et l'une des gloires de Sorbonne au début du XVIIIe siècle, dans ses *Prælectiones theologicæ de gratia* (1725). En une décennie, les deux auteurs avaient déterminé une réorientation massive de l'antijansénisme en faisant de la notion de délectation victorieuse le principal objet de leurs critiques.

Stratégie polémique d'autant plus saisissante que l'autorité romaine et les jésuites mêmes – du moins jusqu'à l'entrée en lice de Fénelon – se sont prudemment gardés d'attaquer le système des deux délectations. Absent des constitutions pontificales, et en particulier de l'*Unigenitus*, le concept de *delectatio uictrix* n'a jamais non plus suscité la franche

7 D. de Colonia, *Bibliothèque janséniste ou catalogue alphabétique des principaux livres jansénistes ou suspects de jansénisme qui ont paru depuis la naissance de cette hérésie*, s. l., 1735 [¹1731], p. [V]-[VI].

8 [Tranquille de Bayeux], *Réponse à la bibliothèque janséniste avec des remarques sur la réfutation des critiques de M. Bayle et des éclaircissements sur les lettres de M. de Saléon, évêque de Rodez, à M. Bossuet, évêque de Troyes*, Nancy, 1740, p. IV. Sur le P. Tranquille de Bayeux, voir B. Hours, « Fausse primauté du pape et vraie constitution de l'Église : la première querelle de l'*Histoire ecclésiastique* (1726-1737) », *Histoires antiromaines II. L'antiromanisme dans l'historiographie ecclésiastique catholique (XVIe-XXe siècles). Actes de la journée d'études de Munich (13 septembre 2012)*, éd. Fr.-X. Bischof et S. De Franceschi, *Chrétiens et Sociétés, Documents et mémoires*, 23, Lyon, 2014, p. 123-156.

adhésion des jansénistes. Pasquier Quesnel n'y recourt que très rarement, Arnauld et Nicole pour ainsi dire jamais. Non qu'il y ait hostilité de leur part : simplement, ils n'ont pas besoin de la notion pour bâtir leurs justifications. Dans sa *Dissertatio quadripartita* (1656), le Grand Arnauld peut définir la grâce efficace comme « victorieuse délectation », soit « l'amour de Dieu par quoi ce qu'Il ordonne nous attire plus que ce qu'Il interdit[9] », il n'en demeure pas moins que le concept de *delectatio uictrix* n'a pas retenu son attention. Seul Pascal paraît y avoir attaché de l'importance, et dès la rédaction des *Écrits sur la grâce*[10]. Dans la *Lettre sur la possibilité des commandements*, il est fermement relevé qu'il n'y a rien « de plus clair que cette proposition, que l'on fait toujours ce qui délecte le plus », puisque « ce n'est autre chose que de dire que l'on fait toujours ce qui plaît le mieux, c'est-à-dire que l'on veut toujours ce qui plaît, c'est-à-dire qu'on veut toujours ce que l'on veut et que dans l'état où est aujourd'hui notre âme réduite, il est inconcevable qu'elle veuille autre chose que ce qu'il lui plaît vouloir, c'est-à-dire ce qui la délecte le plus[11] ». Dans son étude classique sur *Pascal et saint Augustin* (1970), Philippe Sellier a pu souligner le fait qu'abondent chez Pascal les termes exprimant la douceur, la suavité, le charme, l'attrait irrésistible de la grâce, en écho, entre autres, à deux passages fameux de saint Augustin où l'on a voulu trouver la définition première du système de la délectation victorieuse. Dans son commentaire sur l'*Épître aux Galates*, le saint évêque d'Hippone affirme ainsi qu'« il est nécessaire que nous agissions selon ce qui nous plaît davantage[12] » ; le traité *De la correction et de la grâce* précise en outre qu'« il a été pourvu à l'infirmité de la volonté humaine afin qu'elle fût inévitablement et invinciblement conduite par la grâce

---

9 A. Arnauld, *Dissertatio theologica quadripartita super illa propositione SS. Chrysostomi et Augustini :* Defuit Petro tentato gratia sine qua nihil poterat, s. l., 1656, repris dans ID., *Œuvres*, t. XX, Paris-Lausanne, 1778, p. 159-314, 4e partie, *In qua uariæ quæstiones de mandatorum possibilitate explicantur*, art. VI, *Illustrantur uaria Augustini loca de possibilitate præceptorum*, p. 287 : « *Nihil enim aliud est efficax gratia quam uictrix delectatio, seu amor Dei quo fit ut plus delectet quod præcipit Deus quam delectat quod impedit.* »

10 Sur les *Écrits sur la grâce*, voir J. Mesnard, « Essai sur la signification des *Écrits sur la grâce* de Pascal », dans B. Pascal, *Œuvres complètes*, éd. J. Mesnard, t. III, Paris, 1991, p. 543-641. On se permet de renvoyer également à S. De Franceschi, « Le moment pascalien dans la querelle de la grâce. Pascal à la croisée des chemins (1655-1657) », *Revue de synthèse*, s. 6, CXXX/4, 2009, p. 595-635.

11 B. Pascal, *Œuvres complètes*, éd. citée, t. III, *Écrits sur la grâce*, *Lettre*, p. 706.

12 Augustin d'Hippone, *Epistolæ ad Galatas expositio*, § 49 (PL 35, 2141) : « *Quod enim amplius nos delectat, secundum id operemur necesse est.* »

divine[13] ». Si, lors de la campagne des *Provinciales*, Pascal a d'abord articulé son discours autour des deux concepts de *pouvoir prochain* et de *grâce suffisante*, le système des deux délectations est clairement développé dans la 18e et dernière Petite Lettre, où Pascal explique que, selon saint Augustin, « Dieu change le cœur de l'homme par une douceur céleste qu'il y répand, qui, surmontant la délectation de la chair, fait que l'homme sentant d'un côté sa mortalité et son néant, et découvrant de l'autre la grandeur et l'éternité de Dieu, conçoit du dégoût pour les délices du péché qui le séparent du bien incorruptible[14] ». Soumis nécessairement à l'attrait souverain de l'amour divin, l'arbitre humain ne lui résiste jamais, même s'il en conserve le pouvoir, car il n'arrive jamais qu'il veuille lui opposer de résistance – et Pascal de rappeler le principe augustinien selon quoi il est nécessaire que l'homme agisse selon ce qui le délecte le plus : « *Quod enim amplius nos delectat, secundum id operemur necesse est* [...]. C'est ainsi que Dieu dispose de la volonté libre de l'homme sans lui imposer de nécessité ; et que le libre arbitre, qui peut toujours résister à la grâce, mais qui ne le veut pas toujours, se porte aussi librement qu'infailliblement à Dieu, lorsqu'il veut l'attirer par la douceur de ses inspirations efficaces[15]. » En introduisant dans la controverse le thème de la *delectatio uictrix*, Pascal frayait une nouvelle voie polémique que les jansénistes n'ont pourtant pas souhaité emprunter.

Non que la référence au système des deux délectations ait été absente des débats après la conclusion de la campagne des *Provinciales*. Ainsi est-elle convoquée lors des conférences contradictoires qui opposent, au début de l'année 1663, le jésuite Jean Ferrier (1614-1674) aux jansénistes Claude Girard (1631-1664) et Noël de La Lane (1618-1673) sous la présidence de l'évêque de Comminges, Gilbert de Choiseul (1613-1689)[16]. À l'illustre moliniste, qui fait remarquer, lors de la séance du 5 février 1663, que, selon Jansénius, « la volonté consent tellement aux

13 *Id.*, *De correptione et gratia*, c. XII, § 38 (PL 44, 940) : « *Subuentum est igitur infirmitati uoluntatis humanæ ut diuina gratia indeclinabiliter et insuperabiliter ageretur.* »

14 B. Pascal, *Les Provinciales*, éd. M. Le Guern, Paris, 1987, 18e lettre, p. 294-295.

15 *Ibid.*, p. 295.

16 Sur les conférences du début de l'année 1663 et leurs implications, voir S. De Franceschi, « Thomisme et jansénisme dans la querelle de la grâce (I). Les conséquences des cinq Articles de 1663 sur le débat autour du jansénisme », *Bulletin de littérature ecclésiastique*, CX/1, 2009, p. 3-30, et ID., « Thomisme et jansénisme dans la querelle de la grâce (II). Le spectre des cinq Articles de 1663 au temps de l'antijansénisme triomphant », *ibid.*, CX/2, 2009, p. 179-206.

mouvements de la concupiscence, lorsqu'ils sont plus forts que ceux de la grâce, qu'elle ne peut pas n'y consentir point dans l'état où elle se trouve[17] », La Lane et Girard rétorquent que d'admettre avec Jansénius et saint Augustin qu'il est nécessaire d'agir selon ce qui plaît le plus et qu'ainsi, lorsque la délectation de concupiscence l'emporte sur l'attrait céleste de la grâce, l'arbitre choisit infailliblement de céder à la mauvaise tentation ne signifie en rien que « la volonté qui consent aux mouvements de la concupiscence n'ait pas le pouvoir de n'y point consentir[18] ». D'après les deux augustiniens, la thèse de la *delectatio uictrix* conserve à l'arbitre sa liberté d'indifférence à l'instar de la doctrine thomiste de la prémotion physique, et l'on ne peut donc reprocher au système des deux délectations indélibérées de contrevenir aux prescriptions tridentines.

Le plus étonnant reste encore que les jansénistes n'aient pas fait large place à la notion de délectation victorieuse dans leurs analyses au temps d'Antoine Arnauld. Certes, les commentateurs s'accordent pour affirmer que le concept de *delectatio uictrix* ne se rencontre qu'une seule fois au sein du corpus augustinien, en l'occurrence dans le *De peccatorum meritis et remissione*, où saint Augustin exige que l'on comprenne que « Dieu parfois n'accorde pas même à ses saints, à l'égard de telle bonne œuvre, soit la connaissance certaine, soit la délectation victorieuse, pour leur apprendre qu'ils ne tiennent pas d'eux-mêmes, mais bien de lui seul, et cette lumière qui éclaire leurs ténèbres, et cette suavité par laquelle leur terre produit son fruit[19] ». Certes encore, Jansénius n'a pas bâti ses interprétations autour de la notion de délectation victorieuse. Il n'en est pas moins vrai qu'il lui a conféré une importance capitale. Au chapitre Ier du livre IV du tome III de l'*Augustinus*, Jansénius remarque que les théologiens catholiques n'ont pas su tomber d'accord sur ce qu'est la grâce par quoi Dieu convertit le cœur de l'homme et opère en lui le bien – or, ajoute-t-il, la position de saint Augustin est claire : pour lui,

17 *Conférences entre les sieurs de Lalane et Girard, docteurs en théologie, et le R. P. Ferrier touchant les contestations présentes, en présence de Mgr l'évesque de Comenge, député par le Roy*, s. l., 1663, p. 27.

18 *Ibid.*, p. 27.

19 Augustin d'Hippone, *De peccatorum meritis et remissione et de baptismo paruulorum*, l. II, c. XIX, § 32 (PL 44, 170) : « *Nos, quantum concessum est, sapiamus et intellegamus, si possumus, Dominum Deum bonum ideo etiam sanctis suis alicuius operis iusti aliquando non tribuere uel certam scientiam uel uictricem delectationem, ut cognoscant non a se ipsis, sed ab illo sibi esse lucem qua illuminentur tenebræ eorum et suauitatem qua det fructum suum terra eorum.* »

la grâce efficace est d'abord « céleste et ineffable suavité » et « délectation spirituelle[20] ». Conclusion que Jansénius a tirée du minutieux examen de l'ensemble des passages qui, dans l'œuvre de saint Augustin, évoquent la question de la grâce efficace, soit le célèbre *adiutorium quo*. Le constat, selon l'évêque d'Ypres, est sans appel : pour saint Augustin, grâce efficace et délectation céleste ne sont qu'une seule et même chose[21]. À l'appui, Jansénius de citer nombre d'extraits des œuvres de saint Augustin où interviennent les notions de suavité, de délectation ou encore de douceur, *dulcedo*, sans oublier naturellement le crucial passage du *De peccatorum meritis et remissione*. De ses investigations, Jansénius retient fermement que saint Augustin fait consister le secours efficace de Dieu dans un irrésistible attrait de *delectatio* et de *suauitas*[22] – doctrine dont l'évêque d'Hippone avait maintes fois affirmé qu'elle était validée par la caution du Saint-Esprit[23]. D'évidence, Jansénius fait de la *delectatio uitrix* une composante essentielle du système augustinien sur la grâce sans que la notion soit pourtant omniprésente dans son ouvrage.

À la céleste délectation du secours divin s'oppose, selon les analyses janséniennes, l'attrait non moins indélibéré de la délectation terrestre de concupiscence, cause du péché. Là encore, selon Jansénius, les propos

20 Jansénius, *Augustinus seu doctrina S. Augustini de humanæ naturæ sanitate, ægritudine, medicina aduersus Pelagianos et Massilienses*, t. III, *In quo genuina sententia profundissimi Doctoris de auxilio gratiæ medicinalis Christi Saluatoris et de prædestinatione hominum et angelorum proponitur ac dilucide ostenditur*, Louvain, 1640, l. IV, *De gratia Christi quantum ad essentiam et diuisiones eius*, c. Ier, *Quid sit medicinale Christi adiutorium secundum substantiam. Esse cælestem* suauitatem *seu* delectationem *iuxta mentem sancti Augustini ostenditur primo ex Scripturis, quibus ipse utitur, et aliis diuersis eius testimoniis*, col. 394 : « *Vestigiis igitur sanctissimi et securissimi Doctoris inhærere qui statuerit [...] uidebit enim perspicue ex omnibus operibus eius [...] gratiam istam Christi Saluatoris medicinalem quam efficacem Schola uocat non aliud esse quam cælestem quandam atque ineffabilem suauitatem, seu spiritualem delectationem.* »

21 *Ibid.*, col. 394 : « *Liquido constabit nullum esse genus actionis aut uoluntatis bonæ, nullum effectum efficacis gratiæ qui non isti cælesti delectationi tanquam ueræ gratiæ Christi ueræque causæ tribuatur* ».

22 *Ibid.*, col. 397 : « *Nescio quid disertius et clarius postulari possit ab Augustino ut sciamus quid ipse senserit esse gratiam illam qua fit ut bonum uelle et facere incipiamus. Apertissimis enim uerbis clamat esse* suauitatem *quam Deus de cælo pluit, esse* delectationem, *esse* benedictionem dulcedinis, *qua fit in nobis ut nos non solum delectet, sed etiam cupiamus bonum. Et hanc ita tradit esse gratiam Dei ut sine illius præuentione bonum neque perficere neque inchoare possimus.* »

23 *Ibid.*, col. 398 : « *Ex quibus æquus quisque lector uidet nihil Augustino certius esse quam in Scripturis sacris gratiam illam efficacem per quam solam operamur quidquid boni operamur, de qua tam acris inter Scholasticos conflictus uertitur, nomine dulcedinis, suauitatis delectationis nempe spiritualis atque cælestis esse significatam. Cui doctrinæ, tanquam a Spiritu sancto multipliciter traditæ, sexcentis in locis præterea quæ recensuimus ipse subscribit.* »

de saint Augustin sont explicites[24] – l'homme ne pèche que parce que sa volonté a été auparavant attirée et provoquée par une délectation diaboliquement prévenante qui le pousse à faire le mal[25]. De là que Jansénius conçoit la vie morale comme une lutte incessante entre deux attraits délectables et opposés qui se disputent le consentement de l'arbitre humain. Dans l'état de nature déchue, l'homme n'est plus capable d'accomplir un acte surnaturellement méritoire que lorsque l'empire de la délectation céleste s'est emparé de sa volonté en réprimant victorieusement l'attrait concupiscent des tentations terrestres[26]. Jansénius livre ici la définition canonique du système, selon lui augustinien, des deux délectations prévenantes et indélibérées.

En dépit de la clarté et de la fermeté avec lesquelles l'illustre prélat a formulé son interprétation de la doctrine de saint Augustin, les défenseurs de Jansénius ne lui ont pas emboîté le pas et n'ont en définitive accordé qu'une place très limitée à la notion de *delectatio uictrix* et à la thèse des deux délectations indélibérées dans les réponses qu'ils ont opposées à leurs détracteurs. Il paraît bien dès lors que l'insistance à identifier la doctrine janséniste au système de la délectation victorieuse ait été primordialement le fait du parti moliniste. Le jésuite François Annat (1590-1670), raillé par Pascal dans ses deux dernières *Provinciales*, avait ouvert la voie dans sa *Disputatio quadripartita de incoacta libertate* (1652) et dans son *Informatio de quinque Propositionibus* (1653) ; il est finalement revenu à Fénelon de reprendre un demi-siècle plus tard la stratégie alors esquissée pour la développer avec une efficacité et une hardiesse sans précédent. L'archevêque de Cambrai est un tard venu dans la querelle antijanséniste. Il ne paraît véritablement sur la scène polémique que

---

24 *Ibid.*, c. III, *Idem probatur tertio ex contrario, hoc est ex peccatis quæ ex simili delectatione terrena tanquam ex causa proficisci tradit*, col. 404 : « *Hanc igitur delectationem peccatorum antecedere et ex illa proficisci quod ab hominibus peccetur non uno loco sanctus Augustinus profitetur.* »

25 *Ibid.*, col. 407 : « *Ex istis testimoniis tam dense sparsis in Augustino, manifestissimum esse puto nullum peccatum fieri ab hominibus quin uoluntas, quamuis per seipsam ad peccandum prompta sit, quadam delectatione prius titillante et prioritante prouocetur ut ita quodam quasi diaboli adiutorio, ut ita loquar, impulsa ad ruinam pertrahatur.* »

26 *Ibid.*, c. IV, *Idem demonstratur quarto ex lucta duarum delectationum terrenæ ac cælestis quarum postrema nisi uicerit, peccatur*, col. 406 : « *Quarto itaque demonstrari potest suauitatem illam cælestem esse uerum illud Christi adiutorium quo iuuamur ad non peccandum recteque faciendum, quia creberrime docet Augustinus, quamdiu in hac uita mortali uiuimus, esse in homine luctam quandam duarum delectationum, noxiæ et beneficæ, terrenæ atque cælestis, quarum utralibet uicerit animum secum consentientem ac pronum trahit ; tum uero hominem e peccato liberari et opus bonum effici, cum cælestis illa suauitas de cælo uenerit atque aduersariam suam superauerit.* »

lorsqu'il souscrit le 10 février 1704 son instruction pastorale portant condamnation du célèbre *Cas de conscience* (1702)[27]. Pour répondre aux protestations des jansénistes, Fénelon fait paraître, le 2 mars 1705, une seconde instruction pastorale[28]. Suivent une troisième instruction pastorale, en date du 21 mars 1705, consacrée au problème de l'infaillibilité de l'Église *in docendo*[29], et une quatrième instruction pastorale, du 20 avril 1705, concernant la question du Formulaire[30]. Lorsque le pape Clément XI fulmine la Bulle *Vineam Domini*, le 16 juillet 1705, par quoi il condamne les tenants du silence respectueux sur le Fait de Jansénius pour infraction aux précédentes constitutions promulguées par le magistère romain, Fénelon reprend sa plume et publie le 1er mars 1706 une ordonnance en faveur de la nouvelle bulle du pape[31]. Des cinq premiers textes antijansénistes produits par l'archevêque de Cambrai, la notion de délectation victorieuse est rigoureusement absente ; pas une seule allusion, non plus, au système des deux délectations indélibérées, alors même qu'il va par la suite devenir le point central de la critique fénelonienne à l'encontre du jansénisme.

Le prélat cambrésien a apparemment tâtonné avant de définir la ligne directrice d'une argumentation dont la première formulation, nette et exemplaire, se trouve dans deux textes de la fin de l'année 1706. Le premier document, la *Réponse à la seconde lettre de Mgr l'évêque de Saint-Pons*[32],

27 Fénelon, *Ordonnance et instruction pastorale de Mgr l'archevêque duc de Cambrai portant condamnation d'un imprimé intitulé* Cas de conscience proposé par un confesseur de province touchant un ecclésiastique qui est sous sa conduite et résolu par plusieurs docteurs de la Faculté de théologie de Paris, Paris, 1704, repris dans ID., *Œuvres complètes*, éd. J.-E.-A. Gosselin, 10 vol., Paris, 1851-1852, t. III, p. 573-636.

28 *Id.*, *Seconde instruction pastorale de Mgr l'archevêque duc de Cambrai pour éclaircir les difficultés proposées par divers écrits contre sa première instruction pastorale du 10 février 1704*, Valenciennes, 1705, repris dans ID., *Œuvres complètes*, éd. citée, t. IV, p. 5-95.

29 *Id.*, *Troisième instruction pastorale de Mgr l'archevêque duc de Cambrai contenant les preuves de la tradition sur l'infaillibilité de l'Église touchant les textes orthodoxes ou hérétiques*, Valenciennes, 1705, repris dans ID., *Œuvres complètes*, éd. citée, t. IV, p. 96-261.

30 *Id.*, *Quatrième instruction pastorale de Mgr l'archevêque duc de Cambrai où l'on prouve que c'est l'Église qui exige la signature du Formulaire, et qu'en exigeant cette signature elle se fonde sur l'infaillibilité qui lui est promise pour juger des textes dogmatiques*, Valenciennes, 1705, repris dans ID., *Œuvres complètes*, éd. citée, t. IV, p. 261-337.

31 *Id.*, *Ordonnance et instruction pastorale de Mgr l'archevêque duc de Cambrai pour la publication de la constitution de N. S. P. le Pape Clément XI du 16 juillet 1705 contre le jansénisme*, Valenciennes, 1706, repris dans ID., *Œuvres complètes*, éd. citée, t. IV, p. 488-508.

32 *Id.*, *Réponse à la seconde lettre de Mgr l'évêque de Saint-Pons*, s. l., 1706, repris dans *id.*, *Œuvres complètes*, éd. citée, t. IV, p. 412-449.

est publié pour répliquer à une lettre virulente que l'évêque janséniste de Saint-Pons-de-Thomières, Pierre-Jean-François de Percin de Montgaillard (1633-1713)[33], a adressée à Fénelon le 22 mai 1706 et où il critique vertement l'instruction pastorale souscrite par son collègue cambrésien le 21 mars 1705. Pour les jansénistes, explique Fénelon, le système de saint Augustin « n'admet pour toute grâce intérieure depuis le péché d'Adam qu'une délectation prévenante, qui n'est point laissée au libre arbitre, parce qu'elle est inévitable et invincible, c'est-à-dire irrésistible ou nécessitante, et parce qu'il est nécessaire que la volonté la suive dès qu'elle est la plus forte en nous[34] ». Aussitôt, l'archevêque de Cambrai de s'étonner que les défenseurs de la mémoire de Jansénius puissent se prévaloir de convergences doctrinales avec les disciples de l'École de saint Thomas – il suffit, selon lui, de parcourir les traités des thomistes *in materia gratiæ et prædestinationis* ou d'ouvrir les ouvrages de Diego Álvarez (1550-1635) et de Tomás de Lemos (1550-1629), les deux avocats de la cause dominicaine au temps des Congrégations *de auxiliis* (1598-1607), pour constater qu'il est impossible d'y trouver « cette délectation inévitable et invincible qu'il est nécessaire que la volonté suive depuis la chute d'Adam[35] ». Autre circonstance aggravante et qui ne plaide certes pas en faveur du parti augustinien, le fait que, depuis le début des contestations, les protestants aient conféré leurs suffrages aux jansénistes. D'après Fénelon, du reste, la *delectatio uictrix* tant vantée par les disciples de Jansénius n'était pas autre chose que « la grâce irrésistible du synode de Dordrecht[36] ». D'où l'analyse de Fénelon :

> Dès qu'en admet cette délectation qu'il est nécessaire que la volonté suive, l'Église ne peut plus avoir eu aucune dispute raisonnable et sérieuse contre Calvin sur ce point-là. Il faut avouer en ce cas que l'Église l'a très injustement condamné, puisqu'il est évident que toute sa doctrine en ce point est de vouloir que la délectation prévenante de la grâce soit inévitable et invincible au libre arbitre, en sorte qu'il est nécessaire que la volonté la suive[37].

L'archevêque de Cambrai mettait d'ailleurs au défi les jansénistes de distinguer irréductiblement entre leur *delectatio uictrix* et la grâce efficace

33 [P.-J.-Fr. de Percin de Montgaillard], *Nouvelle lettre de Mgr l'évêque de Saint-Pons, qui réfute celles de Mgr l'archevêque de Cambray touchant l'infaillibilité du pape*, s. l., 1706.

34 Fénelon, *Réponse à la seconde lettre de Mgr l'évêque de Saint-Pons*, *op. cit.*, éd. citée, p. 438.

35 *Ibid.*, p. 438.

36 *Ibid.*, p. 439.

37 *Ibid.*, p. 439.

nécessitante de Calvin. Soucieux de couper court aux différentes échappatoires successivement aménagées par les défenseurs de la mémoire de Jansénius, Fénelon esquisse aussitôt une stratégie qu'il va développer plus amplement deux ans plus tard et qui consiste à réduire l'*Augustinus* et les cinq Propositions à un seul sens :

> Qu'il est nécessaire que la volonté de l'homme opère [...] suivant la plus forte délectation dont elle est actuellement prévenue, et qu'il n'y a depuis la chute d'Adam aucune grâce intérieure pour l'homme qu'une délectation prévenante qui n'est point laissée à son libre arbitre pour y consentir ou n'y consentir pas, parce qu'étant la plus forte dans ce moment-là, elle détermine inévitablement et invinciblement le libre arbitre au bien[38].

D'après Fénelon, la querelle janséniste se réduit dès lors à savoir si le système de la *delectatio uictrix* est hérétique ou non, car, à ne considérer que le Fait, chacun s'accorde à reconnaître qu'il s'agit là de la thèse fondamentale recelée par l'*Augustinus* et dénoncée à travers les cinq Propositions. Une lettre du 21 décembre 1706 à l'abbé de Carignan confirme le fait que Fénelon a alors arrêté définitivement sa stratégie polémique. À son correspondant, l'archevêque de Cambrai déclare : « Il est évident que la grâce efficace par elle-même, prise dans le sens d'une délectation prévenante et indélibérée, qui détermine inévitablement et invinciblement nos volontés, qui n'est point laissée au libre arbitre pour consentir ou pour dissentir, et à laquelle les volontés des hommes ne peuvent pas même résister, est évidemment la doctrine des cinq Propositions[39]. » Aussitôt Fénelon d'ajouter hautement, en se référant au fameux *Quod amplius nos delectat* augustinien, que si l'on considère qu'il est nécessaire que la volonté suive l'attrait délectable qui s'exerce sur elle, que si, de surcroît, l'on identifie la *delectatio* à l'*auxilium quo* tel que le définit saint Augustin et que l'on en fasse l'unique grâce actuelle *in statu naturæ lapsæ*, alors on achève irréversiblement « de rendre le système des cinq Propositions complet » :

> Dès qu'on admet cette délectation, qui détermine inévitablement et invinciblement nos volontés, parce qu'il est nécessaire que nous voulions ce qui

38 *Ibid.*, p. 442.

39 Fénelon à Carignan, Cambrai, 21 décembre 1706, *Correspondance de Fénelon*, t. XII, *Les nouvelles controverses, 1703-1707*, éd. par J. Orcibal, en collaboration avec J. Le Brun et I. Noye, Genève, 1990, p. 263.

> nous délecte le plus, il faut avouer de bonne foi que les cinq Propositions non seulement sont pures et correctes, mais encore qu'elles expriment la doctrine de saint Augustin dans les termes les plus modérés[40].

Fénelon a enfin trouvé l'argument définitif qu'il cherchait à opposer au jansénisme ; il ne va plus en démordre au fil de ses répliques de plus en plus développées au parti augustinien.

Les jansénistes ont assez vite compris que les molinistes leur avaient enfin suscité un adversaire de taille en Fénelon. Aux incessantes instructions pastorales de l'archevêque de Cambrai, les théologiens Jacques Fouillou (1670-1736) et Nicolas Petitpied (1665-1647) répondent en 1707 par la publication d'une anonyme *Justification du silence respectueux*[41]. Pas plus que Fénelon dans ses instructions pastorales, ils ne font intervenir la notion de délectation victorieuse. De son côté, le prélat est manifestement en train de mettre à l'épreuve – selon un procédé analysé par Jacques Le Brun[42] – sa stratégie polémique dans sa correspondance privée avant de la mettre à exécution dans ses publications. Dans une lettre au bénédictin François Lamy (1636-1711) du 3 mai 1708, Fénelon ne s'embarrasse pas de précautions oratoires : « Vous me demandez quels sont les théologiens qui enseignent la délectation inévitable et invincible au libre arbitre. Je réponds que c'est Jansénius : ce sont ses propres termes. J'ajoute que cet auteur et tous ses défenseurs ne peuvent point parler autrement[43]. » Les jansénistes, poursuit Fénelon, ne veulent pour fondement de leur système que le fameux passage du traité *De la correction et de la grâce* où saint Augustin affirme que, lorsqu'elle se résout à un acte de piété, la volonté humaine est inévitablement et invinciblement, *indeclinabiliter et insuperabiliter*, guidée par la grâce actuelle et intérieure. De ses adversaires, Fénelon note qu'ils « veulent une grâce qui ôte toute résistance, comme parle Jansénius, en sorte que sa prévention soit inévitable, et sa détermination invincible[44] » ; pour eux, la grâce qui assiste l'homme dans l'état de nature déchue, à la différence de la grâce octroyée au premier

40 *Ibid.*, p. 263.

41 [J. Fouillou et N. Petitpied], *Justification du silence respectueux, ou Réponse aux instructions pastorales et autres écrits de M. l'archevêque de Cambrai*, 3 vol., s. l., 1707.

42 J. Le Brun, « De la *Lettre* au *Traité*. Les correspondances philosophiques de Fénelon », *Revue philosophique de la France et de l'étranger*, CXXVIII/2, 2003, p. 191-210.

43 Fénelon à Lamy, Cambrai, 3 mai 1708, *Correspondance de Fénelon*, t. XIV, *Guerre, négociations, théologie, 1708-1711*, éd. J. Orcibal, J. Le Brun et I. Noye, Genève, 1992, p. 28.

44 *Ibid.*, p. 28.

Adam, n'est pas laissée à disposition d'un arbitre humain libre de lui accorder ou de lui refuser son consentement ; les jansénistes tiennent ainsi que le secours divin fait peser sur l'homme une telle nécessité d'accomplir l'acte de piété qu'elle lui ôte jusqu'au pouvoir de lui résister, et ils confortent leurs conclusions par une interprétation immodérée du *Quod amplius nos delectat*, qui, selon eux, exprime l'idée selon quoi la grâce victorieuse impose à la volonté humaine une délectation inévitable et invincible. Or, précise Fénelon, « il n'y a point de nécessité plus grande que celle qui vient d'une délectation prévenante et indélibérée, qui est inévitable et invincible » : « Rien n'ôte plus l'indifférence active, quant à l'exercice, que ce qui n'est point laissé au libre arbitre, et à quoi il ne peut pas même résister. Si ces preuves sont concluantes, Luther, Calvin et les autres protestants, qui s'en sont autant servi que Jansénius, ont triomphé de l'Église catholique sur le point de la grâce nécessitante[45]. » Non datées, mais certainement rédigées en 1708, les cinq « lettres au P. Lamy, bénédictin, sur la grâce et la prédestination », selon le titre sous lequel elles ont finalement été regroupées, permettent à Fénelon d'approfondir sa réflexion sur la notion de délectation indélibérée[46]. D'évidence, la publication de la *Justification du silence respectueux* a convaincu le prélat qu'il lui fallait désormais adopter une stratégie qui fît porter ses coups au cœur même de la doctrine janséniste.

Mûrie en seulement deux années, l'inflexion polémique est publiquement validée par la souscription, le 1er juillet 1708, d'une nouvelle instruction pastorale, qui porte condamnation de la *Justification du silence respectueux*[47]. Alors que Petitpied et Fouillou se sont abstenus d'introduire dans le débat la notion de *delectatio uictrix*, Fénelon, pour sa part, décide d'en faire d'emblée le point cardinal de la dispute. À l'en croire, le système de Jansénius « se réduit à établir une délectation indélibérée qu'il est nécessaire que notre volonté suive en tout acte bon ou mauvais, parce que cette délectation la prévient inévitablement et la détermine invinciblement à l'acte précis, bon ou mauvais, auquel elle se tourne en chaque moment » : « Voilà le système qui est le centre de

45 *Ibid.*, p. 28.

46 Fénelon, *Œuvres complètes*, éd. citée, t. II, « Lettres au P. Lamy, bénédictin, sur la grâce et la prédestination », p. 158-190.

47 *Id.*, *Instruction pastorale de Mgr l'archevêque duc de Cambrai sur le livre intitulé* Justification du silence respectueux, Valenciennes, 1708, repris dans ID., *Œuvres complètes*, éd. citée, t. V, p. 1-108.

tous les dogmes de Jansénius. Voilà le point fixe qui réunit tous ses disciples[48]. » Le parti augustinien, note Fénelon, se divise sur l'attitude à observer par rapport au Formulaire ; les uns acceptent d'y souscrire et donc de considérer l'ouvrage de Jansénius comme un texte hérétique, les autres refusent absolument de le signer, mais tous « soutiennent avec une égale vivacité cette délectation, qui fait tout le système de cet auteur[49] ». Qu'ils signent ou non le Formulaire, poursuit l'archevêque de Cambrai, les jansénistes tombent toujours d'accord pour railler la grâce suffisante qui ne suffit pas et le pouvoir prochain qui est éloigné – on reconnaît ici les deux boutades pascaliennes qui inaugurent les *Provinciales* –, et pour se réconcilier, il leur suffit « de croire que la grâce n'est une véritable grâce de Jésus-Christ qu'autant qu'elle est une délectation qui détermine nécessairement notre volonté par un attrait qui lui est inévitable et invincible[50] ». Pour Fénelon, les jansénistes qui finissent par signer le Formulaire ne peuvent être que des hypocrites ; ils acceptent d'apposer leur signature au bas d'un document qui condamne l'*Augustinus*, mais ils s'empressent par ailleurs de défendre le système de la *delectatio uictrix*, « qui est évidemment tout le système de [Jansénius], duquel sortent nécessairement les cinq Propositions et sur lequel seul peut tomber sérieusement la condamnation de l'Église[51] ». La stratégie fénelonienne correspond à une conviction méthodologique essentielle selon quoi un texte long, s'il a été habilement composé, doit pouvoir se réduire à une seule proposition « qui est l'âme et le fond de tout l'ouvrage » : « Tout ce qui est ajouté à cette proposition est superflu, à moins qu'il ne serve à la prouver, à la développer, à dissiper les objections et à éclaircir le point en question[52]. » Il s'agit là, pour Fénelon, d'une règle incontestable et qui ne souffre pas d'exception. Dès lors, un censeur méthodique doit commencer, quand il examine un ouvrage douteux, par en distiller la quintessence doctrinale dans une seule et unique proposition. Dans le cas de l'*Augustinus*, l'ensemble de sa démonstration se réduit, selon Fénelon, à la thèse selon laquelle « depuis le péché d'Adam, il est nécessaire que la volonté de l'homme suive sans cesse la délectation indélibérée qui se

48 *Ibid.*, p. 3.
49 *Ibid.*, p. 3.
50 *Ibid.*, p. 3.
51 *Ibid.*, p. 3.
52 *Ibid.*, p. 26.

trouve en chaque moment la plus forte en lui, parce que la délectation qui se trouve la plus forte en ce moment, soit pour le bien, soit pour le mal, le prévient inévitablement et le détermine invinciblement à l'acte précis, ou bon, ou mauvais, à l'égard duquel cette délectation est supérieure[53] ». Plus développée que chacune des cinq Propositions proscrites en 1653, la phrase ne se trouve pas textuellement dans l'*Augustinus* ; en l'occurrence, elle a été forgée par l'archevêque de Cambrai pour le besoin de la polémique. La conviction est martelée :

> Voilà le vrai système de Jansénius. Cette proposition le comprend tout entier. Ôtez cette proposition du livre, il n'y reste rien de réel. Tout y est renversé par les fondements. Laissez-y cette proposition, il est facile de démontrer [...] que les cinq Propositions ne sont que les branches inséparables de cette tige. C'est cette proposition qui est la source des cinq hérésies condamnées, et qui est l'abrégé de tout le système[54].

D'admettre la proposition à quoi Fénelon estime qu'il est possible de réduire l'*Augustinus* revient en effet, explique le prélat cambrésien, à affirmer que le précepte est impossible au juste qui ne l'accomplit pas puisqu'il est alors dépourvu de la délectation qui, seule, peut lui permettre de l'observer ; qu'*in statu naturæ lapsæ*, on ne résiste jamais à la grâce intérieure, puisqu'elle est une invincible délectation ; que le mérite du juste ou le démérite du pécheur ne requiert pas l'exemption de nécessité antécédente ; qu'un secours divin qui n'agit ni inévitablement, ni invinciblement ne peut être l'*adiutorium medicinale Christi* ; et, enfin, « que nul homme qui n'est pas prédestiné et qui ne persévère pas jusqu'à la fin dans la justice n'a reçu par Jésus-Christ aucune grâce intérieure, c'est-à-dire aucune délectation dominante pour persévérer, qui lui ait rendu la persévérance et le salut possible, puisqu'il est nécessaire de ne persévérer pas, quand on n'a point cette délectation[55] ». Du raccourci qu'il a minutieusement forgé, Fénelon est parvenu à déduire chacune des cinq Propositions : il est, selon lui, clair que l'ensemble de la doctrine janséniste se réduit à la thèse de la délectation victorieuse.

Le prélat insiste sur le fait qu'il s'agit là de l'unique proposition que les augustiniens aient imperturbablement défendue depuis le

53 *Ibid.*, p. 28.
54 *Ibid.*, p. 28-29.
55 *Ibid.*, p. 29.

début des contestations, et aussi de la seule que leurs adversaires aient constamment attaquée – bien plus, elle est forcément la seule que le magistère ait pu vouloir proscrire : « Le texte long se réduit au texte court de cette proposition. C'est sur ce point unique de la contestation des parties que l'Église a pu prononcer un jugement sérieux[56]. » Autrement dit, l'Église n'a pu condamner les cinq Propositions sans déclarer par là même anathèmes les défenseurs du système de la *delectatio uictrix*. Fénelon insiste sur le fait que l'Église ne porte pas de condamnation à l'encontre de sons ou de phrases, mais qu'elle impose l'orthodoxe proscription d'un sens. Ainsi, par l'anathème défini au 4e canon du décret tridentin *de iustificatione* du 13 janvier 1547, l'Église a-t-elle condamné le texte court pour proscrire « le dogme d'une motion à laquelle le libre arbitre ne peut refuser son consentement[57] » ; de même, « dans cette espèce de canon qui condamne le livre de Jansénius » et que sont les cinq Propositions, l'Église n'a-t-elle condamné « le texte long que pour y condamner le dogme d'une délectation qu'il est nécessaire que la volonté suive, parce que cette délectation prévient inévitablement et détermine invinciblement la volonté[58] ». Non sans audace, Fénelon ajoute que le magistère romain a du coup défini comme dogme de foi la proposition contradictoire à celle à laquelle se réduit l'ouvrage proscrit.

Le raisonnement était assurément forcé, et les jansénistes allaient avoir beau jeu de rétorquer que si l'Église avait voulu condamner la thèse de la délectation prévenante et invincible, il était pour le moins étrange que ses anathèmes successifs n'y fissent jamais d'allusion explicite. Dans l'immédiat, Fénelon s'apprête à imposer à la controverse antijanséniste un véritable tournant. Une fois définie la nouvelle stratégie polémique dans son instruction pastorale du 1er juillet 1708, le prélat y revient régulièrement et souhaite qu'elle devienne celle du parti moliniste. Dans une lettre du 12 mai 1709 à l'un de ses plus intimes amis, l'abbé François Andrault de Langeron (1658-1710), Fénelon est explicite : « Il faudrait concerter [avec le P. Le Tellier] la manière d'attaquer directement et ouvertement le système de la délectation inévitable et invincible, faute de quoi le jansénisme paraîtra

56 *Ibid.*, p. 29.
57 *Ibid.*, p. 30.
58 *Ibid.*, p. 30.

toujours un fantôme ; car il est évident que Jansénius et son parti n'enseignent que ce système[59]. » Il paraît, du reste, que la stratégie ne suscite pas l'unanime assentiment des molinistes. Fénelon s'inquiète en particulier de l'attitude tâtonnante de Paul Godet des Marais (1647-1709), évêque de Chartres ; il insiste sur le fait que les défenseurs du molinisme doivent présenter un front uni. Pour lui, il est nécessaire d'attaquer la thèse de la *delectatio uictrix* dans la mesure où, ainsi que les événements l'ont montré, la proscription des cinq Propositions n'a pas permis de circonscrire l'hérésie janséniste : « Les cinq Propositions ne réalisent nullement le jansénisme, parce que le parti les condamne dans tout sens qui va plus loin que le système de la délectation. Il faut donc les forcer dans ce retranchement, ou avouer de bonne foi qu'on n'attaque rien de ce qu'ils soutiennent. C'est sur quoi il faut approfondir, presser sans relâche et agir de concert, car le défaut de concert renverserait tout[60]. » Il est vrai que, dans sa copieuse *Ordonnance et instruction pastorale portant condamnation des* Institutions théologiques *du P. Juénin* souscrite le 25 juin 1708, Mgr Godet des Marais n'avait que très ponctuellement attaqué la thèse de la délectation victorieuse pour discréditer le discours philojanséniste tenu par l'oratorien Gaspard Juénin (1650-1713) dans ses *Institutiones theologicæ ad usum seminariorum* – publiée pour la première fois en 1694 avant leur deuxième édition, copieusement augmentée, en 1701 –, mais au moment où le prélat chartrain publie son ordonnance, Fénelon ne s'est pas encore exprimé au sujet de la *Justification du silence respectueux* et n'a donc pas indiqué avec tout l'éclat souhaitable à ses compagnons molinistes la nouvelle direction polémique qu'il préconise de suivre. Il est possible que le prélat cambrésien, au moment d'imprimer à la dispute un véritable tournant, ait ressenti quelques craintes de la publication pratiquement concomitante de trois manuels de théologie aux tendances doctrinales assez discutables. Outre les *Institutiones theologicæ* du P. Juénin paraissent la *Summa theologiæ ad usum scholæ accommodata* (1701-1711) du chanoine, et docteur de Sorbonne, Nicolas L'Herminier (1657-1735) et la *Theologia dogmatica et moralis ad usum seminarii Catalaunensis* (1707-1712) – ou *Théologie de Châlons* – du chanoine, et lui aussi docteur de Sorbonne,

59 Fénelon à Langeron, Cambrai, 12 mai 1709, *Correspondance de Fénelon*, t. XIV, éd. citée, p. 143.

60 *Ibid.*, p. 143.

Louis Habert (1635-1718)[61]. Les trois auteurs forment par la suite une triade doctrinale clairement identifiée, comme en témoigne un poème anonyme recueilli en 1724 : « Ce détestable jansénisme, / Ou plutôt ce dur calvinisme [...], / Se répand dans toute la France / Sous une trompeuse apparence. / L'Herminier, Habert et Juénin, / Adroits à cacher ce venin, / Sous des expressions subtiles / Sont en ce point des plus habiles[62]. » Unanimes, évidemment, à condamner Jansénius, puisqu'ils prétendent se conformer à la condamnation romaine de l'*Augustinus*, les trois théologiens ont en commun de faire pourtant une place cruciale à la notion de *delectatio uictrix* dans leurs arguments. La *Théologie de Châlons* a particulièrement retenu l'attention de Fénelon, qui l'évoque dans une lettre au duc de Chevreuse du 24 novembre 1709 en attaquant vertement « le système des deux délectations, qu'un grand nombre de gens superficiellement instruits de la théologie, et prévenus par les jansénistes déguisés, regardent comme la plus saine doctrine, qui n'est point, selon eux, le jansénisme et sans laquelle le molinisme triompherait[63] ». Aux esprits crédules ou incompétents qui l'accusent, en rejetant les défenseurs de la thèse de la *delectatio uictrix* dans le camp de l'hérésie, de ne plus considérer comme orthodoxement catholiques que les seuls molinistes, Fénelon rétorque que l'accusation n'est pas tenable et qu'elle témoigne d'une méconnaissance profonde de l'enjeu doctrinal objectif de la querelle :

> Ce système [des deux délectations] est précisément celui de Jansénius : le texte de cet auteur ne contient rien de réel au-delà de ce système, et sa condamnation est injuste si ce système n'est pas hérétique. En ce cas, le jansénisme n'est qu'un fantôme : c'est une hérésie imaginaire, dont les jésuites se servent pour faire une réelle persécution aux fidèles disciples de saint Augustin et pour

61 Sur Louis Habert, consulter J.-P. Gay, « Théologiens radicaux, théologies radicales ? Quelques théologiens francophones de la fin du XVIIe siècle et leurs pratiques d'écriture », *Archives de sciences sociales des religions*, 150, 2010, p. 77-98, et S. De Franceschi, *La Puissance et la Gloire*, *op. cit.*, p. 301-326.

62 *Poésies sur la Constitution* Unigenitus *recueillies par le chevalier de G..., officier du régiment de Champagne*, t. Ier, Villefranche, 1724, p. 32. Sur le rôle de l'écriture poétique dans la polémique antijanséniste du premier XVIIIe siècle, voir H. Duranton, « La théologie à l'encan. La poésie satirique au service du bon combat », *8 septembre 1713 : le choc de l'*Unigenitus. *Actes du colloque international organisé par la Société des Amis de Port-Royal (Versailles, 2-4 octobre 2013)*, éd. O. Andurand et S. De Franceschi, *Chroniques de Port-Royal*, 64, 2014, p. 115-129.

63 Fénelon à Chevreuse, Cambrai, 24 novembre 1709, *ibid.*, p. 170.

> tyranniser les consciences en faveur du molinisme. Il s'agit donc de ce qui est comme le centre de toute la dispute qui dure depuis soixante-dix ans[64].

Le geste polémique de Fénelon a effectivement consisté à réduire le sens de Jansénius, trop évasivement évoqué par le magistère dans ses différentes constitutions pour qu'il fût possible de couper court aux échappatoires des jansénistes, à la thèse désormais emblématique de la délectation victorieuse.

Au moment où le pugnace archevêque définit sa stratégie de controverse, il faut constater que la notion de *delectatio uictrix*, assez peu mobilisée par Pasquier Quesnel et ses compagnons, est en revanche utilisée par des auteurs soupçonnés de verser dans un jansénisme plus ou moins larvé, sans qu'ils en fassent toutefois le point essentiel de leur argumentation. Publié pour la première fois en 1702, le traité *de gratia* de la *Summa theologiæ* de L'Herminier n'a pas vraiment attiré sur lui l'attention des théologiens avant 1709, lorsqu'à la veille de la mise en vente chez les libraires d'une seconde édition déjà imprimée est diffusée une anonyme *Dénonciation de la théologie de M. L'Herminier* dont le premier chapitre reconduit indubitablement la stratégie fénelonienne en affirmant que les cinq Propositions se réduisent de fait à prétendre « que, dans l'état présent de la nature tombée, nous n'agissons jamais bien ou mal qu'autant que nous y sommes appliqués par un plaisir céleste ou terrestre qui nous prévient inévitablement et qui nous détermine invinciblement[65] ». Maxime sur laquelle L'Herminier, selon son dénonciateur, a fondé l'entière analyse de son traité *de gratia* et à partir de laquelle il a défini et défendu un système théologique où grâce et concupiscence se disputent sans cesse l'empire d'une volonté humaine qu'elles entraînent inévitablement et invinciblement à faire le bien ou le mal. Le propos reprend à la lettre la tactique polémique de Fénelon : « Cette maxime comprend en abrégé tout le livre de Jansénius. C'est la source d'où coulent toutes les autres erreurs qui y sont répandues. C'est le centre où tout le reste vient aboutir. Si vous la retranchez de ce livre, tout l'ouvrage tombe comme un édifice sans fondement. Si au contraire on la reçoit, on se trouve engagé, malgré qu'on en ait, à

64 *Ibid.*, p. 170.

65 *Dénonciation de la théologie de M. L'Herminier à nosseigneurs les évêques*, s. l., 1709, c. Ier, « M. L'Herminier adopte le principe fondamental du système hérétique de Jansénius », p. 5.

recevoir toutes les autres erreurs du jansénisme[66]. » D'après le dénonciateur, L'Herminier n'a fait que suivre de bout en bout la proposition incriminée dans le traité *de gratia* de sa *Summa theologiæ*, et ses analyses se tiennent au plus près d'un texte de Jansénius qu'elles finissent pratiquement par copier. Ainsi trouve-t-on soutenue dans l'*Augustinus* la thèse selon quoi l'efficacité de la grâce n'est pas absolue, mais relative, puisque le secours divin n'est efficace que lorsqu'il l'emporte en intensité sur l'attrait de concupiscence qui s'oppose à lui – la délectation céleste n'est jamais victorieuse que relativement selon Jansénius[67]. Or L'Herminier ne tient pas d'autre doctrine. Jansénius avait ainsi affirmé que la grâce médicinale du Rédempteur, que les scolastiques qualifiaient classiquement d'efficace, était une céleste et ineffable suavité, soit une délectation spirituelle par laquelle Dieu amenait souverainement la volonté humaine à accomplir ce qu'il avait décidé[68] ; semblable proposition se trouvait presque mot pour mot dans la *Summa theologiæ* de L'Herminier[69]. Jansénius avait prétendu que saint Augustin avait eu raison de désigner sous le nom de douceur, de suavité ou de délectation les mouvements indélibérés d'amour et de désir par lesquels la volonté est suavement invitée et entraînée à aimer Dieu par un acte qui est, lui, délibéré[70]. L'Herminier ne manquait pas d'emboîter imprudemment le pas à l'auteur de l'*Augustinus* en lui empruntant très exactement sa définition de la *delectatio cœlestis*[71]. D'autres parallélismes troublants indiquaient que L'Herminier tombait d'accord avec Jansénius pour conférer à la grâce victorieuse un empire insurmontable, indéclinable et

66 *Ibid.*, p. 5-6.

67 Jansénius, *Augustinus*, *op. cit.*, t. III, l. VIII, c. II, col. 819 : « *Delectatio uictrix, quæ Augustino est efficax adiutorium, relatiua est ; tunc enim est uictrix quando alteram superat.* »

68 *Ibid.*, t. III, l. IV, c. Ier, col. 394, cité *supra*, n. 20.

69 N. L'Herminier, *Summa theologiæ ad usum scholæ accommodata*, t. II, *De Incarnatione Verbi. De gratia. De iustificatione et merito*, Paris, 1702, p. 608-609, cité dans la *Dénonciation de la théologie de M. L'Herminier*, p. 8 : « *Non alia ratione efficacis gratiæ naturam et modum operandi explicat quam sub nomine cælestis cuiusdam suauitatis et delectationis qua uoluntas præuenitur et flectitur ad uolendum faciendumque quidquid eam uelle aut facere constituerit Deus.* »

70 Jansénius, *Augustinus*, *op. cit.*, t. III, l. IV, c. XI, col. 437 : « *Vt sane merito S. Augustinus actus illos indeliberatos amoris ac desiderii quibus anima suauiter in Deum deliberato actu diligendum suscitatur, inuitatur, trahitur, rapitur, nomine dulcedinis, suauitatis ac delectationis designauerit.* »

71 N. L'Herminier, *op. cit.*, p. 612, cité dans la *Dénonciation de la théologie de M. L'Herminier*, p. 8 : « *Delectatio illa cœlestis quam in uoluntatem immittit Deus actus est indeliberatus amoris ac desiderii, quo quidem anima suauiter ad Deum actu deliberato diligendum mouetur, inuitatur et rapitur.* »

invincible et pour adopter le système des deux délectations indélibérées et nécessitantes. À en croire le dénonciateur, L'Herminier soutient, à l'instar de Jansénius, que « nous faisons nécessairement le bien ou le mal, suivant qu'un plus grand plaisir indélibéré du ciel ou de la terre nous prévient et nous entraîne » : « Cette doctrine est répandue dans tout l'ouvrage de Jansénius comme le principe fondamental de son système[72]. » Pour justifier sa position, le défunt évêque d'Ypres avait usé et même abusé du *Quod amplius nos delectat* augustinien, dont il avait savamment dévoyé la signification. Or, d'après le dénonciateur, « M. L'Herminier adopte cette maxime si pernicieuse de Jansénius sans nous laisser la liberté de douter un moment de son attachement à l'erreur la plus essentielle du système hérétique, car il copie l'expression la plus forte et la plus précise de Jansénius sur ce sujet[73] ». À l'appui, le dénonciateur de renvoyer au chapitre VIII du livre IV du tome III de l'*Augustinus*, où Jansénius, décrivant la volonté soumise au conflit des tentations, enseignait – en se prévalant du fameux passage du commentaire de saint Augustin sur l'*Épître aux Galates* – qu'elle ne pouvait en être libérée que par le secours d'une délectation céleste par laquelle elle fût conduite à vouloir le bien d'autant plus véhémentement qu'elle était plus ardemment délectée[74]. Les mêmes expressions se retrouvaient presque littéralement dans la *Summa theologiæ* de L'Herminier[75] – de quoi le dénonciateur croyait pouvoir conclure, non sans vraisemblance, que l'imprudent chanoine avait puisé sa doctrine dans l'ouvrage qui était la propre source du jansénisme.

La démonstration rappelle assurément la stratégie fénelonienne qui consiste à réduire le propos de L'Herminier à la défense des principes constitutifs du système des deux délectations – et le dénonciateur d'ajouter significativement : « Les hérésies condamnées dans les cinq Propositions

72 *Dénonciation de la théologie de M. L'Herminier*, *op. cit.*, p. 9.

73 *Ibid.*, p. 9.

74 Jansénius, *Augustinus*, *op. cit.*, t. III, l. IV, c. VIII, col. 428 : « *In conflictu tentationum per ipsam [suauitatem] nos liberet Deus dando cœlestem delectationem qua omnis terrena delectatio superetur ; ipsa faciat nos ardenter et fortiter uelle, tantoque uehementius quanto delectamur ardentius ; ipsa nos faciat perseueranter et immobiliter et impeccabiliter uelle, quia secundum id operemur necesse est, quod amplius nos delectauerit.* »

75 N. L'Herminier, *op. cit.*, p. 611, cité dans la *Dénonciation de la théologie de M. L'Herminier*, p. 9-10 : « *In conflictu tentationum non liberat Deus nisi dando cœlestem delectationem quæ faciat tanto uehementius nos Deo immobiliter adhærere quanto delectamur ardentius, quia secundum id operemur necesse est quod amplius nos delectauerit.* »

en sortent naturellement comme des ruisseaux de leur source. C'est ce que Mgr l'archevêque de Cambrai vient de démontrer dans son instruction pastorale du 1er juillet 1708[76]. » Il y a là davantage qu'un hommage révérencieux à l'autorité du prestigieux prélat, et il faut considérer que le dénonciateur avoue ici qu'il a délibérément repris à son compte la tactique officiellement prônée par Fénelon dans son mandement contre la *Justification du silence respectueux*. Au surplus, l'instruction pastorale de 1708 est très abondamment citée pour rappeler le lien direct qui unit les cinq Propositions à la thèse de la *delectatio uictrix* – et le dénonciateur peut alors conclure : « Tout catholique ne doit-il pas avoir horreur d'un principe d'où suivent des conséquences si affreuses ? C'est ce principe avec ces suites qui font le jansénisme. Dès qu'il parut dans le livre de Jansénius, tous les catholiques en furent alarmés, comme il arrive à la naissance des nouvelles hérésies[77]. » L'accusé n'a évidemment pas méconnu la gravité du reproche qu'on lui adressait. Alors même que la seconde édition de son traité *de gratia* est déjà imprimée, L'Herminier y apporte des corrections ; il ajoute aussi une préface où il assure qu'il n'a jamais voulu rien soutenir qui ne fût contraire aux cinq Propositions. Le chanoine relève que son dénonciateur lui fait grief d'enseigner, en se prévalant du *Quod amplius nos delectat* augustinien, que l'essence de la grâce efficace se trouve dans une délectation victorieuse et nécessitante[78]. Que l'efficacité du secours divin provienne d'un attrait souverainement délectable, le fait, selon L'Herminier, peut aisément se justifier par d'innombrables témoignages de saint Augustin communément reçus parmi les théologiens[79]. Que la *delectatio uitrix* dans laquelle il fait consister la grâce efficace soit nécessitante, L'Herminier, en revanche, le nie farouchement, et il ajoute que, selon lui, il est d'ailleurs impossible

76 *Dénonciation de la théologie de M. L'Herminier*, *op. cit.*, p. 18.

77 *Ibid.*, p. 19.

78 N. L'Herminier, *Summa theologiæ ad usum scholæ accommodata*, t. IV, *De gratia Dei*, 2e édition, Paris, 1709, préface, p. II : « *Arguit me primum Denunciator quod docuerim essentiam gratiæ efficacis positam esse in uictrici delectatione, obiiciens mentem meam esse eiusmodi delectatione uoluntati humanæ imponi necessitatem agendi, idque profert eo ductus argumento quod ego, pag. 611, usus sum his uerbis :* Quod enim amplius nos delectat, secundum id operemur necesse est. »

79 *Ibid.*, p. II : « *In hoc accusationis capite duo sunt, primum, quod essentia gratiæ efficacis reponatur in uictrici delectatione, secundum, quod illa delectatio necessitatem importet. Quod primum spectat, id certe uitio non uertet denunciator quod ex multis S. Augustini testimoniis excerptum tenent multi theologi, ac sine ulla offensione docent.* »

de le déduire du fameux *Quod amplius nos delectat*[80]. Le litigieux *necesse* de l'adage augustinien, poursuit L'Herminier, ne renvoie qu'à une nécessité improprement dite, seulement morale et qui n'est pas autre chose qu'une inclination ou une propension à l'empire de laquelle la volonté humaine se soumet généralement en conservant sa liberté d'indifférence, soit une puissance antécédente *ad oppositum*[81]. Force est pourtant de constater que, dans la mesure où Jansénius a abusé du *Quod amplius nos delectat*, le passage est devenu ambigu, et L'Herminier avoue franchement qu'afin d'éviter les contestations, il a préféré ne plus y recourir dans la nouvelle édition de son ouvrage.

Il semble que, pour être intervenu plutôt tardivement dans la querelle de la grâce, et seulement après être sorti des turbulences de la condamnation du quiétisme, Fénelon n'en a pas moins eu un rôle déterminant dans la modification d'un champ polémique demeuré relativement stable depuis la mort d'Antoine Arnauld. L'archevêque de Cambrai fait son entrée en controverse à l'occasion de l'affaire du *Cas de conscience*[82]. Son discours emprunte deux voies polémiques : l'une, depuis longtemps fréquentée par les molinistes, entend couper court, par une analyse serrée des notions de pouvoir prochain et de grâce suffisante, aux argumentations développées par les jansénistes selon quoi leur doctrine *de gratia et libero arbitrio* ne s'écarte en rien des enseignements le plus indiscutablement orthodoxes de l'École de saint Thomas ; l'autre, que Fénelon va d'ailleurs brillamment illustrer, consiste à défendre le rôle suréminent du pontife romain comme juge infaillible des controverses doctrinales. L'affaire du *Cas de conscience*, en obligeant le pape Clément XI à condamner expressément, dans

80 *Ibid.*, p. II : « *Quoad secundum attinet, nimirum quod existimauerim uictrici illa delectatione necessitatem imponi, quia ad illam delectationem asserendam præfata diui Augustini uerba adhibeo, id profiteor a mea mente plane alienum fuisse.* »

81 *Ibid.*, p. II : « *Volui tantum hoc loco probare efficaciam gratiæ consistere in illa uictrici delectatione, ita ut his uerbis :* necesse est, *quæ extant hoc loco apud Augustinum, noluerim innui nisi necessitatem quandam improprie dictam et moralem tantum, quæ sit inclinatio et propensio quam sequi solet homo et cui ut plurimum uoluntas morem gerit, quod utique necessitatis genus stet in eodem instanti cum potentia antecedente ad oppositum, non impedita et ligata, atque adeo cum uero indifferentia actiua.* »

82 Sur l'intrusion fénelonienne dans la querelle *de gratia*, on se permet de renvoyer à S. De Franceschi, « Le jansénisme et le recours à la doctrine thomiste. La défense du philo-thomisme augustinien au temps de la querelle du *Cas de conscience* (1702-1706) », *Revue d'histoire de l'Église de France*, t. 98, 2012, p. 285-310.

la Bulle *Vineam Domini* fulminée le 16 juillet 1705, le subterfuge du silence respectueux par quoi les jansénistes espéraient se soustraire à l'obligation de respecter les constitutions romaines sur le Fait en y souscrivant toutefois sur le Droit, a eu aussi pour résultat de manifester encore plus clairement qu'auparavant l'insuffisance des deux itinéraires polémiques jusque-là pratiqués. Après 1708, la dimension ecclésiologique du discours antijanséniste fénelonien s'estompe, sans toutefois disparaître, tandis que l'archevêque de Cambrai recentre sa réflexion sur le cœur doctrinal de la matière janséniste en développant sans cesse davantage sa thèse selon laquelle le jansénisme se réduit en définitive au système des deux délectations prévenantes et indélibérées. Évolution polémique que signale sourdement l'instruction pastorale du 1er juillet 1708 contre la *Justification du silence respectueux* – jalon capital, car elle est le lieu où s'effectue le changement de la stratégie controversiale de Fénelon. Après 1708, l'antijansénisme de l'archevêque de Cambrai est surtout une lutte sans relâche contre la thèse de la *delectatio uictrix*, que le prélat impose dans les esprits comme caractéristique du jansénisme, au point que molinistes et jansénistes sont obligés d'adapter leurs discours. Si Fénelon ne peut être tenu pour responsable de l'entrée de la nouvelle notion dans le débat, puisque, présente dès le début de la crise janséniste, elle est réintroduite dans les argumentaires polémiques au tournant des XVIIe et XVIIIe siècles par les tenants de ce que le P. de Colonia a appelé un « jansénisme radouci » – en reprenant, du reste, pour l'appliquer à Nicolas L'Herminier[83], une expression que Fénelon avait lui-même employée à propos de Louis Habert[84] –, il faut pourtant reconnaître que l'archevêque de Cambrai lui a donné un lustre controversial singulièrement nouveau. Avec Fénelon, la délectation victorieuse prend place aux côtés du pouvoir prochain et de la grâce suffisante pour former le groupe des notions cardinales de la querelle et devenir une nouvelle coordonnée doctrinale des discussions à partir de quoi les différentes mouvances théologiques qui s'affrontent vont

---

83 D. de Colonia, *Dictionnaire des livres jansénistes ou qui favorisent le jansénisme*, t. IV, Anvers, 1752, p. 16-17 : « *Somme théologique* de M. Nicolas L'Herminier, docteur de la Faculté de Paris, accommodée à l'usage de l'École : le système de cette théologie est un jansénisme radouci, un demi-jansénisme, qui n'en est que plus dangereux. »

84 Fénelon à Le Tellier, Cambrai, 27 juin 1712, *Correspondance de Fénelon*, t. XVI, *Les dernières années, 1712-1715*, éd. J. Orcibal, J. Le Brun et I. Noye, Genève, 1999, p. 59 : « Je crois devoir réfuter le jansénisme radouci de M. Habert et de quelques autres théologiens. »

devoir réorganiser leurs argumentations. En instrumentalisant, pour servir les intérêts de la cause moliniste, un concept dont le maniement était jusqu'à lui théologiquement mal déterminé, le prélat a posé un acte polémique particulièrement lourd de conséquences.

Sylvio Hermann DE FRANCESCHI
École Pratique des Hautes Études
(Sciences religieuses)
Laboratoire d'études
sur les monothéismes (UMR 8584)

QUI PEUT JUGER DU SENS D'UN TEXTE ?

Comme l'explique Jean-François Chiron dans son étude de *L'infaillibilité et son objet* (1999), dont le chapitre deux est consacré à « Fénelon et l'infaillibilité de l'Église dans la condamnation des textes[1] », l'intervention du prélat quant au « sens du texte » est directement liée à son combat contre le jansénisme. On retient le plus souvent de l'anti-jansénisme de Fénelon ses positions dans la querelle de la grâce, en particulier ses arguments contre la conception de la « délectation victorieuse[2] » qu'il attribue aux jansénistes. L'épisode a quelque peu occulté sa stratégie antérieure, qui avait été de les combattre sur ce terrain de l'infaillibilité dite parfois « grammaticale[3] ». Nous n'avons pas la prétention d'ajouter à l'apport documentaire de l'ouvrage de J.-F. Chiron, dont notre communication sera largement tributaire. Cependant nous nous proposons d'aborder le sujet d'un point de vue différent du sien, moins d'histoire doctrinale que suivant la logique propre à Fénelon.

---

1 *L'infaillibilité et son objet. L'autorité du magistère infaillible de l'Église s'étend-elle aux vérités non révélées ?*, préface d'Hervé Legrand, Paris, Cerf, « Cogitatio Fidei », 1999, p. 71-119. Ce chapitre s'inscrit dans la suite du grand livre de Bruno Neveu, *L'erreur et son juge*, Naples, Bibliopolis, 1993.

2 Nous avons consacré à cet aspect, central selon nous dans le « système » fénelonien, les p. 221 et suiv. de notre *Fénelon et le sublime. Littérature, anthropologie, spiritualité*, Paris, Honoré Champion, 2009. Du point de vue de l'histoire doctrinale, voir les récents travaux de Sylvio Hermann de Franceschi, en particulier *La puissance et la gloire. L'orthodoxie thomiste au péril du jansénisme (1663-1724) : le zénith français de la querelle de la grâce*, Paris, Nolin, 2011 et dans le présent volume sa contribution, ainsi que celle de Laurence Devillairs et Patricia Touboul.

3 Voir Jean Orcibal et coll., *Correspondance* de Fénelon, t. VII *Le procès romain des Maximes des saints. Commentaire*, Genève, Droz, 1987, p. 27 note 9 (et p. 165 n. 4).

LA DISTINCTION DU DROIT ET DU FAIT

La controverse trouve son origine dans la défense arnaldienne de l'*Augustinus*. On sait qu'à l'été 1649 le syndic de Sorbonne Nicolas Cornet avait demandé l'examen de sept propositions tirées selon lui de thèses récentes, et rapidement associées à l'ouvrage de Jansénius. La Sorbonne se divisa, les soutiens jansénistes y voyant une manœuvre pour censurer leurs positions, c'est-à-dire rien de moins à leurs yeux que la doctrine d'Augustin. Lors des polémiques qui suivirent se distinguent d'emblée les *Considérations sur l'entreprise faite par Maître Cornet* d'Arnauld, qui avancent un argument qui reviendra dans la querelle : les propositions sont susceptibles de plusieurs sens, et si l'on peut admettre qu'elles aient un sens hérétique, on ne peut nier qu'elles puissent en avoir un autre « parfaitement orthodoxe ». Un texte plus tardif, connu sous le nom d'*Écrit à trois colonnes*, va le développer méthodiquement : il met en vis-à-vis le sens hérétique, le sens orthodoxe, et un sens contraire soutenu par les molinistes.

Innocent X tranche le débat par la bulle *Cum occasione*, le 31 mai 1653, qui déclare hérétiques les quatre premières propositions et la cinquième fausse (on ne parle plus des deux dernières). La bulle ne fait aucune mention d'un sens orthodoxe possible. Elle attribue les thèses à Jansénius mais, selon la formule de Louis Cognet[4], « point très nettement ».

La ligne de défense d'Arnauld va évoluer, en réponse aux *Chicanes des jansénistes* du P. Annat (*Cavilli jansenianorum*, fév. 1654) : Arnauld montre que seule la première des propositions peut se tirer littéralement de l'*Augustinus* et que ramenée au contexte elle prend un sens « entièrement orthodoxe » ; quant aux quatre autres, les passages allégués par le jésuite pour les rattacher au texte de Jansénius se trouvent déjà dans Augustin… D'où Arnauld conclut qu'il faut distinguer le sens hérétique

4 Que nous suivons ici de près : *Le jansénisme*, Paris, PUF, « Que sais-je », 1961, p. 61. Voir aussi le « chapitre premier » de l'ouvrage déjà cité de J.-F. Chiron. La bibliographie sur le jansénisme est considérable : on retiendra la présentation déjà ancienne (1996) qu'en fit Roger Aubert à l'article « jansénisme » du *Dictionnaire d'histoire et de géographie ecclésiastique*, Paris, Letouzey et Ané, t. XXVI, col. 911-932. Sur l'antijansénisme, bilan suggestif de Lucien Ceyssens, « Que penser finalement de l'histoire du jansénisme et de l'antijansénisme ? », *Revue d'histoire ecclésiastique* de Louvain, t. 88, 1993, p. 108-130.

du sens donné par Jansénius – sauf à renoncer aux positions augustiniennes qu'avaient pourtant permises les Congrégations *De Auxiliis*.

En riposte ses adversaires voulurent établir que la bulle condamnait bien les cinq propositions au sens de Jansénius. Et Mazarin obtint d'une assemblée d'évêques, en janvier 1655, qu'elle prescrive au clergé la signature d'un formulaire condamnant explicitement Jansénius. Cette prescription, difficile à mettre en œuvre, ne fut pas suivie d'effet. Mais la controverse fut rapidement relancée par le zèle de Charles Picoté, vicaire de Saint-Sulpice (et confesseur de M. Olier) : l'abbé voulut obliger le duc de Liancourt, son paroissien, à rompre avec Port-Royal, sous peine de le priver de l'absolution de la confession. Arnauld réagit par la *Lettre à une personne de condition* et surtout la *Seconde lettre à un duc et pair* (le duc de Luynes), datée du 10 juillet 1655. Reprenant le fond de la querelle, il y réaffirme sa position : accepter la condamnation des cinq propositions mais refuser leur attribution à Jansénius. C'est dans ce contexte que Pascal engage sa plume de polémiste, avec les *Provinciales* qui commencent de paraître en janvier 1656. Cependant l'Assemblée du clergé réunie à l'été 1656 prescrit à nouveau la signature d'un formulaire condamnant l'*Augustinus* et le 16 octobre 1656 le nouveau pape, Alexandre VII, donne la bulle *Ad sacram* qui affirme cette fois nettement que les cinq propositions se trouvent dans l'*Augustinus*, et qu'elles sont condamnées au sens où Jansénius les a entendues. L'adoption de la bulle en France prendra plus d'un an (nov. 1657), à cause des résistances du Parlement, mais Pascal cessera la campagne des *Provinciales* dès mars 1657, après que la bulle a été présentée au Roi.

Que devient alors la position d'Arnauld ?

Il va s'appuyer sur la distinction du droit et du fait. Il admet l'autorité de l'Église sur le point de droit : l'héréticité ou l'orthodoxie d'un texte (celui des cinq propositions en l'occurrence) ; mais il la conteste sur la question de fait : la présence ou non du texte dans un autre texte, des cinq propositions dans l'*Augustinus*. Il déclare donc adhérer à la condamnation pontificale et même renoncer à défendre un sens orthodoxe possible (alternatif au sens hérétique condamné). Mais sur le fait il estime que l'on peut statuer en raison et considère comme démontrable que le pape s'est trompé (une erreur de fait). Donc il refuse toute adhésion intérieure sur la question du sens de Jansénius et déclare ne pouvoir s'engager qu'au silence respectueux.

Pour Arnauld, comme le fait remarquer Louis Cognet, il ne s'agit pas de mettre en doute l'infaillibilité pontificale, parce qu'à ce moment du débat à peu près personne ne soutient que cette infaillibilité puisse porter sur autre chose que la vérité révélée : c'est la distinction entre la « foi divine » et la « foi humaine », ou encore la « foi ecclésiastique[5] ». Sa position peut apparaître comme intermédiaire entre ceux qui refusaient la condamnation des cinq propositions, considérant qu'on ne pourrait pas tenir longtemps la distinction entre sens hérétique et sens orthodoxe, que la condamnation finirait par atteindre aussi le « sens orthodoxe » (celui considéré par Arnauld comme le sens de Jansénius, et d'Augustin) : c'était la position d'Angélique de Saint-Jean ; et ceux qui considéraient qu'il n'y avait qu'à s'abandonner à Dieu et à sa Providence, donc signer le formulaire sans clause restrictive : c'était la position de Barcos.

À la mort de Mazarin, Louis XIV durcit son opposition à Port-Royal en obtenant du Conseil d'État l'obligation de signer le formulaire (23 avril 1661), une lettre de cachet précisant aux évêques qu'ils devaient l'exiger même des religieuses et des maîtres d'école. La suite divise profondément l'épiscopat. En 1664, le nouvel archevêque de Paris, Hardouin de Péréfixe, accentue la répression contre Port-Royal, dont quatre évêques prennent le parti. Alexandre VII, par la bulle *Regiminis apostolici* (15 février 1665), renouvelle l'obligation de signer le formulaire.

Vue de Rome, l'affaire attisait la crainte permanente du schisme gallican. Aussi lorsque Clément IX accède au trône pontifical, il décide d'encourager une médiation qui aboutit à la « paix de l'Église ». Celle-ci allait durer dix ans, de 1668 à 1678, mais sans rien résoudre sur le fond. À partir de 1679 apparaissent les signes d'un nouveau raidissement ; Arnauld choisit l'exil à Bruxelles, où il est rejoint par Quesnel en 1685, qui l'assistera jusqu'à sa mort le 8 août 1694.

Nous voici arrivés dans les années d'activité de Fénelon, né en 1651, nommé précepteur du duc de Bourgogne en 1689, qui devient prince-archevêque de Cambrai en 1695. Noailles, le nouvel archevêque de Paris, se trouve compromis par l'approbation qu'il avait donnée aux *Réflexions morales* de Quesnel, lorsqu'il était évêque de Châlons.

Tel est le contexte dans lequel apparaît le « cas de conscience » soumis à la Sorbonne en 1701 : peut-on absoudre un pénitent qui, « sur le fait de

5 Pour une première approche de cette notion, voir Yves Congar : « Fait dogmatique et foi ecclésiastique », *Catholicisme*, t. IV, Paris, Letouzey et Ané, 1954, col. 1059-1067.

Jansénius, déclare ne pouvoir aller plus loin que le silence respectueux[6] ». Un avis favorable est rédigé par le docteur Nicolas Petitpied, qui obtient la signature, le 20 juillet, de quarante de ses collègues. La condamnation de cet avis par Rome, après sa publication en 1702, entraîne une longue guerre de libelles, durant laquelle Noailles se montre hésitant, et qui finit par aboutir, mais seulement le 4 septembre 1704, à la rétractation des théologiens. La question du silence respectueux avait donc retrouvé une vive actualité.

Parallèlement l'arrestation de Quesnel, par ordre du roi d'Espagne, entraîne la découverte d'un puissant « parti » janséniste, qui inquiète Louis XIV et le pousse à demander au pape une condamnation claire du « silence respectueux ». Les résistances des vieilles religieuses de Port-Royal à la bulle *Vineam Domini Sabaoth* de Clément XI, fulminée le 16 juillet 1705, approuvée avec difficulté par l'Assemblée du clergé puis le Parlement, excèdent Louis XIV qui ordonne la déportation des sœurs, le 29 octobre 1709, et la destruction des bâtiments de l'abbaye des Champs. Peu de temps après, le 15 juillet 1710, les *Réflexions morales* de Quesnel sont condamnées par un mandement des évêques de Luçon et La Rochelle. Devant la résistance de Noailles, qui s'estime mis en cause, et d'une importante faction de l'épiscopat, Louis XIV réclame une bulle contre Quesnel, qui tarde à venir car le pape redoute la division et le schisme : Clément XI ne signera que le 8 septembre 1713 *Unigenitus Dei Filius*, véritable victoire pour les anti-jansénistes, qui condamne 101 propositions tirées des *Réflexions morales*. Les craintes pontificales étaient justifiées : lorsque la bulle est lue devant le Parlement, le procureur général Daguesseau formule l'objection centrale, qu'elle est « erronée, non point sur le fait, puisqu'elle contenait des phrases qui étaient bien celles de Quesnel, mais sur le droit, puisqu'elle incriminait des formules qui étaient celles de la pure doctrine augustinienne[7] »... C'est un complet renversement. L'opposition est si forte que le roi envisage de convoquer un Concile national, qui aurait déposé Noailles. Il meurt sans en avoir le temps, le 1er septembre 1715... Fénelon, qui faisait figure de principal opposant au cardinal archevêque de Paris, était mort le 7 janvier de la même année.

6 L. Cognet, *op. cit.*, p. 94.
7 *Ibid.*, p. 100.

FÉNELON DANS LA QUERELLE

Fénelon intervient principalement dans le contexte du « cas de conscience », à partir d'une ordonnance et instruction pastorale en date du 10 février 1704. Dans cette première *Instruction* sur le cas de conscience, il distingue, selon le résumé qu'en donne Louis Cognet[8] et qui nous servira de point de départ, « le sens voulu par Jansénius connu de Dieu seul, du sens obvie du livre, lequel pouvait fort bien ne pas correspondre aux intentions de l'auteur. En ce qui concerne ce sens obvie, c'est-à-dire le sens que prend le livre pour tout lecteur de bon sens et de bonne foi, il estimait que l'Église avait pleinement qualité pour se prononcer sur l'orthodoxie objective d'un ouvrage sans tenir compte des intentions subjectives de l'auteur. Pour justifier son point de vue, et donner un fondement à sa doctrine, il affirmait fortement l'infaillibilité de l'Église sur les faits dogmatiques non révélés : c'était à ses yeux la seule base sur laquelle on pût s'appuyer pour imposer "la créance au fait de Jansénius". »

Ses adversaires vont lui reprocher de confondre « infaillibilité surnaturelle et révélée » (domaine de l'Église) et « infaillibilité naturelle et d'évidence, savoir l'intelligence du sens littéral » (domaine de la raison)[9]. Il s'en défend dans la *Deuxième instruction pastorale [...] pour éclairer les difficultés proposées par divers écrits contre sa première Instruction pastorale* sur le cas de conscience : « Nous n'avons jamais voulu que l'Église fût préservée de l'erreur sur la grammaire, c'est-à-dire sur la parole, que dans les seuls cas où l'erreur sur la parole entraînerait nécessairement celle des peuples sur les règles de foi[10]. » La sauvegarde du dépôt de la foi (dépôt révélé) justifie une extension de l'infaillibilité aux règles de grammaire (règles de lecture d'un texte quel qu'il soit) – mais pour cette raison seulement, et qui ne s'étend pas au-delà. Les règles en elles-mêmes, écrivait Fénelon déjà dans la première *Instruction*, « ne sont pas

8 *Ibid.*, p. 95.

9 D'après l'*Éclaircissement* cité par Fénelon lui-même dans sa *Deuxième instruction pastorale...*, voir *Œuvres complètes* (désormais abrégé *OC*), édition Gosselin, t. IV, p. 8 (Chiron, *op. cit.*, p. 82). « On soupçonnait M. Tiberge », supérieur des Missions étrangères, « d'[en] être l'auteur » : Henk Hillenaar, *Fénelon et les jésuites*, La Haye, Nijhoff, 1967, p. 241.

10 *Ibid.*, p. 9.

des vérités révélées de Dieu. Mais il est révélé, dans les promesses, que l'Église ne se trompera jamais sur ces règles, *par rapport à tous les textes qui peuvent conserver ou corrompre le dépôt de la Révélation*[11] ».

Le « dépôt » doit donc être considéré, selon Fénelon[12], comme un « tout sensible, composé du sens, qui est comme l'âme, et de la parole, qui est comme le corps de ce composé. » « Le sens ou le dogme, écrit encore Fénelon[13], *n'a pas été donné seul et sans parole, dans la Révélation*. Le dépôt confié à l'Église n'est point une pure idée. » La Révélation ne va pas sans la Tradition. Qu'est-ce que la tradition (de *tradere*, transmettre), lit-on dans la Deuxième instruction, sinon « une parole continuelle, par laquelle l'Église répète sans cesse la parole divine, qu'on nomme Révélation ». Au lieu que

> nos adversaires veulent toujours persuader que la Tradition ne consiste que dans les seules vérités révélées, et prises objectivement, c'est-à-dire dans de pures idées dépouillées de toute parole. [...] [or] la Tradition ne consiste pas seulement dans des vérités purement objectives, c'est-à-dire dans des sens en l'air, ou idées incommunicables, mais dans ce tout sensible que les écoles ont nommé, après saint Thomas[14], l'objet *complexe* de la foi. Il n'est *énonçable*, pour parler comme le saint docteur, qu'autant qu'il est discursif. C'est un composé du sens exprimé, et de la parole qui l'exprime[15].

Le « sens » ne se fixe et se transmet que par la « lettre ». L'infaillibilité de l'Église ne peut porter sur l'un sans porter également, indissociablement, sur l'autre. Il s'agit, écrit Fénelon, d'une « infaillibilité d'usage et de pratique » ; elle entraîne une infaillibilité « dans son application à toute parole » (dès lors que le contenu de la foi est engagé, c'est-à-dire « le dépôt de la Révélation ») :

> L'Église ne peut décider que par des paroles sur d'autres paroles, c'est-à-dire des textes sur d'autres textes. Si elle n'était pas infaillible dans la qualification des textes, elle ne le serait dans aucune qualification réelle ; car il n'y a que des textes qu'elle puisse qualifier. Autrement ses qualifications ne tomberaient sur rien de réel et d'intelligible. [...] Chacun admettra avec dérision cette infaillibilité toujours faillible dans chaque fait[16].

11 *OC*, t. III, p. 586 (c'est nous qui soulignons).
12 *Op. cit.*, p. 587.
13 *Ibid.* (c'est nous qui soulignons), d'après Chiron, *op. cit.*, p. 83.
14 Voir *Troisième instruction...*, OC, t. IV, p. 172-175.
15 *OC*, t. IV, p. 63 (Chiron p. 84). « Le mot latin duquel vient celui de *tradition*, savoir *tradere*, ne signifie point penser une vérité, mais parler et transmettre. »
16 *Ibid.*, p. 587-588 (Chiron p. 84).

Le jugement d'orthodoxie est nécessairement un jugement sur des textes. D'ailleurs l'Église formule en « propositions » ce qu'elle condamne. Reconnaître cependant l'héréticité des propositions comme un point de droit mais celle d'un texte long (l'*Augustinus* par exemple...) comme un point de fait ne tient pas : comment établir une limite, une « borne fatale », entre le long et le court, qui « changerait tout à coup le droit en fait, et le fait en droit[17] » ? De plus les « novateurs » n'ont pas pour habitude de choisir la forme brève ! Faut-il s'interdire pour autant de les juger ? Ce serait absurde. « La sûreté du dépôt » réclame « l'infaillibilité de l'Église » tant pour condamner les livres que pour condamner les propositions.

La bulle de 1705 n'a probablement pas satisfait Fénelon sur le fond, mais il en a tiré un nouvel argument en faveur de l'infaillibilité. Il faut apprendre au « parti », écrit-il dans une importante lettre à l'électeur de Bavière[18], le 7 février 1708,

> que l'Église, qui fait jurer *que la doctrine hérétique est contenue dans le livre de Jansénius*, ne le fait point sans une pressante nécessité de sauver le dépôt de la foi, et qu'elle demande, non une opinion probable sur un fait incertain et peut-être faux, mais un jugement certain, fixe et irrévocable, comme les plus habiles écrivains du parti avouent que la constitution le décide. Il faut lui apprendre que l'Église ne se contente d'aucune intention, disposition ou crédulité, c'est-à-dire croyance moins forte que ce jugement absolu, sans crainte de s'y pouvoir tromper. Il faut lui apprendre que l'Église, loin de réduire sa décision à une probabilité, ni même à une évidence qui puisse être examinée par le raisonnement humain, veut que la présomption humaine se taise après que l'autorité de saint Pierre, chef des apôtres, confirmée par l'oracle divin, a parlé ; en sorte qu'il faut non seulement qu'elle se taise, mais encore qu'elle réduise son entendement en captivité pour le soumettre à Jésus-Christ que le pontife représente. C'est ainsi que la cause est finie.

On remarque la gradation, qui va de l'opinion à la croyance et de la croyance au jugement, de la probabilité à l'évidence et de l'évidence (le raisonnement) à l'autorité : en dernier ressort, l'Église « veut que la présomption humaine se taise après que l'autorité de saint Pierre [...] a parlé ».

17 *Première instruction...*, *op. cit.*, p. 578 (voir Chiron p. 85-86).

18 *Correspondance*, t. XIV, *Guerre, négociations, théologie*, Genève, Droz, 1992, p. 15-16 (cité par J.-F. Chiron p. 106-107).

J.-F. Chiron souligne que Fénelon s'attache moins à définir cet assentiment (ce qui pourrait mener assez près de la question de la « foi ecclésiastique » qu'il avait pourtant combattue chez Hardouin de Péréfixe[19]) qu'à le rattacher à « l'exercice de l'infaillibilité » et cite en ce sens la lettre à dom François Lamy du 4 mars 1708 :

> La croyance certaine est manifestement impossible sans un motif certain [...]. Donc le Père Quesnel et les autres qui croient apercevoir avec évidence l'orthodoxie du texte de Jansénius ne sauraient avoir la croyance de son héréticité contre leur évidence intime sur la seule autorité faillible et incertaine de l'Église. Ceux qui veulent exiger de tels théologiens une croyance certaine sur un motif qu'ils supposent eux-mêmes faillible, c'est-à-dire fautif et incertain, n'entendent pas les paroles dont ils se servent. Ils demandent à un triangle d'être carré[20].

Autrement dit, le seul fondement assuré au formulaire, c'est l'infaillibilité : elle seule peut l'emporter, comme article de foi, sur « l'évidence » rationnelle (ou qui se croit telle)[21].

Ces positions restèrent très minoritaires dans l'épiscopat et Fénelon lui-même renoncera finalement à imposer le formulaire dans son diocèse (« faire signer à des gens ce qu'ils ne pensent pas[22] »), optant pour des tentatives de réfutation sur le fond, en s'attachant à démontrer, dans l'*Instruction pastorale... sur le système de Jansénius* (1714) que le vrai sens d'Augustin n'était pas celui affirmé par les partisans de Jansénius.

Jusqu'à Rome les réactions étaient mitigées. Fénelon soutenait l'infaillibilité de l'Église (*sedes*) et non celle de la personne du pape (*sedens*)[23], ce qui n'était pas pour plaire. Surtout, il semble bien que la position romaine à l'époque était de ne pas accepter « la possibilité de

19 Voir Chiron, p. 101 (sur la distinction entre foi divine et foi ecclésiastique, *Deuxième instruction...*) et p. 113-114.

20 *Correspondance*, *op. cit.*, p. 21 (Chiron p. 107, qui cite par erreur : « autorité infaillible de l'Église »).

21 Voir la lettre à dom Lamy du 25 mai 1705, typique de la tournure d'esprit de Fénelon : « Si l'Église n'était pas infaillible sur les textes, le Formulaire serait un acte impie et tyrannique, qui extorquerait manifestement des parjures, et qu'il faudrait révoquer. » Cité dans la *Correspondance*, t. XV, p. 230, note 17.

22 La formule est employée par le duc de Chevreuse, pour résumer un argument de Fénelon (lettre du 13 novembre 1710) : *Correspondance*, t. XIV, p. 292.

23 Il jugeait les Romains « beaucoup plus attentifs à établir l'infaillibilité du pape qu'à détruire le jansénisme » (lettre au cardinal Fabroni de 1707, citée par J.-F. Chiron p. 110)... *Cf.* Cognet, *op. cit.*, p. 95.

l'infaillibilité dans l'interprétation des textes dogmatiques[24] ». C'est que dans l'exercice de l'autorité du magistère, J.-F. Chiron montre toute la difficulté, en pratique, de la distinction entre le droit et le fait.

Pour juger d'un livre, comment procède en effet l'autorité romaine ? Elle commence par le réduire en formules, du type XXX, puis elle pose une inférence : « Si quelqu'un dit que XXX, alors il est anathème ». Le point de contestation des jansénistes porte sur cette opération de réduction : les cinq propositions seraient infidèles à l'*Augustinus* – question de « fait » dont l'Église ne pourrait prétendre trancher, a fortiori infailliblement. De cette question sur le fait, Fénelon passe à celle sur le sens : « l'Église peut, le cas échéant infailliblement, se prononcer sur le sens (orthodoxe) d'un texte[25] » (et le travail de réduction n'est que celui de la formulation du sens du texte par le magistère). Décider que les propositions sont fidèles au (sens du) texte, c'est postuler l'infaillibilité : on est au rouet, c'est-à-dire qu'on ne peut convaincre les jansénistes, qui exhibent justement une faillibilité dans l'opération de réduction. C'est l'infaillibilité qui pose l'équivalence entre orthodoxie ou hétérodoxie du texte et présence dans ce texte des propositions, qui les noue ensemble et rend caduque, pour le « sens du livre », la distinction entre le droit et le fait. Ce que le raisonnement tend à démontrer, c'est que les jansénistes ne séparent pas en réalité le « fait » du « droit », que ce n'est pas possible, qu'ils sont déjà engagés dans une question de droit (la seule question de fait, ce n'est pas la fidélité ou non des cinq propositions à l'*Augustinus*, ce serait de savoir si elles s'y trouvent ou non, littéralement).

Mais inversement, comme le souligne J.-F. Chiron[26], « une même opération, deux qualifications » : le jugement d'héréticité a une dimension matérielle, la réduction du « texte-source » à des énoncés condamnés ; c'est *aussi* une question de fait. De ce point de vue, en posant l'équivalence quant au sens du livre du fait et du droit, donc en « laiss[ant] donner le nom de *fait* à la question de l'héréticité du texte de Jansénius[27] », Fénelon prêtait « au moins » au malentendu quand Rome ne cessait d'affirmer au contraire, comme l'expliquait un de ses correspondants

24 Chiron, *op. cit.* p. 110.
25 *Ibid.*, p. 111.
26 *Ibid.*, p. 112.
27 Lettre de Fénelon à H. de Bissy, évêque de Meaux, le 24 mars 1711 (Chiron, p. 112).

jésuites[28], que « savoir si un livre ou une proposition sont hérétiques [...] ce sont des questions pures de droit, et les nommer questions de fait, c'est donner lieu aux évasions des hérétiques ».

La position de Fénelon n'est effectivement pas facile à suivre : il soutient bien, en plein accord avec Rome, que l'hétérodoxie d'un texte est une question de droit, au sens où il s'agit de juger de la proposition XXX si elle « exprime la vérité révélée, ou bien est une parole contradictoire à la Révélation[29] ». Mais, commente J.-F. Chiron, c'est qu'il y a « identité » et non pas « connexion » entre le droit (jugement d'héréticité ou d'orthodoxie) et le fait (le texte produit, le livre ou les propositions).

D'OÙ VIENT LA THÈSE FÉNELONIENNE DU « SENS DU LIVRE » ?

Ce qui est remarquable, c'est que cette thèse est apparue bien antérieurement à l'implication de Fénelon dans la controverse antijanséniste – d'abord dans la querelle du quiétisme, comme argument pour défendre Mme Guyon. Dans sa *Réponse à la Relation sur le quiétisme* de Bossuet, parue en novembre 1698, Fénelon écrit en effet[30] : « le sens du livre n'est pas toujours le sens ou intention de l'auteur ». Le premier est « celui qui se présente naturellement, en examinant tout le texte ». Le second n'est accessible qu'à Dieu. « Un livre demeure en rigueur censurable par lui-même sans sortir de son propre texte [...] le sens ou intention de l'auteur ne fait excuser que la personne même » si le sens propre est mauvais : « le livre peut être jugé par son sens propre indépendamment de celui de l'auteur ».

Fénelon est très conscient du rapprochement et de la confusion possible avec la distinction « du fait et du droit, qui a fait tant de bruit en ce siècle » ; celle qu'il propose, écrit-il dans la *Réponse à la Relation...*, est « très différente » :

28 *Correspondance*, t. XIV p. 132 (le P. Daubenton au P. de Vitry, 24 mars 1709 ; sur lui, voir Henk Hillenaar, *Fénelon et les jésuites*, p. 244-245).

29 Lettre à l'abbé de Langeron (mai 1703) citée par Chiron note 3 p. 112-113.

30 Nous citons dans l'édition de Jacques Le Brun, in *Œuvres* de Fénelon, t. I, Paris, Gallimard, « Bibliothèque de la Pléiade », 1983, ici p. 1130 (Chiron, p. 73-74).

> Le sens qui se présente naturellement, et que j'ai nommé[31] *sensus obvius* en y ajoutant *naturalis*, est, selon moi, le sens véritable, propre, naturel et unique des livres pris dans toute la suite du texte, et dans la juste valeur des termes. Ce sens étant mauvais, les livres sont censurables en eux-mêmes, et dans leur propre sens. Il ne s'agit donc d'aucune question de fait sur les livres. Le fait unique sur les livres est qu'ils sont censurables, et par conséquent le fait et le droit sont réunis. [...] Le fait du livre et le fait de la personne sont très différents. Soutenir la question de fait pour le livre, c'est soutenir le texte du livre même. Mais soutenir la question de fait sur la seule personne, ce n'est point défendre le livre. Le fait du livre est qu'il contient des erreurs, supposé même que la personne n'en ait jamais eu aucune[32].

L'auteur peut être « innocent » et le livre condamnable. En l'occurrence Mme Guyon a « pu vouloir dire mieux qu'elle n'a su s'expliquer » dans ses écrits[33]. Le sens des livres (le sens naturel) est celui qui est « exposé à la critique rationnelle et à la censure de l'Église », commente J.-F. Chiron[34]. Et Fénelon ne se reconnaît pas le droit de condamner le sens de l'auteur Guyon, comme le demande Bossuet.

Lorsque Fénelon lui-même fut attaqué pour sa défense des « nouveaux mystiques », les jansénistes furent frappés effectivement de la parenté entre la distinction du fait et du droit et celle du sens obvie et du sens de l'auteur. Ils proposèrent à Fénelon le soutien de leurs appuis à Rome et lorsque l'auteur de l'*Explication des maximes des saints* fut condamné (bref *Cum alias* du 12 mars 1699), Quesnel espéra un temps le rallier : on est bien avant les polémiques du *Cas de conscience.* Or il est frappant de constater que dès le départ du procès romain, Fénelon est au clair sur sa stratégie : dans une lettre à l'abbé Chantérac du 3 septembre 1697, il recommande « des liaisons immédiates avec les Cardinaux gens de bien, et avec les consulteurs opposés au jansénisme[35] ». La suite de la lettre[36] montre que cette stratégie est d'emblée[37] la soumission :

---

31 Dans la *Réponse* (1697) à la Déclaration des trois évêques (Noailles, Bossuet, Godet des Marais) sur l'*Explication des maximes des saints*, *OC*, t. II, p. 33.

32 Édition citée p. 1130-1131. On notera que Fénelon postule un « sens unique » au texte : en toute rigueur, cette unicité du vrai sens est la condition en effet pour que l'Église puisse le formuler infailliblement. La proposition réduit à néant l'équivoque du texte reformulé.

33 *Ibid.*, p. 1137.

34 *Op. cit.*, p. 75.

35 *Correspondance*, t. VI, p. 33.

36 *Ibid.*, p. 34.

37 Et non, comme une critique malveillante l'en accusera, notamment jansénisante, *a posteriori* et par opportunisme.

> Ce recours au S. Siège [Fénelon a décidé, et obtenu de Louis XIV, de porter l'affaire à Rome] a fait assez de peine à nos frondeurs. J'ai même déclaré une chose qui leur a beaucoup déplu, qui est que je me crois obligé d'être soumis pour le fait comme pour le droit. Vous savez là-dessus mes principes. L'Église doit être assistée du S. Esprit pour admettre et pour rejeter les expressions propres ou nuisibles à la conservation du dépôt ; faute de quoi elle n'aurait plus de vrai jugement doctrinal : car le sens ne peut se conserver que par les expressions, et ce n'est que par les expressions de la tradition que le sens se conserve. Un homme qui pense ainsi, et qui le déclare hautement contre toutes les maximes de ceux qui veulent faire condamner son livre, est bien éloigné de vouloir faire du bruit dans l'Église, et de vouloir éluder les censures du S. Siège.

« Mais quand même mon livre serait défectueux et insoutenable, poursuit Fénelon, que devrait-on vouloir ? » Le jugement sur le livre ne doit pas emporter le discrédit de son auteur. Au contraire celui-ci s'en remet à « l'Église mère », au nom de « l'innocence persécutée » par un troupeau qui est aussi celui de Ses ennemis. À cet endroit Fénelon vise moins les jansénistes que les gallicans[38] : si l'Église « se laissait aller aux impressions secrètes de la cour de France, et aux calomnies dont on s'efforcera de me noircir, elle se dégraderait, elle perdrait son autorité et sa gloire ; personne ne pourrait plus la regarder comme un refuge assuré ».

Il est vrai qu'à cette date il ne semble envisager sérieusement qu'une condamnation *denec corrigatur*, mais la suite montrera que sa soumission est entière. En fait, et contrairement à l'interprétation qu'en fera par exemple son suffragant l'évêque de Saint-Omer[39], elle donne même la clé de sa conception. Un texte révélateur, outre la lettre déjà citée à l'électeur de Bavière, est l'*Ordonnance [...] pour la publication de la bulle « Vineam Domini »*, où l'on retrouve la gradation que nous y avions notée :

> Tout catholique, dès qu'il entend parler d'écouter l'Église [Mtt 18 17 : Que s'il n'écoute pas l'Église, qu'il soit à votre égard comme un païen et comme un publicain], comprend qu'il ne s'agit de rien de moins que de *croire aveuglément une décision qui ne peut nous tromper* [c'est nous qui soulignons]. À Dieu ne

38 Mais les deux ne sont pas sans lien, comme on sait : la décision de Louis XIV, à la fin de son règne, d'en finir avec Port-Royal, marque la séparation du gallicanisme royal d'avec le gallicanisme (jansénisant) parlementaire ; rupture qui affectera l'avenir du régime.

39 À l'assemblée métropolitaine de Cambrai, en 1699, qui suivait la condamnation de Fénelon et sa soumission ostentatoire. L'anecdote est connue : voir le jugement de Saint-Simon dans ses *Mémoires*, t. II, ch. 17.

> plaise que nous écoutions l'Église pour nous rendre juges de son jugement, ou pour examiner l'examen qui est le fondement de sa décision. Ce serait s'écouter soi-même, et non pas l'Église. À Dieu ne plaise que nous écoutions l'Église pour décider si elle se trompe ou ne se trompe pas, et si l'évidence de ce qu'elle dit est réelle et imaginaire. Ce serait s'élever au-dessus du juge et nourrir notre présomption, au lieu d'exercer une humble docilité. À Dieu ne plaise que nous écoutions l'Église en présumant, par une déférence vague, qu'une si sage assemblée ne se trompe pas. Cette défense et cette présomption n'empêchent point qu'on ne doute si l'Église, qui peut actuellement faillir en ce point, n'y a point effectivement failli. Il faut écouter l'Église jusqu'à n'écouter nous-mêmes sous aucun prétexte. Il faut écouter l'Église, jusqu'à préférer son autorité à toute prétendue évidence, et jusqu'à lui sacrifier toute raison humaine[40].

On trouverait des textes de même accent dans la spiritualité fénelonienne, et jusque dans son apologétique rationnelle : son « naturalisme » (rationalisme) ne s'oppose qu'en apparence à sa mystique. L'Église n'est autre pour lui que l'espace public de la vérité, là où elle prend forme. Comme l'avait souligné Jean Orcibal dans son étude sur la correspondance entre Fénelon et le pasteur Poiret (qui se fera plus tard l'éditeur de Mme Guyon)[41], on aurait tort dans son cas d'opposer mystique et Église. Cela donne une figure très singulière – et l'on comprend qu'un Leibniz se soit étonné des thèses de Fénelon sur l'infaillibilité : « je ne saurais assez admirer que l'auteur du *Télémaque* peut soutenir la doctrine insupportable de l'infaillibilité de l'Église dans le fait et l'obligation d'une soumission intérieure dans le cas », écrit-il à Quesnel[42], citant Boileau à son propos : « dans le sac ridicule dont Scapin s'enveloppe / je ne reconnais point l'auteur du *Misanthrope* »...

Henk Hillenaar, l'un des rares qui aient étudié de près l'immense question des rapports de Fénelon avec le jansénisme, a écrit, dans une étude sur « Fénelon, Louvain et l'augustinisme[43] », que le prélat, après la condamnation de l'*Explication des maximes des saints*, « ne pouvant guère

40 *OC*, t. IV, p. 498-499.

41 « Une controverse sur l'Église d'après une correspondance inédite entre Fénelon et Pierre Poiret », *XVIIe siècle*, n° 25-26, 1955, p. 396-422.

42 Sans doute vers 1704 ? Cité par Henk Hillenaar dans « Fénelon et Pasquier Quesnel », *Revue des sciences philosophiques et théologiques*, t. 61/1, janvier 1977, p. 49 (d'après *Nederlandsch Archief voor Kerkgeschiedenis*, t. 34, 1944-1945, p. 199 et suiv.) ; Chiron p. 119 note 1.

43 Dans l'ouvrage collectif *L'augustinisme à l'ancienne faculté de théologie de Louvain*, dir. M. Lamberigts, Leuven, Bibliotheca Ephemeridum Theologicarum Lovaniensium CXI, 1994, ici p. 325 (Chiron p. 79-80).

revenir en public sur la doctrine du pur amour, [a vécu] ce même amour sous sa forme la plus haute et la plus exigeante, c'est-à-dire comme obéissance à l'Église. Cela implique le rejet de ceux qui sont moins enclins que lui à faire coïncider la cause de l'amour pur et celle de l'autorité ecclésiastique. » La controverse antijanséniste a ainsi été l'occasion de transformer une stratégie défensive en doctrine de l'infaillibilité. Une lettre de Chevreuse à Fénelon, datée du 2 juin 1703 – au moment où celui-ci lui confie ses intentions, après avoir beaucoup hésité, d'intervenir dans l'affaire du cas de conscience –, montre bien le lien de la thèse de l'infaillibilité avec cette controverse (et du coup, ingénument[44], sa relative nouveauté) :

> il me semble qu'il aurait manqué quelque chose de nécessaire pour conserver le dépôt de la Révélation, si elle [l'Église] n'avait pas eu une autorité infaillible pour décider de tout ce qui est conforme ou contraire, en quelque auteur qu'il se trouve [question de « l'infaillibilité de l'Église touchant les faits doctrinaux »] [...] Il est étonnant que l'Église ne se soit jamais expliquée (ce qui vient sans doute de ce qu'il n'y en a pas eu de nécessité jusqu'à présent) ; et il ne l'est pas moins, non seulement de ce qu'avant l'affaire du jansénisme aucun auteur catholique ne l'ait jamais enseignée, mais encore que, depuis cette grande affaire, il y en ait si peu qui l'aient soutenue parmi même les adversaires des jansénistes[45].

Les questions soulevées seront de très longue portée dans l'histoire de l'Église et les positions de Fénelon, au-delà de leur peu de réussite à son époque, annoncent les débats du XIXe et du XXe siècles, ceux en particulier qui tiendront une si large place lors du concile Vatican I (un écho tardif de ces positions se retrouvera dans la polémique entre l'ultramontain dom Guéranger et le plus gallican Alphonse Gratry, chacun cherchant à tirer Fénelon de son côté[46]) : aussi l'on s'explique

44 Malgré les efforts de Fénelon pour attester des « autorités alléguées », arguments longuement étudiés par Chiron, *op. cit.*, p. 86-92.

45 *Correspondance*, t. XII, p. 47-48 (Chiron p. 115-116).

46 *Défense de l'Église romaine contre les accusations du R. P. Gratry*, en réponse aux *Lettres publiques à Mgr Dechamps* de celui-ci, 1870 (Guéranger y cite longuement le *De summi Pontificis auctoritate* de Fénelon) ; voir Roger Aubert, *Le pontificat de Pie IX (1846-1878)*, Paris, Bloud et Gay, 1952 (dernier volume de l'*Histoire de l'Église* dite Fliche et Martin), p. 344-345. On rappellera que Gosselin a jugé bon, dans son édition des *Œuvres* de Fénelon, de faire une large place à l'exposé des « Principes de Fénelon sur l'autorité du souverain Pontife » (*Histoire littéraire de Fénelon* placée en tête des *Œuvres complètes*, 1851, IVe partie article II) et à ses propres recherches historiques sur le *Pouvoir du pape* en appendice.

la place que leur a faite J.-F. Chiron dans sa thèse sur l'infaillibilité du magistère.

François TRÉMOLIÈRES
Université Rennes 2
CELLAM

L'ANTIMYSTICISME DE PORT-ROYAL ET LA MYSTIQUE DE FÉNELON

Les jugements des premiers lecteurs de l'*Augustinus* ont de quoi nous étonner. Car, tout en constatant l'époustouflante érudition dont témoigne l'énorme in-folio, ils ne manquent pas de souligner aussi l'aspect mystique de la somme livrée par l'évêque d'Ypres. C'est un livre qu'on ne peut pas « ôter des mains des ascètes et des contemplatifs », car il « établit de la façon la plus claire et la plus solide les fondements de la théologie mystique », aurait affirmé publiquement à Louvain Libert Froidmont. Et Saint-Cyran de remarquer que, tout en manquant « d'onction », le chef d'œuvre posthume de son ami « devait être le livre de dévotion des derniers temps ». Jusqu'à l'anecdote, rapportée par un chartreux de Louvain, d'un homme que les pages de l'*Augustinus*, et notamment du *De Gratia Christi Salvatoris*, auraient conduit jusqu'aux sommets de l'expérience mystique. Même les adversaires de Jansénius s'en prennent autant à sa doctrine qu'aux « métaphores obscures » d'un ouvrage qui prêche « un esprit de piété beaucoup plus élevé que ne le permet la faiblesse de la nature humaine ». Ainsi dans une *relatio* adressée au cardinal Barberini en janvier 1643, on décrie « l'espoir d'une fausse perfection » placée par l'évêque d'Ypres « dans l'amour absolument pur » qui entraînerait « en quelque façon les esprits au naufrage inévitable de leur foi[1] ».

1 Témoignages cités par Jean Orcibal, *Jansénius d'Ypres (1585-1638)*, Paris, Études Augustiniennes, 1989, p. 307 ; Jean Laporte, *Saint-Cyran*, Paris, PUF, 1922, p. 51 et J. Orcibal, *Les Origines du Jansénisme* : V. *La spiritualité de Saint-Cyran avec ses écrits de piété inédits*, Paris, Vrin, 1962, p. 81.

Jean Orcibal[2] et Jacques Le Brun[3] ont retracé les éléments de cette spiritualité, sinon d'une véritable *theologia mystica* esquissée en creux par l'*Augustinus*, tout autant que les tensions du portrait d'un « amour absolument pur » que Jansénius y avance[4]. Si l'évêque d'Ypres soutient, contre les scolastiques, que l'amour d'amitié n'exclut pas le désir ni le « *respectus mercedis aut retributionis*[5] », il ne cesse pourtant d'exalter l'*amor castus* qui aime Dieu jusqu'au mépris de soi. Mépris de soi, sinon oubli et même sacrifice de soi : car, écrit Jansénius, « dans cet amour et cette jouissance nous nous immolons comme en holocauste[6] ». Il s'agira dès lors de rechercher notre propre salut uniquement « *propter Deum*[7] » : « L'homme se rapporte si entièrement à Dieu, qu'il ne s'aime et ne se soucie de lui-même que pour Dieu, en abandonnant tout l'amour et tout

---

2 Voir J. Orcibal, « Néo-platonisme et jansénisme : du *De libertate* du P. Gibieuf à l'*Augustinus* », *Nuove ricerche storiche sul giansenismo*, *Analecta Gregoriana*, vol. LXXI, Rome, Università Gregoriana, 1954, p. 33-57 ; Id., « Thèmes platoniciens dans l'*Augustinus* de Jansénius », *Augustinus Magister*, II, Paris, Études Augustiniennes, 1954, p. 1077-1085 ; Id., « La spiritualité de Dom Gabriel Gerberon, champion de Jansénius et de Fénelon », *Revue d'histoire de l'Église de France*, t. 43, n° 140, 1957, p. 151-222 ; repris dans Id., *Études d'histoire et de littérature religieuses, XVIe-XVIIe siècles*, études réunies par J. Le Brun et J. Lesaulnier, Paris, Klincksieck, 1997, p. 303-325 ; 327-336 ; 443-507 et Id., *Jansénius d'Ypres*, *op. cit.*, p. 297-301.

3 Jacques Le Brun, *Le pur amour de Platon à Lacan*, Paris, Éditions du Seuil, 2002, p. 75-83. Voir aussi Kenneth Berg, *A Love Beyond Desire ? Investigations into the Theologies of Jansenius and Fénelon*, Aarhus, Aarhus University, 2009.

4 Nous résumons ici l'analyse de la doctrine jansénienne esquissée par Jean Orcibal dans les deux articles cités (« Thèmes platoniciens dans l'*Augustinus* de Jansénius » ; « La spiritualité de Dom Gabriel Gerberon, champion de Jansénius et de Fénelon », *op. cit.*, p. 334-336 ; 501-504) auxquels nous empruntons aussi la traduction d'une partie des extraits de l'*Augustinus* que nous allons évoquer dans les lignes qui suivent.

5 Voir Jansénius, *Augustinus seu doctrina S. Augustini de humanæ naturæ sanitate, ægritudine, medicina adversus Pelagianos et Massilienses*, Louvain, J. Zeger, 1640, t. III, col. 527-532.

6 Jansénius, *Augustinus*, *op. cit.*, t. III, col. 525 : « *Cum ergo Deo adepto beati sumus, fruimur quidem Deo, sed tamen ita fruimur, ut et nos et fruitionem nostram in ipsum Deum, tanquam in finem cui omnia serviant, referamus. Diligimus enim eum atque eius adeptione gaudemus, quod nobis bonum et optimum est, [...] tanquam supremae veritati, regulae rectrici omnium, Deo ac Domino nostro, cuius totum est quicquid sumus, nos et omnia nostra perfecte subiiciamus, atque ipsi nos isto amore et fruitione velut holocaustum immolemus.* »

7 Voir Jansénius, *Augustinus*, *op. cit.*, t. III, col 526-528 : « *Cum enim charitatis proprium sit et unica voluptas diligere Deum, non quia hoc sibi suave, vel utile, vel gloriosum est, vel alia quacunque consideratione redundat in se, sed quia ita est ordo creaturae sub creatore, qui sua superexcellenti bonitate et veritate dignus est, ut propter semet-ipsum super omnia ardentissime diligatur, ita quoque unicum praemium est, veritatem et bonitatem Dei facie ad faciem contemplando ardentius amare et laudare Deum. Nec istud quia utile et beatificum est diligentis, sed quia aeternae veritati congruum, dilecto debitum, atque in seipso dignum et iustum est.* »

le soin qu'il se porte[8]. » Au contraire, celui qui se sert de Dieu comme d'un moyen en vue de l'acquisition d'un bien, fût-il le bien parfait de la jouissance du Ciel, corrompt la charité : « Il éprouverait un sentiment par trop mercenaire, celui qui n'aimerait Dieu que pour en obtenir son salut : je crains qu'il n'y parvienne jamais[9]. » Bref, « l'amour de Dieu et d'autant plus noble et pur, que l'homme se détourne de la considération de soi et de la réflexion[10] ». Le modèle de cet amour extatique est saint Paul, en raison de « son vœu d'être anathème pour ses frères et d'autres mouvements extatiques analogues[11] ». Le juste accepterait même d'être anéanti si, par une supposition impossible que Jansénius suggère plus qu'il ne la formule, cela tournait au bien de Dieu. Pourtant, comme le résume Orcibal, il n'est pas possible « de faire entrer la charité janséniste dans le cadre des discussions entre Fénelon et Bossuet ». Et cela non seulement en raison de l'identité du bonheur de la créature et de la gloire de Dieu, nettement affirmée à maintes reprises par l'auteur de l'*Augustinus*, mais aussi, voir surtout, car son analyse de la charité et du désir du bonheur s'avère marquée par une approche « ontologique » qu'on aura du mal à rapprocher du « psychologisme des défenseurs du Pur Amour[12] ».

Quoi qu'il en soit, c'est néanmoins en alléguant ces quelques pages de l'*Augustinus* que nous venons de résumer qu'en 1699, dans sa *Lettre d'un théologien à Monseigneur l'Évêque de Meaux*, Dom Gerberon s'adressera à Bossuet pour lui rappeler que « les Critiques trouvent que ce savant

8 Jansénius, *Augustinus*, *op. cit.*, t. II, col. 424 : « *Impossibile est enim ut amator sui non contemnat Deum, et e contrario, ut amator Dei non contemnat se. Nam et ille seipsum velut finem omnium appetitionum suarum respicit, et iste Deum ; cum neque seipsum curet aut diligat nisi propter Deum, ut illi cedat ipsa illa dilectio seu cura sui, seipsum etiam in nihilum redigere paratus, si tanquam in bonum Dei unice dilecti cederet, iuberetur.* »

9 Jansénius, *Augustinus*, *op. cit.*, t. III, col. 1039 : « *Nimis est mercenarius ille affectus, qui non coleret aut diligeret Deum, nisi ab eo se salutem assequi posse iudicaret. Et qui non nisi tali modo coluerit creatorem suum, vereor ne eum nunquam assequatur, quidquid ipse tandem de sua sollicitudine et sanctitate praesumpserit.* »

10 Jansénius, *Augustinus*, *op. cit.*, t. II, col. 399-400 : « *Cumque tanto nobilior et purgatior sit amor Dei, quanto magis homo a suiipsius consideratione et reflexione discedit, tanto quoque nobilius perspectiusque seipsum diligit, quanto magis sui-ipsius obliviscitur.* »

11 Jansénius, *Augustinus*, *op. cit.*, t. III, col. 527 : « *Quis vero nesciat quam fervido desiderio aliis quos charitate diligebat, [Paulus] emendationem* speraverit *et salutem, qui etiam optabat anathema esse a Christo pro fratribus suis, vel hujusmodi ecstaticos impetus, non de amore concupiscentiae, sed charitatis profectos esse ?* »

12 J. Orcibal, « Néo-platonisme et jansénisme : du *De libertate* du P. Gibieuf à l'*Augustinus* », *op. cit.*, p. 336.

Théologien et pieux Évêque [Jansénius] a des sentiments sur l'amour de Dieu très différents de ceux de Votre Grandeur, et qu'il parle du parfait amour comme Monsieur de Cambrai ». À tel point que « ce serait faire un Livre que de rapporter tout ce qu'il en dit en son Augustin[13] ». Exagération de ce « janséniste sauvage » (Orcibal) que fut dom Gerberon ? Vain espoir, partagé d'ailleurs par d'autres (qu'on pense par exemple à Le Tourneaux ou, parmi les défenseurs de Fénelon à Rome, au louvaniste Le Drou[14]), d'une double fidélité, à Jansénius et à Fénelon, et d'une synthèse finalement impossible[15] ?

---

13 *Lettre d'un Théologien à Monseigneur l'Évêque de Meaux Où l'on Réfute la fausse Apologie du Véritable Amour de Dieu. Avec deux livres de saint Augustin [de la Grâce de Jésus-Christ ; de la Grâce et du Libre-arbitre] et un Dialogue de saint Anselme [du Franc-arbitre] traduits nouvellement en français par le sieur de Longbois*, Cologne, chez Pierre Marteau, 1699, p. 65. Voir aussi p. 65-68 où Gerberon cite et commente une série d'extraits de l'*Augustinus*.

14 Voir J. Orcibal, « La spiritualité de Dom Gabriel Gerberon, champion de Jansénius et de Fénelon », *op. cit.*, p. 504-507 ; Henk Hillenaar, *Fénelon et les jésuites*, La Haye, Nijhoff, 1967, p. 123-129 ; Marguerite Haillant, « Jansénius et ses défenseurs dans l'*Instruction pastorale* de Fénelon portant condamnation du *Cas de Conscience* », *L'image de Jansénius jusqu'à la fin du XVIIIe siècle. Actes du Colloque de Louvain, 7-9 novembre 1985*, dir. par E. J. M. van Eijl, Louvain, Leuven University Press / Peeters 1987, p. 119-136 ; Henk Hillenaar, « Fénelon, Louvain et l'augustinisme », *L'augustinisme à l'ancienne faculté de théologie de Louvain*, dir. par M. Lamberigts et L. Kenis, Louvain, Leuven University Press, 1994, p. 309-331 et Jean-Louis Quantin, « Les limites de l'argument de tradition : sur les autorités dans la controverse entre Bossuet et Fénelon », *Fénelon. Mystique et Politique (1699-1999). Actes du colloque international de Strasbourg pour le troisième centenaire de la publication du* Télémaque *et de la condamnation des* Maximes des Saints, publiés par F.-X. Cuche et J. Le Brun, Paris, Champion, 2004, p. 65-97.

15 Parmi les recueils de Fénelon conservés aux archives de Saint-Sulpice (Ms 2123, pièce 6241, signalé par J.-L. Quantin, « Les limites de l'argument de tradition », *op. cit.*, p. 86, n. 129) on trouve un extrait de l'*Augustinus* qui porte justement sur la notion de pur amour. Fénelon y critique la position de Jansénius concernant la possibilité d'un « *amor purae in Deum amicitiae* ». En s'écartant de la majorité des scolastiques (Fénelon cite Ysambert, Duval et Gamaches) Jansénius pense la charité comme une « *bona concupiscentia* », en s'appuyant sur un dossier d'extraits de saint Augustin qui seront exploités aussi par les « *adversarii* » de Fénelon : « *Jansenius vero l. 5° de gratia Christi Salvatoris c. 30* [t. III, col. 572-579 : "*Secunda radix, quia timor poenae non potest mutare voluntatem malam, sed solus amor iustitiae*"] *probat charitatem nil esse ex D. Augustino quam concupiscentiam bonam, quae sit dilectio iustitiae : Sed ubi S. non adjuvat Spiritus, inquit D. August. lib. De spiritu et littera, c. 4° sub finem* [IV, 6], *inspirari pro mala concupiscentia concupiscentiam bonam, hoc est charitatem diffundens in cordibus nostris* [profecto illa lex quamvis bona auget prohibendo desiderium malum, sicut aquae impetus, si in eam partem non cesset influere, vehementior fit obice opposito, cuius molem cum evicerit maiore cumulo praecipitatus violentius per prona provolvitur. Nescio quo enim modo hoc ipsum, quod concupiscitur, fit iocundius, dum vetatur]. *Alia congerit eiusmodi loca*

Bien évidemment, de cette affinité entre les « fondements de la théologie mystique » si solidement établis, aux dires de Froidmont, par l'évêque d'Ypres et le système de pur amour de M. de Cambrai on ne trouvera guère de traces dans la réfutation de l'*Augustinus* orchestrée par l'*Instruction pastorale en forme de dialogues.* Il ne reste pas moins qu'elle permet de mieux mesurer, nous semble-t-il, le rôle de Port-Royal dans la campagne antimystique, ou, pour reprendre la formule célèbre de Louis Cognet, dans « le crépuscule des mystiques[16] » qui marque en profondeur l'histoire de la spiritualité de la deuxième partie du dix-septième siècle. Il se peut en effet que si Bossuet se réclame des messieurs de Port-Royal, et notamment d'Arnauld et de Nicole dans son affrontement avec Fénelon, c'est précisément dans la mesure où ceux-ci s'étaient finalement éloignés de Jansénius et de son interprétation de saint Augustin. En revenant sur les écrits bien connus que Nicole consacre à l'oraison mystique et sur des pages moins souvent citées d'Arnauld nous voudrions dès lors en souligner quelques éléments qui, en même temps, marquent leur écart par rapport aux thèses janséniennes et annoncent, voire préparent, la position des critiques de Fénelon. Bref, si comme l'écrit l'historien protestant Leydecker, en 1695, « il n'y a pas de doutes que le quiétisme soit né de la doctrine de Jansénius[17] », l'anti-quiétisme, voire une partie des réactions suscitées par la mystique fénelonienne, supposent un certain degré d'infidélité aux positions de l'évêque d'Ypres qui mérite, nous semble-t-il, d'être relevée, tout en suggérant en retour une approche plus nuancée des rapports entre Fénelon et Port-Royal.

---

quamplurima D. Augustini, quibus ait non recedi ab affectu peccati nisi amore iustitiae, quibus iisdem ferme locis utuntur adversarii, ut probent Deum a nobis non diligi, nisi ut principium nostrae iustitiae et beatitudinis, atque adeo non diligi a nobis sine aliquo respectu ad nostrum commodum. »

16 Louis Cognet, *Crépuscule des mystiques : Bossuet – Fénelon*, Paris, Desclée de Brouwer, 1958, nouvelle éd. 1991.

17 Melchior Leydecker, *De Historia Jansenismi libri VI : quibus De Cornelii Jansenii vita et morte, nec non De Ipsius et Sequacium Dogmatibus disseritur*, Utrecht, F. Halmam, 1695, p. 167 : « *Quid tibi videtur, Lector, an quis temere arbitrabitur, qui dixerit Molinosii Quietismum ex Jansenismo ortum esse ?* » Voir J. Orcibal, « La spiritualité de Dom Gabriel Gerberon, champion de Jansénius et de Fénelon », *op. cit.*, p. 219-220 et H. Hillenaar, « L'Augustinisme de Fénelon face à l'Augustinisme des Jansénistes », *Jansenismus, Quietismus, Pietismus*, éd. H. Lehmann, H. Schilling et H.-J. Schrader, Göttingen, Vandenhoeck und Ruprecht Verlag, 2002, p. 40-53.

Soit d'abord le cas d'Arnauld. Comme le soulignait jadis Jean Laporte, « les considérations que, dans la dernière partie de sa vie, il emprunte à saint Thomas touchant l'*amour naturel de Dieu*, fond de la volonté humaine, le mettent (ainsi que ses disciples Duguet, Quesnel, etc.) dans une position particulièrement favorable pour combattre l'amour pur[18] ». Si dans sa controverse avec Nicole, le Grand Arnauld ne manque pas en effet de persifler les « imaginations creuses » des quiétistes, notamment en ce qui concerne la foi nue et le non-penser[19], les dernières pages des *Écrits sur l'amour naturel de Dieu* (datant de 1693) aboutissent à une double conclusion dans laquelle il conviendra de reconnaître le rejet de deux erreurs opposées et complémentaires. D'une part, écrit Arnauld, « Saint Thomas n'a pas cru que ce fût contre la pureté de l'amour de Dieu de l'aimer comme notre dernière fin, en tant qu'il nous rend heureux » ; de l'autre « on ne voit pas comment l'état de pure nature pourrait être possible, selon ce Saint[20] ». Ces conclusions s'imposent lorsqu'on remarque la continuité qui subsiste entre ce que saint Thomas nomme l'amour naturel de Dieu, c'est-à-dire le mouvement indélibéré de toute créature vers son bien, et son ressaisissement par la charité. « Car, puisque la charité est cet amour qui survient au désir naturel et général d'être heureux, par l'application qu'il fait de l'objet de ce désir à Dieu, il faut nécessairement qu'il considère Dieu comme le rendant

18 J. Laporte, *La doctrine de Port-Royal*. II, I : *Les vérités de la grâce*, Paris, PUF, 1923, p. 69. Sur le thomisme d'Arnauld voir les contributions réunies dans le récent numéro de la revue *XVIIe siècle* (n° 259, 2013) « Arnauld, Thomas d'Aquin et les thomistes », sous la dir. de D. Moreau et S. Icard.

19 Voir la *Défense abrégée de l'Écrit géométrique* (1691), in *Œuvres de messire Antoine Arnauld*, fac-similé de l'éd. de Paris 1775-1783, Bruxelles, Culture et civilisation, 1964-1967, t. X, p. 537 : « Ce défaut sans doute serait essentiel, si l'une de ceux deux manières dont on peut être éclairé d'une vérité, par la Grâce générale, était d'en être éclairé sans en avoir aucune pensée. Car alors on n'aurait pas sujet de conclure, que l'*âme n'aurait point été éclairée, à l'égard d'une vérité, de ce qu'elle n'en aurait eu aucune pensée*. Mais ce n'est pas ce que l'Auteur dit : il est trop habile pour donner dans une si grande absurdité. Il n'appartient qu'aux Quiétistes de se repaître de ces imaginations creuses. » Pour la querelle Arnauld – Nicole sur la grâce générale, voir Jean-Luc Solère, « Le "Testament spirituel" de Nicole ou le malentendu dévoilé. (Grâce, volonté et liberté, trente ans après) », *Chroniques de Port-Royal*, 45, 1996, « Pierre Nicole (1625-1695) », p. 117-134 ; Id., « Antoine Arnauld ou la controverse dans les règles », *La Controverse religieuse et ses formes*, éd. A. Le Boulluec, Paris, Cerf, 1995, p. 319-372 et Gaetano Lettieri, *Il metodo della grazia. Pascal e l'ermeneutica giansenista di Agostino*, Rome, Dehoniane, 1999, chap. III.

20 *Œuvres de messire Antoine Arnauld*, t. X, *op. cit.*, p. 690.

véritablement heureux[21]. » L'amour naturel n'a pour objet que la béatitude en général, et de ce fait il reste un désir vague qui risque de s'égarer, en se rabattant dans son application sur les objets finis. « C'est donc le propre de la charité, de n'être point trompée dans cette application ; parce que Dieu, qu'elle regarde, est effectivement ce qui peut seul rendre l'homme heureux[22]. » À ce titre, l'homme trouve en Dieu son bonheur, il le regarde nécessairement « *tanquam bonum beatificans* », et cela sans que la pureté de son amour en soit compromise.

L'exégèse des textes thomistes proposée par Arnauld n'a ici rien d'anodin, gouvernée comme elle l'est par la volonté de rejeter l'hypothèse d'une *natura pura*, c'est à dire d'un état dans lequel l'homme aimerait Dieu « sur toutes choses comme auteur de la nature par ses seules forces naturelles[23] ». Un détail en donne la preuve. En s'interrogeant sur les rapports entre amour de Dieu et amour de soi, saint Thomas avait souvent eu recours au parallèle entre le sacrifice des membres pour le bien du tout et le dévouement des citoyens ou des sujets mourant pour leur patrie ou leur roi dont l'histoire des héros de l'antiquité païenne fournissait d'innombrables exemples[24] : « L'inclination naturelle des êtres sans raison », lit-on dans la *Summa theologiae*, « va nous permettre de découvrir quelle est l'inclination naturelle des natures intellectuelles douées de volonté. [...] Nous voyons en effet que naturellement la partie s'expose pour la conservation du tout : la main s'expose aux coups, sans délibération, pour préserver le corps. Et comme la raison imite la nature, nous retrouvons cette même inclination dans le cas des vertus politiques : le citoyen vertueux s'expose à la mort pour le salut de tout l'État ; et si l'homme était partie naturelle de la Cité, cette inclination

21 *Ibid.*, p. 689.

22 *Ibid.*, p. 690.

23 Pour la doctrine de la « nature pure » on se référera aux études classiques d'Henri de Lubac, *Augustinisme et théologie moderne*, Paris, Aubier, 1965, réédition Paris, Cerf, 2008 et de Jean-François Courtine, *Nature et empire de la loi. Études Suáreziennes*, Paris, Éditions de l'École de Hautes Études en Sciences Sociales, Vrin, 1999.

24 Voir Louis-Bertrand Gillon, « Le sacrifice pour la patrie et la primauté du bien commun chez les premiers Thomistes », *Revue Thomiste*, XLIX, 1949, p. 242-253 ; Id., « L'argument du tout et de la partie après Saint Thomas d'Aquin », *Angelicum*, XXXVIII, 1951, p. 205-223 ; 346-362 et Matthew S. Kempshall, *The Common Good in Late Medieval Political Thought : Moral Godness and Material Benefit*, Oxford, Oxford University Press, 1999. Pour une bibliographie détaillée sur cette question nous nous permettons de renvoyer à notre étude « *Caritas patriae.* L'ordre de la charité et le martyre civil au XIIIe siècle », *Revue des sciences religieuses*, LXXXVII, 2013, p. 21-40.

serait naturelle en lui. » Or, étant donné que « le bien universel est Dieu lui-même ; et ce bien englobe l'ange, l'homme et toute créature, car toute créature, du simple point de vue naturel, est de Dieu en tout ce qu'elle est, il suit », conclut saint Thomas, « que l'ange et l'homme aiment naturellement Dieu en priorité et plus qu'eux-mêmes[25]. » Or, lorsqu'il paraphrase cette argumentation thomiste, Arnauld au contraire passe systématiquement sous silence la référence aux actes sublimes des « *cives* » qui aiment d'un amour délibéré le bien de la patrie, dans lequel leur propre bien est inclus et en dépit du sacrifice de l'intérêt propre que ce dévouement impose. L'omission d'Arnauld relève d'un choix stratégique. Seul un tel silence permet en effet de définir l'amour naturel de Dieu comme une inclination nécessaire et foncièrement *non délibérée*, en tout opposée à l'amour de choix, et donc méritoire, que les tenants de la pure nature attribuent à l'homme créé « *in puris naturalibus*[26] ».

Mais l'exégèse thomiste d'Arnauld vaut aussi, surtout, comme une réaction aux thèses de Jansénius. L'auteur de l'*Augustinus* avait en effet consacré un article entier du premier livre du « *De statu purae naturae* » (chap. XV) à montrer que la charité même peut, en un certain sens, être définie un amour naturel de Dieu. Avant de rappeler les doctrines thomiste et scotiste du désir naturel du surnaturel, Jansénius y avançait que l'amour de Dieu est naturel en ce qu'il constitue un « *dictat* » que la lumière naturelle impose à elle seule à la raison. « Aimer Dieu plus que toute autre chose est une action on ne peut plus conforme à la *recta ratio* qui, illuminée par la loi éternelle, affirme que ce qui constitue la perfection, le principe et la fin de tout chose doit être suprêmement aimé[27]. »

25 *Summa Theologiae*, Ia, q. 60, a. 5 (trad. Paris, Cerf, 1984-1986). *Cf. Summa Theologiae*, Ia IIae, qu. 109, a. 3.

26 Voir *Œuvres de messire Antoine Arnauld*, t. X, *op. cit.*, p. 678 : « N'est-il pas vrai que les Théologiens de ce temps, qui demandent s'il se peut faire que l'homme aime Dieu sur toutes choses comme auteur de la nature par ses seules forces naturelles, entendent par-là un amour de choix, qui rend bon, qui rend louable, qui puisse faire mériter [...]. Il est aisé de faire voir, que l'amour naturel dont parle ici saint Thomas [sc. *Summa Theologiae*, Ia IIae, qu. 109, a. 3] est un amour qui n'est point libre, qui n'est point un acte moral qui rend bon ou louable, et qui puisse faire mériter, et que c'est un amour de Dieu non connu distinctement comme Dieu. »

27 Jansénius, *Augustinus*, *op. cit.*, t. II, col. 747 : « *Itaque dicendum arbitror dilectionem Dei dici posse creaturae rationali naturalem, primo ex parte rationis, quia ratio naturali lumine dictat Deum solum super omnia creata esse diligendum, idque non indifferenti quodam dictamine quasi hoc esset naturae suae quoquo modo consentaneum, ornativum, et perfectivum, ut illi quos paulo ante dixi, volunt, sed ita ut iudicet, hanc esse naturalissimam, arctssimam, universalissimam,*

Le premier commandement est donc dans son essence « *de lege naturae* » et la révélation n'est en rien nécessaire pour que l'homme comprenne le devoir d'amour que lui impose ce « *naturalis ordo*[28] ». Certes, Jansénius ne se lasse pas de répéter qu'un tel amour auquel est tenue toute créature rationnelle de par sa constitution ne peut s'accomplir qu'à l'aide d'un « *adjutorium* » surnaturel. Il ne reste pas moins qu'elle sent naturellement qu'elle a été faite par Dieu et par conséquent qu'elle ne peut que l'aimer. Que Dieu soit la fin dernière du désir naturel du bonheur, les philosophes païens l'ont d'ailleurs vu, affirmé et enseigné en ne s'appuyant que sur la raison et sur la lumière de la vérité qui est commune à tous les hommes. Et Jansénius de renvoyer aux platoniciens ayant compris qu'on poursuit en vain dans les biens créés un bonheur qui ne réside que dans la « *fruitiva contemplatio* » de Dieu, seule béatitude naturelle, dont pourtant Platon et les siens ont bien reconnu qu'elle ne relève que d'une grâce surnaturelle[29]. On pourra alors appliquer à l'exigence d'aimer Dieu « *super omnia* » ce que Jansénius écrivait quelques pages plus haut à propos de la justice et de l'amour que tout homme Lui doit : il en va d'une vérité éternelle, exposée aux yeux de tous les hommes qui, tout en restant difficile à discerner ici-bas dans nos actions, peut être saisie non seulement par les lumières de la foi, mais aussi par une vue intuitive de notre esprit[30]. Bref, l'amour naturel de Dieu que seule une grâce surnaturelle rend effectif relève moins d'un désir et d'un appétit nécessaire et aveugle que d'un jugement de la « *recta ratio* ». Incapables de l'accomplir, les philosophes païens les plus proches du Christ en ont bien vu la nécessité jusqu'à réclamer une grâce dont ils ignoraient encore le sens.

Or, si l'on revient aux pages d'Arnauld, le constat d'une opposition flagrante s'impose. Non seulement ce dernier rabat la possibilité d'un

---

severissimamque obligationem. Diligere quippe Deum super omnia est actus rectae rationi quam maxime conformis, quæ legis aeternae lumine illustrata, dictat optimum et principium rerum ac finem omnium esse maxime diligendum : cuius rectitudo velut primi principii in operabilibus maxime nota est. »

28 *Ibid.*, col. 747-748 : « *Et hinc est quod praeceptum illud* Diliges Dominum Deum tuum, *sit maxime de lege naturae quia maxime morale, sine cuius impletione nullus actus moralis esse potest, ne moraliter quidem bonus [...]. Hunc esse sancti Augustini sensum de naturali obligatione diligendi creatoris, prout hoc naturali rationis lumine, nulla revelatione, sed ex aeternae legis praescripto, ac naturali ordine sibi faciendum rationalis creatura cernit, in eius operibus perspicue liquet, quantumvis hoc sine eiusdem creatoris auxilio nullo pacto possit implere.* »

29 *Ibid.*, col. 740-742.

30 *Ibid.*, col. 717.

amour naturel de Dieu sur un désir que l'âme « trouve dans son fond » sans pourtant avoir aucune notion formelle de Dieu. Mais il ajoute :

> On peut aussi avoir une formelle et explicite notion de Dieu, sans savoir explicitement et distinctement, que Dieu soit ce bien parfait que nous recherchons, quand nous voulons être heureux. Car les Platoniciens, par exemple, ont eu une expresse et formelle notion de Dieu, puisqu'ils ont enseigné diverses choses véritables de son existence et de ses attributs : qu'ils ont connu ce qui se peut découvrir de Dieu par les créatures, Dieu même le leur ayant fait connaître. Et cependant le même Apôtre disant qu'ils ne l'ont pas glorifié comme Dieu, il est bien clair qu'ils ne l'ont point recherché, comme étant ce bien parfait que nous recherchons pour être heureux[31].

Et dans les pages d'un autre écrit de la même époque, toujours relevant de la querelle sur la grâce générale, les *Règles du bon sens* (1693), Arnauld propose une longue et détaillée réfutation des thèses de Jansénius sur l'« *amor naturalis iustitiae* » et de la doctrine platonicienne de l'illumination qui en est le fondement[32].

C'est donc sans doute au fil d'un débat implicite avec Jansénius qu'Arnauld développe son exégèse de l'amour naturel de Dieu chez saint Thomas, et dès lors aussi son rejet implicite des doctrines quiétistes, car, comme on l'a vu, à ses yeux le *Docteur angélique* n'aurait jamais pu croire que « que ce fût contre la pureté de l'amour de Dieu de l'aimer comme notre dernière fin, en tant qu'il nous rend heureux ». À ce titre, le principe thomiste « *gratia non tollit naturam sed perficit* » est mis à profit d'une manière remarquablement circonstanciée par Arnauld pour articuler les rapports entre amour naturel et charité surnaturelle. Alors que « l'amour naturel de Dieu [...] n'est autre chose que le désir qu'ils [sc. les hommes] ont d'être heureux », l'amour que saint Thomas « appelle charité, est l'application de cette notion générale [du bien parfait] à une chose distincte et déterminée, que l'on connaît être Dieu ; de la même sorte que l'avare l'applique aux richesses, l'ambitieux à l'honneur du monde, et le voluptueux au plaisir des sens[33] ». L'« *appetitus boni perfecti* » qui anime toute créature n'est pas supprimé ni transfiguré par l'amour

---

31 *Œuvres de messire Antoine Arnauld*, t. X, *op. cit.*, p. 687-688.

32 *Œuvres de messire Antoine Arnauld*, t. X, *op. cit.*, p. 241-248. Voir Denis Moreau, « Arnauld, les idées et les vérités éternelles », *Les Études philosophiques*, n° 1-2, janvier-juin 1996, p. 131-156 ; Id., *Deux Cartésiens : la polémique entre Antoine Arnauld et Nicolas Malebranche*, Paris, Vrin, 1999, p. 163-165.

33 *Œuvres de messire Antoine Arnauld*, t. X, *op. cit.*, p. 689.

surnaturel : nul besoin de distinguer « béatitude objective » et « béatitude formelle », amour pur et amour mercenaire. Le désir vague et indistinct de la béatitude en général s'accomplit en prenant conscience de lui-même par la charité qui s'applique délibérément à ce à quoi cette inclination tend implicitement et nécessairement. De surcroît, cela permet à Arnauld d'échapper à l'opposition de deux amours que semble imposer de la manière la plus nette la célèbre formule augustinienne selon laquelle il n'y a aucun milieu entre la cupidité vicieuse et la charité. S'il renonce le plus souvent à identifier cupidité et amour de soi, Arnauld semble en effet très peu sensible aussi au choix de Jansénius de décrire la charité à partir d'une négation de traits qui font de toute concupiscence une expression de l'amour de soi.

Or, comme on le sait, la formule d'Augustin est évoquée par Fénelon dès les premières pages de l'*Explication des Maximes des Saints.* Dieu est jaloux de « l'amour de nous-mêmes, auquel se réduisent toutes nos affections. Tout ce qui ne vient pas du principe de la charité, c'est à dire de l'amour de Dieu ou de son ordre en général comme saint Augustin le dit si souvent, vient de la cupidité, c'est à dire de l'amour de nous-mêmes. Ainsi c'est cet amour, unique racine de tous les vices, quand il n'est pas subordonné à Dieu, que la jalousie de Dieu attaque précisément en nous[34] ». Bossuet s'empressera de dénoncer dans ces lignes l'erreur de Baius[35]. Et

34 Fénelon, *Œuvres*, édition établie par J. Le Brun, 2 vol., Paris, Gallimard, 1983, vol. I, p. 1010, nous intégrons les additions introduites dans l'édition interfoliée conservée à la Bibliothèque Nationale de France et reproduites par J. Le Brun dans ses notes, p. 1556.

35 Voir J. Orcibal, Documents pour une histoire *doctrinale de la querelle du quiétisme. Le procès des « Maximes des saints » devant le Saint-Office avec la relation des congrégations cardinalices et les « observationes » inédites de Bossuet*, Rome, « Archivio italiano per la storia delia Pietà », V-28, Edizioni di Storia e letteratura, 1968, p. 509-510, « *Observationes in librum [...] cui titulus est Explication des Maximes des Saincts etc.* », « *Observatio Tertia* » et J.-L. Quantin, « Les limites de l'argument de tradition », *op. cit.*, p. 85 et n. 126. La prise de distance d'avec Baius a une valeur stratégique dans le combat avec Bossuet. Voir la lettre de Fénelon à l'abbé de Chantérac du 18 septembre 1697 : « Ne manquez pas, je vous conjure, de dire que M. de Meaux, après avoir promis par écrit de répondre à mes questions, n'a pas voulu tenir parole, craignant, disait-il, que je ne lui fisse des affaires à Rome. Et en effet, il m'aurait fourni de quoi lui en faire, s'il m'eût répondu par écrit avec sincérité ; car il est dans les sentiments de Baius sur la charité et la cupidité. C'est ce qui l'anime tant contre cet amour naturel qui fait l'affection mercenaire ou intérêt propre. Car il ne connaît aucun amour naturel, qui ne soit cupidité vicieuse, s'il n'est pas rapporté à la fin surnaturelle et il prétend que cet amour naturel quand il est rapporté à la fin surnaturelle de la béatitude est la plus parfaite charité. En me répondant par écrit, il aurait fallu ou découvrir cette doctrine condamnée par le S. Siège, ou passer mon amour

Fénelon de rétorquer que, dans cet endroit de son ouvrage, « par le terme de *charité* » il entendait « tout amour de l'ordre considéré en lui-même, et par celui de cupidité tout amour particulier de nous-mêmes », avant de préciser que « tout le système de mon livre supposant le retranchement de l'intérêt propre ou affection mercenaire, qui est un amour naturel et délibéré de nous-mêmes, et qui est imparfait sans être péché ; il n'y a personne à qui on doive moins imputer qu'à moi d'avoir voulu nier tout milieu entre la charité vertu théologale et la cupidité vicieuse[36] ». L'enjeu est bien évidemment celui d'isoler l'amour pur de toute forme d'amour de charité mélangée où l'on pourrait encore dénicher des restes d'intérêt propre. Bref, de distinguer le quatrième et le cinquième des amours énumérés au début de l'*Explication des Maximes de Saints*[37] pour mieux les séparer. Dans la *Réponse à la Déclaration*, Fénelon remarque d'ailleurs que, dans la maxime augustinienne, « charité » s'entend « de tout amour, même naturel du bien, de l'ordre, et de la justice, qui est de Dieu même connu d'une manière implicite[38] ». C'est alors l'occasion pour Bossuet d'accuser Fénelon de pélagianisme, en pointant dans les pages de l'*Instruction* l'idée d'une « charité naturelle pour les biens éternels » fondée sur l'amour de soi non peccamineux[39]. La *Seconde lettre en réponse de divers écrits ou mémoires* précisera la position de l'évêque de Cambrai en rappelant qu'« on peut [...] désirer la béatitude formelle qui est un don créé, par un désir naturel, qui n'entre dans aucun acte surnaturel, et qui n'est point un amour naturel de Dieu[40] ». La prétendue charité naturelle n'est en effet qu'un amour de soi qui recherche le don créé de

naturel, auquel cas il admettait tout mon système, et se décréditait chez tous les faux Augustiniens à la tête desquels il est secrètement » (*Correspondance de Fénelon*, t. VI, éd. J. Orcibal avec la collaboration de J. Le Brun et I. Noye, Genève, Droz, 1987, p. 39-40). Voir les commentaires de Jean Orcibal in « La spiritualité de Dom Gabriel Gerberon, champion de Jansénius et de Fénelon », *op. cit.*, p. 460-461.

36 Fénelon, *Instruction pastorale*, in *Œuvres complètes*, Paris, Méquignon Jr. et J. Leroux ; Gaume frères, t. II, 1848, p. 292.

37 Fénelon, *Œuvres*, *op. cit.*, vol. I, p. 1008-1012.

38 Fénelon, *Réponse [...] à la Déclaration de Mgr l'archevêque de Paris, de M. l'évêque de Meaux et de M. l'évêque de Chartres*, in *Œuvres complètes*, t. II, *op. cit.*, p. 332.

39 Bossuet, *Préface sur l'Instruction pastorale*, in *Œuvres complètes*, éd. F. Lachat, t. XIX, Paris, Vivès, 1864, p. 276.

40 Fénelon, *Œuvres complètes*, t. II, *op. cit.*, p. 569. Mais Fénelon atténuera cette formule quelques mois plus tard : « Je conserve donc l'amour naturel de nous-mêmes dans tous les actes surnaturels où il concourt avec le principe de grâce » (*Œuvres complètes*, Paris, Méquignon Jr. et J. Leroux ; Gaume frères, t. III, 1848, p. 148).

la béatitude plutôt que son donateur[41]. Si Fénelon renonce à l'opposition augustinienne de la charité et de la cupidité c'est au contraire pour penser l'imperfection de l'intérêt propre en tant que distingué du péché. Nul amour naturel de Dieu n'est finalement concevable lorsque seul le désintéressement donne accès au véritable objet de la charité[42].

Or, si l'on garde à l'esprit le rejet par Arnauld d'un amour pur de Dieu qui renoncerait à l'envisager « *tamquam beatificans* », on voit bien en quoi les pages des *Écrits sur l'amour naturel de Dieu* annoncent, sinon préparent, la stratégie polémique de Bossuet[43]. En reprenant la conception thomiste de l'amour de Dieu en tant que fond de la volonté, et en renonçant ainsi implicitement à l'identification de tout amour naturel à une expression de la concupiscence, Arnauld suggérait en effet une sorte de « réfutation anticipée[44] » du système de Fénelon. Finalement, pour Arnauld comme aussi pour Bossuet, la charité se laisse comprendre autant par son opposition à la cupidité que par la continuité qu'elle garde avec le désir naturel et indélibéré du bonheur : « Il est vrai que pour être déifiés, il faut aimer Dieu d'un autre amour que d'un amour naturel, puisque c'est la charité et l'amour surnaturel qui nous déifient : mais il n'est pas vrai pour cela, qu'il faille se dépouiller de l'amour naturel de la béatitude. [...] C'est autre chose de s'élever au-dessus de cet amour naturel, autre chose de s'en dépouiller », résume Bossuet dans la *Préface sur l'Instruction pastorale*[45]. À l'inverse, tout au cours de la controverse

41 Voir les quelques pages magistrales qu'Henri Gouhier consacra à cette question dans son *Fénelon philosophe*, Paris, Vrin, 1977, p. 113-124. Sur les débats autour du concept d'amour naturel et les oscillations de la doctrine fénelonienne voir H. Hillenaar, *Fénelon et les jésuites*, La Haye, Nijhoff, 1967, p. 202-211 et Id., « Fénelon et le jansénisme », *Nouvel état présent des travaux sur Fénelon*, études réunies par H. Hillenaar, Amsterdam – Atlanta, Rodopi, 2000, p. 25-44, en particulier p. 36-38. Sur Fénelon et l'hypothèse de la « nature pure », voir H. de Lubac, *Augustinisme et théologie moderne*, *op. cit.*, p. 305-307.

42 Voir Madeleine Huillet D'Istria, *Le Père Caussade et la querelle du pur amour*, Paris, Aubier, 1964, p. 22-40. En commentant la doctrine du P. de Valois sur l'amour naturel de soi-même, Fénelon glose : « Ce qui est un amour de Dieu comme moyen et de moyen comme fin, ou plus tost ce qui n'est pas un vrai amour de Dieu mais de moymesme » (cité par H. Hillenaar, *Fénelon et les jésuites*, *op. cit.*, p. 397).

43 En juin 1693 Arnauld avait communiqué à Bossuet une partie de ses textes concernant la grâce et la querelle avec Nicole (entre autres, les *Règles du bon sens*). Voir *Correspondance de Bossuet*, éd. Ch. Urbain et E. Levesque, t. V, Paris, Hachette, 1912, p. 405-413.

44 H. Gouhier, *Fénelon philosophe*, *op. cit.*, p. 28.

45 Bossuet, *Préface sur l'Instruction pastorale*, *op. cit.*, p. 238. Voir aussi la *Réponse de Monseigneur l'archevêque de Paris aux quatre lettres de Monseigneur l'archevêque de Cambrai* (Fénelon, *Œuvres complètes*, t. II, *op. cit.*, p. 529) : « Sacrifier amour naturel et innocent, n'est pas,

suscitée par l'*Explication des Maximes des Saints*, Fénelon ne se lassera pas de distinguer pour mieux les éloigner, la béatitude naturelle, faisant l'objet d'un désir invincible qui est « comme l'essence de la volonté » et la « vraie béatitude » qui a pour seul objet Dieu dans sa déité. Chez Fénelon, la discontinuité dans la progression passe ailleurs, non pas entre l'indélibéré et le délibéré, le désir inconscient et la charité qui s'en ressaisit, mais entre l'amour de charité mélangée et celui où tout penchant délibéré vers l'intérêt propre est retranché. Le cas du sacrifice de païens vaut confirmation ici comme déjà chez Arnauld. Ce dernier, on l'a vu, le passe sous silence, de peur que l'exemple soulève des doutes sur la nature nécessaire et indélibérée de l'amour naturel de Dieu[46]. Chez Fénelon, au contraire, « l'exemple de tant de Païens qui se sont donné la mort très-librement et de sang-froid, sans être véritablement persuadés d'une autre vie après celles-ci, est décisif[47] ». En se sacrifiant sans nul espoir d'une récompense future, les sages de l'antiquité montrent en effet, au niveau de la nature, comment l'amour véritable n'implique pas nécessairement la recherche du bonheur parmi ses mobiles. Et Fénelon de conclure : « Parce que la béatitude est la *raison d'aimer*, dirons-nous qu'il est impossible, même avec la grâce, de faire pour Dieu ce que les Païens ont cru qu'on devait faire pour sa patrie, qui est de l'aimer par des actes indépendants de l'espérance de devenir heureux[48] ? » Chez Fénelon comme déjà chez Arnauld, « *gratia naturam perficit* » : mais dans un cas, il s'agit d'accomplir l'« *appetitus boni perfecti* » en découvrant Dieu

comme vous le dites, le prendre et l'anéantir ; c'est le purifier, et le soumettre à un amour surnaturel et plus parfait. Vous avez ouï dire cent fois aux théologiens que la grâce ne détruit pas la nature, mais la perfectionne. Vous parlez toujours cependant, comme si un père, en sacrifiant l'intérêt temporel d'un fils qu'il aime tendrement, perdoit l'amour naturel qu'il a pour lui. »

46 Bossuet souscrit à l'interprétation donnée par Arnauld de la doctrine thomiste de l'amour naturel de Dieu : « Gardons-nous bien de penser avec notre auteur que ce soit là cet amour naturel enseigné par saint Thomas et par les autres docteurs catholiques, parce que celui-ci est délibéré, parfait à sa manière quoique moins parfait, attaché et affectionné naturellement aux biens surnaturels les plus désirables, à Dieu même et aux promesses de l'Évangile : à quoi saint Thomas ni les autres n'ont jamais songé » (*Ibid.*, p. 276).

47 Fénelon, *Troisième lettre à M. l'archevêque de Paris sur son Instruction pastorale*, in *Œuvres complètes*, t. II, *op. cit.*, p. 495.

48 *Ibid.*, p. 496. Nous reviendrons ailleurs sur l'exemple des païens et sa fonction dans l'histoire sur la longue durée des débats sur la charité à l'époque moderne. Voir l'article capital de Sven K. Knebel, « Casuistry and the Early Modern Paradigm Shift in the Notion of Charity », *Moral Philosophy on the Threshold of Modernity*, éd. J. Kraye, R. Saarinen, Dordrecht, Springer, 2005, p. 115-139.

« *tamquam beatificans* », dans l'autre, tout au contraire, d'admirer dans les actes de dévouement civique, la capacité de la nature même de viser plus haut que le désir naturel de son propre bonheur[49].

À rejeter d'avance la mystique de l'amour pur est donc, comme le suggérait Laporte, un Arnauld plus proche de saint Thomas que de Jansénius. Et nous ajouterons, un Arnauld dont le thomisme doit son inflexion propre à une réaction anti-jansénienne. Ainsi, dans son admiration pour l'*amor castus* de Platon qui voit dans le désintéressement parfait ce qui fait de l'homme un Dieu, Fénelon se rangeait du côté de l'évêque d'Ypres plus encore que de celui de l'auteur de l'*Apologie pour Jansénius*.

Le même constat vaut aussi, à certains égards, pour Nicole, vers qui il est désormais temps de se tourner. Il est inutile de revenir sur le rôle bien connu que le « janséniste malgré lui » joua dans l'élaboration d'une critique de la mystique au cours de la seconde partie du dix-septième siècle. Le *Traité de l'Oraison*, paru d'abord en 1679 et publié à nouveau, en 1695 sous le titre de *Traité de la prière*, aussi bien que la *Réfutation des principales erreurs des Quiétistes* rédigée, paraît-il à l'instigation de Bossuet la même année, présentent d'une manière cohérente les principes d'une piété intellectualiste, qui conjugue la défense des méthodes d'oraison, une vision « ascéticiste » de la prière et le rejet des états « extraordinaires » et des « illusions » des mystiques[50]. Les résistances d'une partie des milieux dévots sinon de l'opinion publique (qu'on pense au retentissement du décret contre les *Alumbrados*[51]) auxquelles s'était heurté depuis le début du siècle le mysticisme français, trouvent dans

49 Voir H. Hillenaar, *Fénelon et les jésuites*, *op. cit.*, p. 206 : « Rien en lui [sc. Fénelon] ne pense à nier la sanctification de la nature par la grâce, seulement son tempérament religieux ne s'intéresse nullement à cet aspect de l'économie du salut. »

50 Voir L. Cognet, *Crépuscule des mystiques*, *op. cit.*, p. 34-50 ; 230-232 ; J. Le Brun, *La Spiritualité de Bossuet*, Klincksieck, Paris 1972, p. 410-413 ; 424-431 et 554-560 ; Edward Donald James, *Pierre Nicole, Jansenist and Humanist : a Study of his Thought*, La Hague, Nijhoff, 1972, p. 75-97 ; Bernard Chédozeau, « Pierre Nicole lecteur des œuvres de spiritualité de Jean Desmarets de Saint-Sorlin : un conflit d'anthropologies », *XVIIe siècle*, n° 193, 1996, p. 779-788 ; Jean-Robert Armogathe, « La spiritualité de Pierre Nicole : antimysticisme ou intellectualisme ? » « *Chroniques de Port-Royal* », 45, 1996, « Pierre Nicole (1625-1695) », *op. cit.*, p. 83-99 et la synthèse de Béatrice Guion, « Fénelon et Nicole : l'impossible dialogue autour de l'*Explication des Maximes des Saints* », *Fénelon. Mystique et Politique*, *op. cit.*, p. 49-64.

51 Voir Sophie Houdard, *Les invasions mystiques. Spiritualités, hétérodoxies et censures au début de l'époque moderne*, Paris, Les Belles Lettres, 2008.

les pages de Nicole une formulation remarquablement claire, dont les solides bases doctrinales sont d'ailleurs confortées par les données de la nouvelle philosophie cartésienne et par une analyse souvent très fine des « illusions » des nouveaux mystiques. Quelques lignes de la *Réfutation des principales erreurs des Quiétistes* permettent de saisir la distance qui sépare Nicole de la « philosophie de la prière » qu'élaborera deux ans plus tard Fénelon dans l'*Explication des Maximes des Saints* :

> Il n'y a nulle vie vraiment chrétienne sans l'observation de ses devoirs, et sans la vigilance à éviter les péchés, et cette seule obligation demande tant de réflexions, de pensées distinctes, de prières particulières, de lectures, d'instructions, de conseils, qu'il est difficile de comprendre où l'on pourra placer le simple regard[52].

« Cela se passe de commentaire », persiflait Louis Cognet, et montre « que le bon Nicole, quintessence de l'antimysticisme, n'a simplement rien compris aux données mêmes du problème[53]. » Il n'est pas le lieu de revenir ici sur le bien-fondé de la réfutation tentée par Nicole dans son dernier ouvrage, ni de s'interroger sur la nature des arguments qu'il avance. Fénelon ne se trompe sans doute pas lorsqu'il estime que « M. Nicole [...] a voulu décider, d'un style moquer, sur les voies intérieures, sans traiter ni de l'amour désintéressé, ni des épreuves des saints, ni de l'oraison passive[54] ». La plupart des thèses avancées par la *Réfutation* reprennent en effet des thèmes usés de l'antimysticisme : absence d'actes, scandales moraux, refus de l'institution hiérarchique, accusation de tenter Dieu – thèmes que par ailleurs on trouve déjà, dans le milieu port-royaliste, sous la plume de Du Vaucel dans ses *Breves considerationes in doctrinam Michaelis de Molinos et aliorum quietistarum* de 1688[55]. Ce qui n'empêche pas, pourtant, qu'au sujet de la réflexion, de la vigilance, des rapports entre amour propre et péché, de l'oraison perpétuelle ou de la contemplation passive, les pages de Nicole annoncent déjà, comme l'a justement souligné Béatrice Guion, les thèses des adversaires de l'*Explication des Maximes des Saints*[56].

52 *Réfutation des principales erreurs des Quiétistes*, Paris, Élie Josset, 1695, p. 335.

53 *Crépuscule des mystiques*, *op. cit.*, p. 230.

54 *Correspondance de Fénelon*, éd. J. Orcibal, t. IV, Paris, Klincksieck, 1976, p. 64.

55 Voir J. Le Brun, *La Spiritualité de Bossuet*, *op. cit.*, p. 445-449 et Id., *Le pur amour de Platon à Lacan*, *op. cit.*, p. 117-119.

56 Voir B. Guion, « Fénelon et Nicole : l'impossible dialogue autour de l'*Explication des Maximes des Saints* », *op. cit.*, et Id., *Pierre Nicole moraliste*, Paris, Champion, 2002, p. 230-256.

C'est pourtant sur un principe d'ordre plus général de la démarche de Nicole que nous voudrions nous arrêter. Plus encore que les arguments utilisés pour rejeter les doctrines des « nouveaux spirituels », ce qui semble gouverner la critique de Nicole est une défiance instinctive envers les voies mystiques en tant que voies extraordinaires. Dans une lettre de septembre 1687, Nicole résume ainsi « les deux principes » dont il s'est « servi contre les Quiétistes ». Le premier est « qu'il n'est pas permis d'attacher une grâce extraordinaire à une action corporelle, ou spirituelle, à laquelle elle n'est pas attachée d'elle-même, sans une autorité expresse de la parole de Dieu et de la tradition. [...] Le second principe est, que c'est tenter Dieu, que de renoncer aux moyens ordinaires par lesquels Dieu confère ses grâces, pour avoir recours à des moyens extraordinaires[57] ». Cette volonté de confiner la mystique dans le domaine de l'extraordinaire, donc de ce qui est rare et qui demande d'être distingué avec prudence de la multitude des illusions trompeuses, constitue une constante de l'approche port-royaliste de la mystique[58]. On se souvient des propos de la Mère Angélique Arnauld sur les lumières de sainte Thérèse : « Ce n'est pas que je ne les honorasse [...], mais comme extraordinaires et miraculeuses, et sans que je crusse qu'on les dût tirer à conséquence pour les autres filles, que Dieu ne destine pas comme elle à fonder de nouveaux ordres ou à en réformer d'anciens[59]. » On cite moins souvent les quelques lignes que Pascal consacre à la sainte espagnole et où il demande d'admirer moins ses lumières que son état d'humilité :

> Il n'y a rien de si périlleux que ce qui plaît à Dieu et aux hommes, car les états qui plaisent à Dieu et aux hommes ont une chose qui plaît à Dieu et une autre qui plaît aux hommes, comme la grandeur de sainte Thérèse : ce qui plaît à Dieu est sa profonde humilité dans ses révélations, ce qui plaît aux hommes sont ses lumières. Et ainsi on se tue d'imiter ses discours, pensant imiter son état, et partant d'aimer ce que Dieu aime, et de se mettre en l'état que Dieu aime[60].

---

57 *Lettres de feu M. Nicole*, Lille, chez Jean-Baptiste Brovellio, 1718, t. II, Lettre XXXVII, à Monsieur Arnauld, « Principes contre le Quiétisme », p. 154-155.

58 Voir L. Cognet, *Histoire de la Spiritualité chrétienne*, III, *La spiritualité moderne*, t. I, *L'essor : 1500-1650*, Paris, Aubier, 1966, p. 455-458.

59 *Mémoires pour servir à l'histoire de Port-Royal*, t. II, Utrecht, Aux dépens de la Compagnie, 1742, p. 316.

60 *Pensées*, Lafuma 928 ; Sellier 756.

Or, chez Nicole cette défiance à l'égard des expériences mystiques trouve son soubassement théologique dans l'interprétation qu'il impose au thème du Dieu caché. En s'attaquant à l'oraison de simple regard en tant que forme de la contemplation acquise, Nicole rappelle au deuxième livre de sa *Réfutation* que « quoique cette distribution [sc. des grâces] soit toujours gratuite, elle est pourtant toujours sage et raisonnable, et jamais elle n'a l'air d'une bizarrerie sans raison ». Dieu « aime l'ordre et la règle[61] », écrira-t-il ailleurs. Dès lors, la règle que Dieu garde « le plus ordinairement » dans la distribution pourtant gratuite de ses dons « est d'attacher ses grâces surnaturelles à des actions réglées, qui font comme le corps de la vertu que l'esprit de Dieu anime par la grâce ». Les efforts humains donnent corps aux vertus infuses : celles-ci « renferment une grâce surnaturelle qui leur sert d'âme, mais [...] supposent une conduite sage et réglée qui leur sert de corps[62] ». Qu'en est il en tout cela de l'« étrange secret » d'un Dieu qui, comme l'écrivait Pascal « se cache ordinairement, et se découvre rarement à ceux qu'il veut engager dans son service[63] » ? Voici l'explication que Nicole en donne :

> Par cette conduite Dieu entretient la voie de la foi, à laquelle l'évidence serait contraire. Il cache aux hommes ses opérations surnaturelles sur les âmes : il ne veut point qu'elles y paraissent clairement, et que l'on puisse dire avec évidence qu'il y a certainement du miracle dans ce que l'on voit. Il faut toujours de la droiture et de la pureté de cœur, pour être convaincu que ce que nous voyons de vertu et de piété dans les âmes vient plutôt d'une grâce de Dieu que de la force de la nature. Dieu agit toujours en Dieu caché, selon qu'il est dit : *Vere tu es Deus absconditus*. Et s'il répand assez de lumière pour faire connaître aux personnes humbles l'opération de sa grâce, il y mêle assez d'obscurité pour la cacher aux superbes[64].

L'argumentation est si maladroite qu'elle frôle presque le contresens, car on voit bien qu'il n'y a rien d'un « étrange secret » dans le fait que la « droiture et la pureté de cœur » des vertus naturelles s'accompagnent (presque ?)

61 *Traité de l'oraison*, Paris, Hélie Josset, 1679, p. 121 : « Dieu aime l'ordre et la règle, et est ennemi de la confusion et du désordre. Ainsi tout ce qui contribue à faire que notre vie soit plus uniforme et plus réglée, contribue à attirer l'esprit de Dieu en nous. »

62 *Réfutation des principales erreurs des Quiétistes*, *op. cit.*, p. 210-211.

63 Pascal, *Lettres à Mademoiselle de Roannez*, in *Œuvres complètes*, éd. J. Mesnard, t. III, Paris, Desclée de Brouwer, 1991, p. 1035.

64 *Réfutation des principales erreurs des Quiétistes*, *op. cit.*, p. 210-211.

toujours de l'action de la grâce[65]. Autrement dit, Pascal admire dans le Christ un Dieu qui après être « demeuré caché sous le voile de la nature [...] s'est encore plus caché en se couvrant de l'humanité », de telle façon qu'« il était bien plus reconnaissable quand il était invisible, que non pas quand il s'est rendu visible[66] ». Nicole au contraire reconnaît dans l'Incarnation l'expression de la « condescendance » divine à l'égard de ses créatures. La difficulté est moins celle de saisir la logique de l'action d'un Dieu qui « ne se manifeste pas aux hommes avec toute l'évidence qu'il pourrait faire[67] », mais de distinguer deux voies d'action de la grâce. D'une part,

> elle se cache souvent de telle sorte dans les âmes, et les mouvements qu'elle inspire sont si semblables à ceux qui ne naissent que de la nature, que ceux qui les ressentent ne discernent point par une connaissance et une pénétration vive et sensible, qu'ils sont surnaturels et divins. Ils pratiquent toutes les bonnes œuvres, ils ont la foi, l'espérance, et la charité, et ils peuvent même les avoir dans un degré éminent : mais ils ne distinguent pas pour cela leur état de l'état naturel et commun [...]. Ainsi Dieu est à l'égard de ces âmes, un Dieu caché.

À cette première « manière par laquelle Dieu agit sur les âmes » Nicole oppose une seconde voie, celle des « grâces singulières », qui s'imposent avec une telle évidence que ceux qui en bénéficient « sentent et connaissant qu'ils sont en un état extraordinaire, où ils voient bien qu'ils sont incapables d'arriver par les efforts humains ». Mais si ces marques sensibles ne laissent aucun doute sur l'action sur l'âme de l'Esprit divin, les grâces pour ainsi dire ordinaires, « qui ressemblent en elles aux mouvements que la nature produit » ne condamnent en aucun sens les hommes à l'incertitude d'« un état à demi obscur[68] ». Car, remarque Nicole, « ce n'est pas que ceux que Dieu conduit par cette voie ordinaire n'aient une juste connaissance qu'il agit en eux, et qu'il est l'auteur de tous leurs bons mouvements. [...] Mais ils le concluent par une réflexion tirée de la foi, et non par une vue qui leur fasse distinguer que leur état est surnaturel[69] ».

---

65 Comme le résume B. Guion (*Pierre Nicole moraliste*, *op. cit.*, p. 171) « le thème du Dieu caché » coïncide chez Nicole avec celui de « la similitude des voies d'action de la nature et de la grâce ».

66 Pascal, *Lettres à Mademoiselle de Roannez*, *op. cit.*, p. 1035.

67 Pascal, *Pensées*, Lafuma 449 ; Sellier 690.

68 Pascal, *Pensées*, Lafuma 926 ; Sellier 755.

69 Nicole, *L'hérésie imaginaire, lettre XI, ou première Visionnaire*, 31 décembre 1665, p. 3-4.

Le « *Deus absconditus* » est donc si peu caché aux yeux de l'auteur de la *Réfutation* que « toute action de la volonté réglée par la vérité, et qui tend à l'exécution de ce qu'elle prescrit, porte les caractères de l'esprit de Dieu[70] ». Ainsi il conviendra de constater la distance qui sépare l'approche de Nicole de la spiritualité que Saint-Cyran ou Pascal croyaient pouvoir déduire de la doctrine augustinienne de la grâce exposée par Jansénius. Alors que pour Nicole les « actions réglées » des hommes portent le caractère de l'esprit divin, car finalement, tout en la voilant, *donnent corps* à l'infusion de la grâce, Saint-Cyran rappelait au contraire que « Dieu n'estime point une suite de bonnes actions, quelque grandes et excellentes qu'elles soient, que par leur principe. Si Dieu en est l'auteur, elles sont bonnes, sinon elles sont toutes mauvaises, quelques bonnes qu'elles paraissent aux hommes[71] ». D'autre part, tout en reconnaissant que l'homme vit en ce monde dans un état de « ténèbres inévitables » quant à son salut et à la nature véritable des mouvements de son âme, aux yeux de Nicole ces ténèbres n'ont rien d'effrayant :

> Ce que nous avons à faire est de demeurer en repos, et d'adorer en paix la bonté de Dieu qui les ordonne pour notre bien, et de faire cependant, de la manière la plus pure et la plus désintéressée qu'il nous est possible, ce qui nous est prescrit par ses lois, en attendant le jugement qu'il portera de nous en l'autre vie [...]. Et cela suffit pour nous procurer une paix humaine, qui ne se distingue pas sensiblement de la paix de Dieu, et qui vaut toujours mieux que l'inquiétude qui accable l'âme, et qui la réduit à la paresse et au désespoir[72].

Or, si Pascal évoque la paix en conclusion d'une séquence célèbre du *Mémorial* (« Certitude, certitude, sentiment, joie, paix »), ce n'est que pour biffer le mot après coup, car, comme l'observa finement Henri Gouhier, « à la réflexion il se rappelle que la paix n'est pas un état d'âme de chrétien[73] ».

---

70 *Réfutation des principales erreurs des Quiétistes*, *op. cit.*, p. 101.

71 *Lettres chrétiennes et spirituelles de messire Jean du Verger de Hauranne, abbé de S. Cyran, qui n'ont point encore été imprimées jusqu'à présent*, s.l., 1744, p. 352.

72 « Des diverses manières dont on tente Dieu », *Essais de morale*, éd. L. Thirouin, Paris, PUF, 1999, p. 435. Voir B. Guion, *Pierre Nicole moraliste*, *op. cit.*, p. 414-415.

73 H. Gouhier, *Blaise Pascal. Commentaires*, Paris, Vrin, 1966, 2e édition 1971, p. 19. Voir aussi sur ce point l'introduction de Laurent Thirouin aux *Essais de morale*, *op. cit.*, p. 18-19 et notre étude « La tentation de la négligence : grâce et *zelum animarum* de Jansénius à Pascal », *Critique du zèle. Théologie, fidélités et radicalités confessionnelles dans la modernité (France, XVIe – XVIIIe siècles)*, éd. C. Bernat et F. Gabriel, Paris, Beauchesne, 2013, p. 65-90.

Il serait aisé de montrer qu'une telle interprétation du « *Deus absconditus* » constitue presque un corollaire nécessaire de la théorie de la « grâce générale ». Pour notre propos il suffira de remarquer le point suivant : le rejet par Nicole des expériences de mystiques qui, à ses yeux, prétendent identifier le surnaturel à des états hors du commun, ou relevant carrément de l'extraordinaire, est gouverné par une conception de l'action divine qui s'écarte sensiblement de la doctrine de Jansénius. L'argument tiré du verset d'Isaïe constitue en cela une véritable constante des écrits polémiques de Nicole déjà à partir du *Traité de l'oraison* où il est mobilisé au profit d'une discussion sur l'oraison mentale :

> [L']ordre qu'il est aisé de remarquer dans toute la conduite de la providence et de la grâce, est que Dieu cache ses opérations sous les apparences de celles de la nature ; qu'il ne conduit pas ordinairement les fidèles par des voies visiblement miraculeuses, et que toutes les actions qu'il leur fait faire ne se distinguent pas sensiblement de celles dont la nature est capable. Or la voie ordinaire qui nous conduit à aimer, est de penser à ce que l'on aime [...]. On n'aime que ce qu'on connaît ; et quoique la connaissance ne soit pas la mesure de l'amour, [...] il est pourtant vrai [...] que la connaissance est nécessaire à l'amour.

C'est pourquoi, conclut Nicole, il faut regarder l'amour de Dieu « comme une production de la nature » où Dieu se cache, et l'exciter par l'exercice de la connaissance et des méthodes d'oraison :

> Encore qu'il soit très faux que l'amour de Dieu et la prière naissent du fond de notre nature, et que ce soit être pélagien que de ne les pas reconnaître pour des grâces de Dieu et pour les principales des ses grâces, il est pourtant certain que Dieu dans sa conduite ordinaire les cache sous l'apparence d'actions toutes naturelles, et qu'il nous les communique par les mêmes exercices que l'on pratiquerait pour les acquérir naturellement[74].

En résumant, à en croire Nicole, les « nouveaux spirituels » se trompent, car ils ignorent que Dieu se cache le plus souvent sous l'apparence des actions réglées et communes des hommes, en se déguisant, ou, il faudrait plutôt dire, en se laissant facilement deviner à travers le « voile des exercices » plutôt que par le privilège d'un état de quiétude. On comprend dès lors le caractère maladroit sinon foncièrement contradictoire de la démarche adoptée par la *Réfutation des principales erreurs des Quiétistes*,

74 *Traité de l'oraison*, *op. cit.*, p. 95-97.

Nicole y étant pris en tenailles entre reconnaître comme possible l'oraison infuse de motion divine décrite par le *Moyen court* et réaffirmer la logique d'une grâce qui le plus souvent agit en accompagnant les efforts humains et l'oraison méthodique. En effet, alors que le premier livre du pamphlet s'évertue à sauver en quelque sorte l'excellence de la contemplation infuse de motion divine, le second rejette comme presque impossible l'hypothèse que Dieu octroie l'oraison de simple regard qu'aucune pratique ni méthode ne prépare. Car il s'agirait dans ce cas là d'une « conduite extraordinaire, où l'opération de Dieu n'aurait aucun voile ; et c'est, comme nous avons dit, ce qui est absolument contraire à tout ce que Dieu nous découvre de sa conduite sur les hommes[75] ». Mais plus encore que la cohérence interne de la pensée de Nicole, le soubassement théologique de son antimysticisme annonce avec la dernière des clartés la ligne de faille qui séparera l'approche de Bossuet et de Fénelon des expériences mystiques. Comme on l'a souvent souligné, le premier suivra en effet Nicole en creusant un abîme entre la vie mystique et la vie spirituelle ordinaire[76], le second ne cessera au contraire de rejeter l'équivalence entre mystique et miraculeux, en ne reconnaissant dans l'état passif rien de plus « qu'une exaltation particulièrement intense de l'action divine et de la grâce[77] ». L'amour pur n'implique « aucune autre lumière que celle de la foi même qui est commune à tous les chrétiens[78] », il est le terme auquel toutes les voies intérieures aboutissent et s'il reste le privilège d'un petit nombre d'âmes la vie mystique ne se situe pas moins « dans le prolongement de la vie chrétienne la plus normale[79] » plutôt que dans une discontinuité d'avec celle-ci.

Concluons. Le dossier concernant le rôle que jouèrent les Messieurs de Port-Royal dans la querelle suscitée par les *Maximes des Saints* reste en bonne partie à exploiter et exigerait une enquête documentaire beaucoup plus vaste et articulée des quelques remarques que nous venons de proposer. Mais si on se tient au cas de ces deux figures capitales de l'histoire du « second Port-Royal » que sont Arnauld et Nicole, force est de constater que les arguments qu'ils apportent aux adversaires de Fénelon

75 *Réfutation des principales erreurs des Quiétistes*, *op. cit.*, p. 214.

76 Voir J. Le Brun, *La Spiritualité de Bossuet*, *op. cit.*, p. 603-610, « Le schéma fondamental. Ordinaire-extraordinaire » qui rappelle l'influence de Nicole (p. 504).

77 L. Cognet, *Crépuscule des mystiques*, *op. cit.*, p. 219.

78 Fénelon, *Œuvres*, *op. cit.*, vol. I, p. 1028.

79 L. Cognet, *Crépuscule des mystiques*, *op. cit.*, p. 264.

témoignent d'une manière très explicite de la distance qui les sépare des thèses de Jansénius. C'est donc en raison du décrochage qu'ils opèrent, plus ou moins consciemment, à partir de la doctrine de l'*Augustinus*, qu'Arnauld et Nicole esquissent une réfutation anticipée du quiétisme dont Bossuet ne manquera pas de tirer profit. Et le paradoxe pointé jadis par Gerberon de briller par sa vérité, car, lorsqu'on contraste sa doctrine et celle des ses inlassables défenseurs, Jansénius « semble avoir eu des idées de l'amour le plus pur et le plus désintéressé, toutes conformes à celles que M. de Cambrai en a, sans passer pour Janséniste[80] ».

Alberto FRIGO
Warburg Institute, Londres

80 *Lettre d'un Théologien à Monseigneur l'Évêque de Meaux*, *op. cit.*, p. 65.

LA QUESTION DE L'AMOUR NATUREL

Fénelon, François de Sales, Arnauld

Port-Royal s'est *a priori* peu intéressé à la grande question de l'amour pur qui a tant préoccupé Fénelon mais il s'y est intéressé en quelque sorte avant lui, à travers ce que Bremond avait intitulé la première querelle du pur amour opposant le jésuite Antoine Sirmond à Jean-Pierre Camus[1] : ce dernier ayant publié en 1640 *La Défense de l'Amour pur contre les attaques de l'amour propre*, le jésuite lui répondit en 1641 avec la *Défense de la Vertu*. L'année suivante est celle de la parution de l'ouvrage de la Mothe le Vayer, *La Vertu des Payens*, qui déplace en partie le nœud de la querelle vers cette nouvelle problématique.

Cependant, dès 1641, Antoine Arnauld avait répondu au père Sirmond dans son *Extrait de quelques erreurs et impiétés contenues dans un livre intitulé : « La Défense de la vertu »*. Puis il avait repris le débat dans la *Dissertation Théologique sur le commandement d'aimer Dieu*, publiée au tome XXIX des œuvres complètes d'Arnauld, en 1759, mais connue par la traduction latine qu'en avait donnée Nicole dans son édition des *Provinciales* de 1699. Mais il y a plus : Arnauld avait également rédigé deux *Écrits portant sur l'amour naturel de Dieu, touchant le sens auquel Thomas reconnaît un amour naturel*, datés de 1693 ; il concluait le second en affirmant que :

> l'une des conséquences que l'on en peut tirer est que saint Thomas n'a pas cru que ce fût contre la pureté de l'amour de Dieu, de l'aimer comme notre dernière fin et en tant qu'il nous rend heureux puisqu'au contraire il enseigne que c'est le propre de la charité de l'aimer de cette manière, *tamquam bonum beatificans*[2].

---

1 Henri Bremond, *La Querelle du pur Amour au temps de Louis XIII*, éd. Bloud et Gay, 1932 ; s'y réfère aussi l'ouvrage de Gabriel Joppin, *Fénelon et la mystique du pur Amour*, éd. Beauchesne, 1938.

2 Antoine Arnauld, *Écrit sur l'Amour naturel de Dieu*, in *Œuvres complètes*, 42 vol., éd. Sigismond d'Arnay, Paris, 1775-1783, tome X, p. 690.

Cet opuscule marquerait ainsi la réponse de Thomas à l'amour pur *via* Arnauld à Fénelon. Mais si l'auteur de la *Somme théologique* fournit une réponse, qu'en est-il de François de Sales qui le cite abondamment, notamment dans son *Traité de l'Amour de Dieu*, réservoir des citations féneloniennes ? Nous voudrions examiner dans quelle mesure les formulations de Fénelon sont fidèles à l'esprit, sinon à la lettre du texte de François de Sales puis dans quelle mesure celles-ci peuvent trouver un démenti *a posteriori* dans le texte d'Arnauld sachant que ces trois auteurs, Sales, Arnauld et Fénelon se réclament à chaque fois de l'autorité de Thomas.

FÉNELON ET FRANÇOIS DE SALES : UNE PERSPECTIVE SEMBLABLE ?

La trajectoire que revendique Fénelon dans l'*Explication des Maximes des saints* consiste à indiquer les voies qui conduisent au pur amour, l'obstacle essentiel étant celui de l'intérêt propre. L'auteur centre ainsi son propos sur la question de l'amour intéressé ou désintéressé et convoque la tradition pour asseoir son système :

> Ces définitions rassemblées formeront un système simple et complet de toutes les voies intérieures qui aura une parfaite unité, puisque tout s'y réduira clairement à l'exercice du pur amour aussi fortement enseigné par tous les anciens Pères que par les saints les plus récents[3].

Si la dimension systématique n'est pas clairement revendiquée par François de Sales qui retrace lui une histoire, il n'en demeure pas moins que celle-ci explicite les propriétés du saint amour de Dieu :

> J'ai seulement pensé à représenter simplement et naïvement, sans art et plus encore sans fard, l'histoire de la naissance, du progrès, de la décadence, des opérations, propriétés, avantages et excellences de l'amour divin[4].

---

3 Fénelon, *Explication des Maximes des saints*, Avertissement, Paris, chez Pierre Aubouin, 1697, p. XVII.

4 François de Sales, *Traité de l'Amour de Dieu*, préface, in *Œuvres de saint François de Sales : Introduction à la Vie Dévote, Traité de l'Amour de Dieu, Les Entretiens*, éd. d'A. Ravier,

Si Augustin avait divisé en deux le cœur de l'homme : l'amour de Dieu et l'amour de soi, il revient à saint Bernard d'avoir divisé en quatre les motifs de l'amour dans son *Traité de l'Amour de Dieu* : l'amour de soi pour soi, l'amour de Dieu pour soi, l'amour de Dieu pour Dieu et l'amour de soi et de toutes choses en Dieu et pour Dieu. Le premier degré relève de l'amour-propre ou de l'amour charnel, le second répond à la logique de la convoitise et relève d'un amour mercenaire, le troisième de l'amour filial et le quatrième de l'amour pur. Une coupure forte s'établit ainsi entre le deuxième et le troisième degré, qui marque le passage de l'amour pour soi ou amour d'intérêt à l'amour de charité. Or, c'est bien cette logique que reprend Fénelon, distinguant quant à lui cinq types d'amour : l'amour des juifs charnels, l'amour de pure concupiscence, l'amour d'espérance, l'amour intéressé et l'amour pur. Mais, comme l'on sait, c'est à François de Sales que va se référer Fénelon pour décrire le dernier degré de l'amour, notamment aux livres II et IX du *Traité de l'Amour de Dieu*.

De fait, cette perspective se retrouve bien dans les écrits salésiens, de l'*Introduction à la Vie Dévote*, texte que Fénelon ne cite pas, au *Traité de l'Amour de Dieu*, sans omettre la correspondance qu'il entretint, notamment avec Jeanne de Chantal. Prenons quelques exemples, le premier issu de l'*Introduction* :

> Dieu nous veut conduire par icelles [sécheresses et aridités spirituelles] à une grande pureté de cœur, à un entier renoncement de notre propre intérêt en ce qui est de son service, et un parfait dépouillement de nous-mêmes[5].

L'intérêt y est bien considéré comme concurrent du véritable amour de Dieu : « Moins il y a de notre intérêt particulier en la poursuite des vertus, plus la pureté de l'amour divin y reluit[6] ». François de Sales a sans doute hérité de cette préoccupation à la lecture de son livre favori, le *Combat spirituel*, qui affirmait déjà :

---

coll. « La Pléiade », Gallimard, 1969, p. 338. Pour ces textes, nous renverrons à cette édition ; pour les autres, à l'édition des œuvres complètes procurée par les religieuses de la Visitation d'Annecy.

5 François de Sales, *Introduction à la Vie Dévote*, Quatrième partie, ch. XV, *op. cit.*, p. 290.

6 François de Sales, *Introduction à la Vie Dévote*, Quatrième partie, ch. XIV, *op. cit.*, p. 288.

> Il n'y a donc pas jusqu'à l'amour de Dieu qui ne soit un piège de notre amour-propre [...] Le remède à ce mal, remède propre et intrinsèque, serait la pureté du cœur[7].

Continuons le parcours avec deux exemples, l'un tiré du livre XI du *Traité* :

> Vous voyez bien, mon cher Théotime, qu'en ce retour d'esprit nous parfumons tous les autres motifs de l'odeur et sainte suavité de l'amour, puisque nous ne les suivons pas en qualité de motifs simplement vertueux, mais en qualité de motifs voulus, agréés, aimés et chéris de Dieu[8].

Et l'autre d'une lettre de Jeanne de Chantal, citée elle aussi par Fénelon :

> Dites ce soir que vous renonces a toutes les vertus, n'en voulant qu'a mesure que Dieu vous les donnera, ni ne voulant avoir aucun soin de les acquérir qu'a mesure que sa Bonté vous employera a cela pour son bon playsir. Nostre Seigneur vous ayme, ma Mere ; il vous veut toute sienne. [...] Ce qu'il faut que vous facies, ne le faites plus parce que c'est vostre inclination, mais purement parce que c'est la volonté de Dieu[9].

La continuité qui s'inscrit entre ces différentes citations est patente, et il y en aurait beaucoup d'autres ; l'argument qui consisterait à dire soit que Fénelon a tronqué ces citations, soit qu'il a pris des conseils personnels – comme l'est cet extrait de lettre à Jeanne de Chantal – pour des éléments théoriques, ne vaut pas non plus puisqu'on les retrouve dans le *Traité de l'Amour de Dieu*.

Or, s'il est vrai que François instaure une réelle distance entre l'amour d'espérance qui ne permet pas d'atteindre la vie éternelle[10] et l'amour

7 Lorenzo Scupoli, *Le Combat spirituel*, [1589], éd. du Lion de Judas, 1990, ch. X, p. 55-56. Ce sera, en outre, l'optique de Jean-Pierre Camus dans tous ses opuscules spirituels : « Si la perfection chrétienne consiste en la charité, la perfection de la charité consiste à détruire autant qu'il est possible tout propre intérêt pour ne laisser en nos cœurs que celui de Dieu. », *Le Renoncement spirituel, Renoncement de soi-même, Eclaircissement spirituel*, Paris, chez André Soubron, 1637, p. 20.

8 François de Sales, *Traité de l'Amour de Dieu*, livre XI, ch. XIV, *op. cit.*, p. 918.

9 François de Sales, Lettre du 21 mai 1616, in *Œuvres Complètes de François de Sales*, édition établie par les soins des religieuses de la Visitation du 1er monastère d'Annecy sous les conseils de dom Mackey, O. S. B., 27 vol., J. Niérat, 1892-1898, vol. VII, p. 134-135.

10 François de Sales, *Traité de l'Amour de Dieu*, livre II, ch. XVII, *op. cit.*, p. 462. Le point difficile est que François de Sales utilise le même terme pour parler de la passion de l'espoir

de charité, cette distance diffère cependant entre les deux auteurs[11]. En effet, nous pouvons constater un décalage :

> Cet amour donc que nous appelons espérance, est un amour de convoitise, mais d'une sainte et bien ordonnée convoitise, par laquelle nous ne tirons pas Dieu à nous ni à notre utilité, mais nous nous joignons à lui comme à notre finale félicité. Nous aimons ensemblement avec Dieu par cet amour, mais non pas nous préférant ou égalant à lui en cet amour ; l'amour de nous-mêmes est mêlé avec celui de Dieu, mais celui de Dieu surnage ; notre amour-propre y entre voirement, mais comme simple motif, et non comme fin principale ; notre intérêt y tient quelque lieu, mais Dieu y tient le rang principal[12].

« Notre amour-propre y entre voirement, mais comme simple motif, et non comme fin principale » pour l'auteur de l'*Explication des maximes des Saints*, l'amour d'espérance est mélangé d'intérêt propre et d'un commencement d'amour de Dieu, mais « le motif de notre propre intérêt est son motif principal et dominant[13] » : la proportion entre les deux diffère donc ; celle présentée par François de Sales fait l'objet par Fénelon du troisième amour, l'amour intéressé. Dans l'*Instruction Pastorale*, Fénelon justifie le point en établissant la distinction entre l'*acte* d'espérance qui, ne pouvant être vicieux, ne peut supposer un amour de soi premier et un *état* d'amour, celui d'espérance, dans lequel l'amour de soi est dominant.

La conséquence demeure importante : l'amour d'espérance pour François de Sales est possible aux forces humaines (un amour de Dieu au-dessus de l'amour de soi) même s'il s'agit d'une vertu qu'il qualifie

---

(des onze passions scolastiques) et de la vertu théologale. Ainsi : « la volonté change aussi de qualité selon l'amour qu'elle épouse ; s'il est charnel elle est charnelle ; spirituelle, s'il est spirituel ; et toutes les affections de désir, de joie, d'espérance, de crainte, de tristesse, comme enfants nés du mariage de l'amour avec la volonté, reçoivent aussi par conséquent leurs qualités de l'amour. » Livre I, ch. IV, *op. cit.*, p. 362-363.

11 On connaît la critique faite par Bossuet des propos de l'auteur des *Maximes*, et que reprend dom Mackey : « On lui accorde sans peine, avec le commun de l'École, que la charité est un amour de Dieu pour lui-même, indépendamment de la béatitude qu'on trouve en lui. On lui accorde, dis-je, sans difficulté cette définition de la charité, mais à deux conditions : l'une, que cette définition est celle de la charité qui se trouve dans tous les justes, et par conséquent n'appartient pas à un état particulier qui constitue la perfection du christianisme, et l'autre, que l'indépendance qu'on attribue à la charité, tant de la béatitude que des autres bienfaits de Dieu, loin de les exclure, fait au contraire dans la pratique un des motifs les plus pressants, quoique second et moins principal, de cette reine des vertus. » Introduction de dom Mackey, dans l'édition d'Annecy, tome IV, p. 30.

12 François de Sales, *Traité de l'Amour de Dieu*, livre II, ch. XVII, *op. cit.*, p. 460.

13 Fénelon, *Explication des Maximes des Saints*, *op. cit.*, p. 4.

de *théologique*, c'est-à-dire théologale, mais il ne suffira pas pour la vie éternelle parce qu'il n'est pas effectif, s'il n'est accompagné de la charité : il est alors au sens strict inefficace, surnaturel mais inefficace[14].

> Le salut est montré à la foi, il est préparé à l'espérance, mais il n'est donné qu'à la charité : la foi montre le chemin de la terre promise, comme une colonne de nuée et de feu, c'est-à-dire claire-obscure ; l'espérance nous nourrit de sa manne de suavité ; mais la charité nous y introduit, comme l'Arche de l'alliance[15].

Ce qui fait que l'amour d'espérance ne sauve pas n'est pas qu'il est le fruit d'une convoitise, fût-elle juste, mais qu'il ne pousse pas à l'accomplissement des commandements :

> Quoiqu'en vérité, nul, par ce seul amour, ne puisse ni observer les commandements de Dieu ni avoir la vie éternelle, parce que c'est un amour qui donne plus d'affection que d'effet, quand il n'est pas accompagné de la charité[16].

Pour François de Sales, seul l'amour de charité sauve parce qu'il comporte en lui l'efficace de la grâce ; il est, de fait, non un fruit des possibilités de l'homme mais de l'Esprit saint :

> Et partant, Théotime, ce n'est pas un amour que les forces de la nature ni humaine ni angélique puissent produire, ains *le Saint Esprit* le donne et *le répand dans nos cœurs* [...] la charité, qui donne la vie à nos cœurs, n'est pas extraite de nos cœurs, mais elle y est versée comme une céleste liqueur, par la providence surnaturelle de sa divine Majesté[17].

Cette distance entre l'espérance et la charité est donc une distance d'efficacité. En revanche, pour Fénelon, l'amour intéressé (qui correspond

---

14 Nous ne suivons pas dom Mackey quand il affirme : « Le Saint enseigne, il est vrai, que la seconde vertu théologale est imparfaite et insuffisante pour le salut, mais il entend parler de l'espérance qui précède la charité, et qui par conséquent n'est pas encore vivifiée par son influence. Que devient donc l'espérance lorsque la charité a été portée à son plus haut degré ? D'après Fénelon, elle est absorbée, anéantie. Et cette grave erreur, il prétend la tirer du *Traité de l'Amour de Dieu*, tandis qu'au contraire, tout cet ouvrage est pénétré de la conviction que l'espérance demeure toujours dans l'âme, inséparablement unie à la charité, jusqu'à ce qu'elle disparaisse dans la possession de l'éternelle béatitude. », Introduction donnée dans l'édition d'Annecy, tome IV, p. 30.

15 François de Sales, *Traité de l'Amour de Dieu*, livre I, ch. VI, *op. cit.*, p. 368.

16 François de Sales, *Traité de l'Amour de Dieu*, livre II, ch. XVII, *op. cit.*, p. 462.

17 François de Sales, *Traité de l'Amour de Dieu*, livre II, ch. XXII, *op. cit.*, p. 477.

à l'amour d'espérance pour François de Sales) est déjà un amour de charité dans lequel prévaut l'amour de Dieu sur l'amour de soi et c'est cette préférence qui est « capable de nous justifier[18] ».

Cependant, même s'il existe des différences au sein de la hiérarchie des amours entre les deux, il semble bien que la perspective soit la même et que ce soit un mauvais procès intenté à Fénelon que de lui reprocher des points qui peuvent apparaître comme des points de détails. Pour autant, faut-il refuser tout procès à Fénelon ? Ou encore, la contestation de son système ne porte-t-elle que sur des points de détails à l'intérieur d'une perspective identique, ou bien tente-t-il de remettre en cause un dessein général ?

UNE AUTRE PERSPECTIVE ?

De fait, il existe nombre de textes salésiens qui non seulement ne comportent pas cette perspective, mais semblent s'inscrire en faux contre elle : ce sont, d'après les détracteurs de Fénelon, certains livres du *Traité de l'Amour de Dieu* auxquels viennent s'ajouter plusieurs sermons. Ces derniers comportent sans doute les démentis les plus virulents à cette perspective de l'amour pur, en lutte contre l'intérêt propre, instaurant une méfiance envers les vertus, la progression intérieure, ou l'amour d'espérance.

Si l'on retient les premières citations qui donnent raison à la trajectoire fénelonienne vers l'amour pur, elles proviennent presqu'exclusivement des livres II et IX ; or, les trois prélats[19] trouvent des démentis dans les livres VII et X.

En effet, prenons le livre X dans lequel François de Sales énonce une échelle de degrés, au sein même de la charité ; c'est même fondamentalement celle-ci qui l'intéresse puisque son traité est une histoire de l'amour sacré. Il en mentionne quatre : deux au chapitre IV et deux au

18 Fénelon, *Explication des Maximes des Saints*, *op. cit.*, p. 6.

19 En 1694-1695, une commission de trois prélats dominée par Bossuet se réunit à Issy pour étudier la doctrine de Mme Guyon, composée de l'évêque de Meaux, de l'évêque de Chartres, et du cardinal de Noailles.

chapitre v ; au premier degré, « [...] les âmes l'aimant par-dessus toutes choses, [elles] ne laissent pas de s'amuser à plusieurs choses qu'elles n'aiment pas selon lui, ains outre lui, hors de lui et sans lui[20] » ; au second degré d'amour, l'âme est dépourvue des amours des choses dangereuses et superflues, mais l'âme qui l'éprouve aime encore avec superfluité et dangereusement ce qu'il convient cependant qu'elle aime ; le troisième degré est celui des âmes qui « n'aiment rien si ce n'est en Dieu, quoique toutefois elles aiment plusieurs choses avec Dieu, et Dieu avec plusieurs choses[21] » ; enfin le quatrième et suprême degré se définit ainsi :

> l'âme [qui] non seulement aime Dieu sur toutes choses et en toutes choses, mais n'aime que Dieu en toutes choses, de sorte qu'elle n'aime pas plusieurs choses, ains une seule chose, qui est Dieu[22].

Cette description peut semble relativement proche de l'amour pur fénelonien (en passant bien sûr par le quatrième degré bernardin), seulement l'accès à cet amour-là n'apparaît pas à la portée de l'homme en chemin. On peut l'énoncer mais la théologie vient rappeler que seule la Vierge a dû connaître un tel privilège :

> Au demeurant, il n'y eût, comme je pense, jamais créature mortelle qui aimât l'Époux céleste de ce seul amour si parfaitement pur, sinon la Vierge qui fut son Épouse et Mère tout ensemble[23].

et si d'autres créatures ont pu éprouver cet amour, cela n'a été que pendant une courte durée ; un tel amour, en revanche, sera le propre des bienheureux :

> Certes, là-haut au Ciel nous aurons un cœur tout libre de passions, une âme toute épurée de distractions, un esprit affranchi de contradictions [...]. Mais il ne faut pas prétendre à cet amour extrêmement parfait en cette vie mortelle[24].

---

20 François de Sales, *Traité de l'Amour de Dieu*, livre X, ch. IV, *op. cit.*, p. 821.

21 François de Sales, *Traité de l'Amour de Dieu*, livre X, ch. V, *op. cit.*, p. 823. « Pour moi, je parle, en ce *Traité*, de l'amour surnaturel que Dieu répand en nos cœurs par sa bonté, et duquel la résidence est en la suprême pointe de l'esprit... leur inclination les met autant en péril de se divertir de la pureté de l'amour sacré par le mélange des autres, comme elles ont de facilité à vouloir aimer Dieu : car le danger de mal aimer est attaché à la facilité d'aimer. », XII, ch. 1, *op. cit.*, p. 949-950.

22 François de Sales, *Traité de l'Amour de Dieu*, livre X, ch. V, *op. cit.*, p. 824.

23 François de Sales, *Traité de l'Amour de Dieu*, livre X, ch. V, *op. cit.*, p. 826.

24 François de Sales, *Traité de l'Amour de Dieu*, livre X, ch. II, *op. cit.*, p. 815.

Si le dernier degré de l'échelle existe, il n'est à la portée que des seuls bienheureux. En revanche, pour ceux qui cherchent à aimer Dieu sur terre, il affirme : « quant à la pratique de ces quatre différences d'amour on ne saurait guère vivre qu'on ne passe de l'un à l'autre[25] ».

Or, ces correctifs, que l'on trouve dans le *Traité*, donnent lieu à des mises au point encore plus catégoriques dans les *Sermons*. Si un amour de Dieu qui cherche son propre intérêt est une impiété, un amour de Dieu qui se veut pur ici-bas est une folie.

> Qui ne voit notre folie ? Car nous voulons ce qui ne se peut. La pureté ne se trouve qu'en Paradis le bien, le repos, la consolation y est en sa pureté, sans aucun mélange du trouble ni de l'affliction ; au contraire, en enfer, le mal, le désespoir, le trouble, l'inquiétude s'y trouve et y est en sa pureté, sans aucun mélange du bien, de l'espérance, de la tranquillité ni de la paix. Mais en cette vie périssable, jamais le bien ne s'y trouve sans la suite du mal, les richesses sans inquiétudes, le repos sans le travail, la consolation sans l'affliction, la santé sans la maladie bref. Tout y est mélangé, c'est une continuelle variété d'accidents divers[26].

D'une certaine manière, l'état de l'homme *viator* est un entre-deux qui exclut l'idée même de pureté. Si le premier garde-fou est la Vierge, le second sont les anges :

> Soyons grandement devots à nos bons Anges et à tous les Esprits angeliques, specialement au glorieux saint Michel… Imitons-les autant qu'il nous sera possible en leur resolution *cuite sous la cendre* de l'humilité et en leur stabilité au service de Dieu, en la pureté de l'amour divin et denuement de tout amour propre, en leur douceur, affabilité, charité et support du prochain[27].

Certes, il peut sembler logique que François de Sales tempère ses propos dans les sermons puisqu'il rappelle à maintes reprises que l'amour pur est le fait des âmes d'élite et non de l'ensemble du peuple chrétien, mais il nous semble, en outre, que dans l'optique salésienne la prise en compte de la théologie (la Vierge, les saints) constitue un frein à la théorie du pur amour. C'est une délimitation par le haut, si l'on peut dire.

---

25 François de Sales, *Traité de l'Amour de Dieu*, livre X, ch. v, *op. cit.*, p. 826.

26 François de Sales, « Prédication de Monseigneur pour l'octave des Innocents » (4 janvier 1618), *Sermons*, tome II, volume VIII, *op. cit.*, p. 140.

27 François de Sales, « Sermon de profession pour la fête de l'archange saint Michel » (29 septembre 1617), *Sermons*, tome III, vol. IX, *op. cit.*, p. 58.

UNE CONCEPTION DIFFÉRENTE DE LA CHARITÉ ?

Il y a plus important : la définition même de la charité diffère, et ici sans doute faut-il discerner deux traditions chez François de Sales. La première, qui guidera Fénelon, repose toute entière sur la distinction entre amour de bienveillance et amour de convoitise[28], qu'il mentionne dès le chapitre XIII du livre 1. Elle relève de ce que Pierre Rousselot appelait la tradition extatique, qui voit une opposition entre l'amour et le moi : pour que l'amour existe, le moi doit disparaître.

> La conception extatique est d'autant plus accusée au Moyen Âge qu'il prend plus de soin de couper toutes les attaches qui semblent unir l'amour d'autrui aux inclinations égoïstes : l'amour pour les tenants de cette école est d'autant plus parfait, d'autant plus amour qu'il met plus complètement le sujet hors de soi[29].

Cette tradition s'exacerbe chez Fénelon qui écrit :

> Dans ce dernier état, on ne perd jamais ni la crainte filiale ni l'espérance des enfants de Dieu quoique on perde tout motif intéressé de crainte et d'espérance[30].

Chez Fénelon, l'espérance doit être purifiée ; chez Sales, elle doit être dépassée. Si ce dernier affirme de son côté que l'espérance est un amour imparfait, il ne dit nulle part qu'il faille purifier cette vertu puisque le motif formel de la vertu d'espérance qui « espère pour moi » n'a pas être purifié : s'il disparaît, la vertu disparaît avec lui. De fait, l'espérance ne peut espérer structurellement que pour soi :

> Mais en l'espérance, l'amour est imparfait, parce qu'il ne tend pas à sa bonté infinie en tant qu'elle est telle en elle même, ains seulement en tant qu'elle

28 « Le mouvement de l'amour tend donc vers deux termes : vers le bien que l'on veut à quelqu'un – soi ou un autre – et vers celui à qui l'on veut ce bien. À l'égard du bien que l'on veut à un autre, il y a amour de convoitise ; à l'égard de celui à qui nous voulons du bien, il y a amour d'amitié », *Somme théologique*, I^{a} 2^{ae}, Q. 26, art. 4, Paris, éd. du Cerf, 4 tomes, 1984-1986.

29 Pierre Rousselot, *Le Problème de l'Amour au Moyen Âge*, Paris, Vrin, 1981, p. 3-4.

30 Fénelon, *Explication des Maximes des saints sur la vie intérieure*, *op. cit.*, p. 24.

> nous est telle : et néanmoins, parce qu'en cette sorte d'amour il n'y a point de plus excellent motif que celui qui provient de la considération du souverain bien, nous disons que par icelui nous aimons souverainement[31].

Même l'amour de convoitise, distingué dès le chapitre XIII du livre I de l'amour de bienveillance, n'est pas condamné : c'est lui qui sert de point d'appui à l'amour d'espérance, appelé alors « sainte convoitise » ; il s'inscrit lui-même dans la continuité de l'inclination naturelle poussant l'homme à aimer Dieu, ce qui correspond à une seconde perspective. Certes cette inclination naturelle, François de Sales n'a eu de cesse de le répéter, est inefficace sans la grâce mais non inutile puisqu'elle sert de prise (d'anse) à l'action divine. Pour François de Sales, l'amour de convoitise est structurel puisqu'il est désir de bien.

Or, c'est une autre tradition qui est ici reprise et qui correspond à la tradition de *l'amour physique* ou *amour naturel* du P. Rousselot, qui voyait une continuité entre l'amour de convoitise et l'amour d'amitié. De fait, la définition de l'amour est toujours liée à celle de l'inclination et il existe bien pour lui un amour naturel de Dieu, lequel précède tout autre amour :

> Amour de Dieu néanmoins qui précède tout amour de nous-mêmes, voire selon l'inclination naturelle de notre volonté, ainsi que j'ai déclaré au premier Livre[32].

C'est là, croyons-nous, que gît la véritable différence entre Fénelon et François de Sales ; pour ce dernier, il existe un amour naturel de Dieu qui, s'il se transforme sous l'action de la grâce, demeure fondamentalement le même. Ainsi, la continuité l'emporte sur la discontinuité : cette dimension d'inclination, liée à la tension et au désir, n'a pas à être éradiquée, comme Fénelon le suggère.

---

31 François de Sales, *Traité de l'Amour de Dieu*, livre II, ch. XVII, *op. cit.*, p. 462.

32 François de Sales, *Traité de l'Amour de Dieu*, livre X, ch. X, *op. cit.*, p. 841.

L'AMOUR NATUREL DE DIEU

Nous retrouvons alors les conclusions d'Arnauld, dans la *Dissertation Théologique sur le commandement d'aimer Dieu*. Dans ce court texte d'une soixantaine de pages, Antoine Arnauld entend, comme on sait, réfuter les thèses du jésuite Sirmond quant à ce premier commandement.

Les deux erreurs principales de Sirmond consisteraient, à ses yeux, en deux distinctions fallacieuses : faire le départ entre un amour *effectif*, objet d'un commandement de rigueur, et un amour *affectif*, objet d'un commandement de douceur. Le Père Sirmond appuierait entre autres ses dires sur différentes autorités, dont saint Bernard, le théologien du Val et Gerson, sans omettre François de Sales, quelquefois cité. Pour Arnauld, l'enjeu est de souligner que l'amour effectif, loin d'être un amour d'action sans intention ni affection, est un amour qui fait déjà partie de la charité surnaturelle. Dans le sermon L sur le *Cantique des cantiques*, saint Bernard avait distingué, en effet, charité actuelle et charité affective (l'une objet de commandement, l'autre objectif des saints) puis finalement détaillé trois affections :

> Mais il y a une affection que la chair produit, il y en a une que la raison règle, et il y en a une troisième que la sagesse assaisonne[33].

C'est la seconde pour Bernard qui s'identifie à la charité actuelle ; pour Arnauld, Sirmond commet l'erreur de l'identifier à la première :

> Je ne sais ce que c'est qu'une hérésie si ce n'en est pas une de prendre cette affection ou cette charité, dont parle ici saint Bernard, pour un amour naturel, comme le P. Sirmond veut qu'on le prenne. Car saint Bernard, établissant que c'est par cette charité seule que nous méritons, il s'ensuivrait selon le P. Sirmond, que nous mériterions la vie éternelle que par une charité naturelle, ce qui est expressément condamné par tous les conciles[34].

L'enjeu est bien la définition de la charité, divisée en deux par le jésuite : un amour effectif ou d'exécution et un amour affectif[35]. De

---

33 Saint Bernard, *Sermon L sur le Cantique des cantiques*, § 4, in *Œuvres mystiques*, éd. d'Albert Béguin, Seuil, 1953, p. 532.

34 Antoine Arnauld, *Dissertation théologique*, § 1, *op. cit.*, tome XXIX, p. 37-38.

35 Nous retrouvons la distinction sous la plume de François de Sales, mais il est clair qu'il s'agit de deux actes de la divine dilection, autrement dit, dans les deux cas, d'un amour

fait, Antoine Sirmond ne voit pas dans ce dernier l'extériorisation en actes d'un amour du cœur mais un amour sans intention ou affection, et introduit une différence essentielle entre les deux. Dès lors, si cet amour effectif suffit au salut, l'amour affectif étant l'apanage des parfaits, on peut conclure avec Arnauld que c'est un amour naturel qui ouvre les portes du ciel.

C'est le point de focalisation du débat qui ouvre deux interrogations fondamentales : d'une part, cet amour naturel est-il méritoire et suffit-il donc au salut ? D'autre part, cet amour naturel offre-t-il un fondement réel à l'amour surnaturel, lequel n'aura pas alors à se purifier d'un amour premier qui ne serait pas l'amour-propre ? Arnauld répond à la première question dans la *Dissertation théologique* et à la seconde dans les deux opuscules, prenant à chaque fois appui sur des citations de la *Somme théologique*.

Dans la *Dissertation théologique*, Arnauld résume les propos de Thomas en six principes : le dernier des principes énoncés étant qu'il n'y a pas d'amour de Dieu naturel dans l'état de la nature corrompue[36]. Et de citer la question 109 de la Ire partie de la IIe partie de la *Somme théologique* :

> L'homme, dans l'état de nature intègre, référait l'amour de soi à l'amour de Dieu comme à sa fin, et il en était de même de son amour pour toutes les autres choses. Ainsi aimait-il Dieu plus que lui-même et par-dessus tout. Mais, dans l'état de nature corrompue, l'homme en est incapable, car l'appétit de sa volonté rationnelle, en raison de la corruption de la nature, poursuit son bien privé, s'il n'est guéri par la grâce de Dieu[37].

Nous savons quel est l'objectif d'Arnauld dans cette querelle, souligner l'incapacité de l'homme à faire son salut sans la grâce et donc

---

surnaturel et non d'un amour naturel : « Cette divine dilection ne laisse pas d'avoir deux actes issus proprement et extraits d'elle-même ; dont l'un est l'amour effectif, qui, comme un autre Joseph, usant de la plénitude de l'autorité royale, soumet et range tout le peuple de nos facultés, puissances, passions et affections a la volonté de Dieu, afin qu'il soit aimé, obéi et servi sur toutes choses, rendant par ce moyen exécuté le grand commandement céleste : *Tu aimeras le Seigneur ton Dieu de tout ton cœur, de toute ton âme, de tout ton esprit, de toutes tes forces.* L'autre est l'amour affectif ou affectueux, qui, comme un petit Benjamin, est grandement délicat, tendre, agréable et aimable ; mais en cela plus heureux que Benjamin, que la charité, sa mère, ne meurt pas en le produisant, ains prend, ce semble, une nouvelle vie par la suavité qu'elle en ressent », *Traité de l'Amour de Dieu*, livre XI, ch. IV, *op. cit.*, p. 881.

36 Antoine Arnauld, *Dissertation théologique*, 16, *op. cit.*, tome XXIX, p. 54.

37 Thomas d'Aquin, *Somme théologique*, Ire partie de la IIe partie, q. 109, a. 3, *op. cit.*

réfuter toute tentative d'exaltation des vertus païennes ou d'un amour de Dieu possible sans la grâce.

Ce faisant, il rejoint les affirmations féneloniennes qui tendent, elles aussi, à souligner le fossé qui sépare un amour naturel de Dieu, issu de l'amour de soi, de l'amour pur de Dieu. Pourtant, le chemin parcouru diffère : pour Fénelon, ou j'aime mon bien en Dieu, ce qui est en effet, un *amour naturel* mais *amour de soi*[38], ou j'aime Dieu parce qu'il est Dieu sans penser à mon bien, ce qui en effet est *un amour de Dieu* mais *surnaturel*[39]. En revanche, pour Arnauld, la question n'est pas de savoir si l'amour affectif se construit sur les débris de l'amour-propre mais de maintenir qu'il est le fruit de la seule grâce.

Dans les deux *Écrits sur l'amour naturel de Dieu*, Arnauld s'appuyait sur d'autres citations de Thomas (celles de la question 60 de la Ire partie), posant clairement qu'un amour naturel de Dieu existe en tout homme :

> Puisque Dieu est le bien universel (bien par essence et cause de tous les autres), sous lequel est contenu l'ange, l'homme et toute créature, car *toute créature naturellement dans son être même est de Dieu*, il suit de là que l'ange et l'homme aiment naturellement Dieu en priorité et plus qu'eux-mêmes. Autrement si, par leur inclination naturelle primordiale, ils s'aimaient plus que Dieu, cette inclination naturelle serait *perverse*, et au lieu d'être perfectionnée, surélevée par la charité infuse, elle serait *détruite* par elle[40].

Cet amour naturel sert de fondement à l'amour surnaturel.

Arnauld alors a cherché à concilier la réponse à la question 109 de la deuxième partie et ces affirmations contenues dans la question 60 de la première partie. La distinction qui fait sens chez Thomas est celle qui sépare l'amour *naturel* de l'amour *électif* ; or, le premier ne signifie pas un amour de Dieu qui serait accessible aux seules forces de la nature comme le comprend et le formule Jean-Pierre Camus[41], mais un amour qui n'est ni libre ni moral, qui s'identifie au désir naturel de bonheur :

38 « Il ne nie pas la possibilité ni même la valeur d'un amour de soi sublimé par la présence de l'idée de Dieu ; il déclare simplement que ce n'est pas, à parler exactement, l'amour de Dieu. » Henri Gouhier, *Fénelon Philosophe*, Paris, Vrin, 1977, p. 119.

39 *cf. Ibid.*, p. 118-119.

40 Thomas d'Aquin, *Somme théologique*, Ire partie, q. 60, a. 5, *op. cit.*

41 Jean-Pierre Camus, *De la Défense de l'Amour pur*, chez Gervais Alliot, 1640, « amour naturel et amour surnaturel », p. 8.

> Thomas n'entend autre chose par cet amour naturel de Dieu que l'inclination naturelle et nécessaire qu'ont toutes les créatures intellectuelles de tendre au souverain bien, qui est le bien universel, le bien parfait, le bien commun, auquel il ne manque rien pour satisfaire tous ses désirs[42].

Cet amour de Dieu qui n'est pas amour de *Dieu connu distinctement comme Dieu* mais amour de *Dieu en tant qu'il est le bien parfait et universel*, ne devient moral que lorsque l'homme, *via* l'amour électif, l'applique à un objet déterminé, application qui ne peut se faire sans la grâce.

Dès lors la distance qui sépare chez Thomas *l'amour de charité* ou *amour électif* de *l'amour naturel* ou *appétit du bien* est une distance d'application à un objet déterminé, non une distance d'opposition entre deux principes contraires. On comprend dès lors pourquoi Thomas refuse de nommer l'espérance un amour mercenaire :

> On appelle acte mercenaire celui qui est fait pour une récompense, mais non celui qui porte sur une récompense. Bien que l'acte de l'espérance consiste à attendre la béatitude, qui est une récompense, il ne l'attend cependant pas en raison de la récompense elle-même, mais par l'inclination de l'habitus, comme cela se produit dans les autres vertus[43].

Il n'y a plus dès lors à se demander si l'amour pur doit sacrifier le désir de notre béatitude personnelle, car ce désir, tel qu'il existe à l'état initial dans l'essence même de l'inclination primordiale de notre nature, n'est pas désordonné, mais au contraire subordonné essentiellement à l'amour de Dieu[44]. Dès lors, l'amour naturel de Dieu, fût-ce en l'état de tension naturelle, empêche de s'orienter vers une problématique

42 Antoine Arnauld, *Premier Écrit sur l'Amour naturel de Dieu*, *op. cit.*, p. 679-680.

43 Thomas d'Aquin, IIIe livre des *Sentences*, dist. 26, q. 2, a. 1 ; *cf.* Bonaventure : « Quand on dit que la charité n'agit pas en vue de la récompense, cela s'entend de la récompense créée, car pour ce qui est de la récompense incréée, ce n'est pas vrai vu que plus la charité est grande, plus elle désire être unie à Dieu et avoir Dieu. » saint Bonaventure, IIIe livre des *Sentences*, dist. 26, a.1, q. 1, ad. 5 ; on peut rapprocher cette citation de l'affirmation encore plus synthétique de Thomas d'Aquin : « Si par impossible Dieu n'était pas mon bien, je ne pourrais pas l'aimer », *Somme théologique*, IIe partie de la IIe partie, q. 16, a. 13, *op. cit.*

44 C'est ce qui fait dire à Jean Orcibal après Jean Laporte, qu'« Arnauld n'a jamais insisté sur l'identification de la cupidité à l'amour propre et les considérations que dans la dernière partie de sa vie il emprunte à saint Thomas touchant l'amour naturel de Dieu, fond de la volonté humaine… le mettent dans une position particulièrement favorable pour combattre l'Amour Pur », *Les Vérités de la grâce, Antoine Arnauld*, Paris, 1923, t. II, 1, p. 69, cité par Jean Orcibal, « La Spiritualité de dom Gabriel Gerberon, champion

du pur amour puisque la dimension de désir n'est pas du ressort de l'amour-propre ou de l'intérêt.

Or, c'est bien cette inclination première de la nature qui fonde chez Sales également un amour naturel de Dieu, lequel apparaît cependant moins physique et plus conscient que chez Thomas :

> Et n'est pas possible qu'un homme pensant attentivement en Dieu, voire même par le seul discours naturel, ne ressente un certain élan d'amour que la secrète inclination de notre nature suscite au fond du cœur[45].

François de Sales reste bien, de ce point de vue, fidèle à la perspective de Thomas d'Aquin.

Concluons. Les deux questions qui nous paraissaient distinctes au début participent ainsi du même enjeu : l'amour pur est en effet inconciliable avec une théorie de l'amour naturel. Soit cet amour naturel n'existe pas ou n'existe que sous la forme d'un amour propre ou d'un désir inquiet de salut et en ce cas il doit être purifié ; c'est bien ce qu'affirme Fénelon à Bossuet :

> Que la mercenarité ou propriété d'intérêt soit un péché ou non, il n'en est pas moins vrai de dire, après tant de saints anciens et nouveaux, qu'il y a dans les justes imparfaits une mercenarité ou propriété ou désir naturel et inquiet sur le salut, qu'il faut retrancher dans les parfaits. Voilà tout l'essentiel de mon système[46].

Soit cet amour naturel existe, pratiquement conscient et donc libre (c'est le cas de Sales) ou totalement indélibéré et amoral (c'est le cas de Thomas), et dès lors, l'amour surnaturel ou amour électif ou amour de charité va venir concrétiser cette tension première vers le bien, en lui donnant l'objet de Dieu en tant que Dieu. Si la grâce ici dépasse bien la nature, celle-ci demeure sous l'impulsion de la seconde.

C'est bien une perspective anthropologique qui permet de discerner entre les tenants de l'amour pur et les tenants de l'amour naturel de Dieu : pour les uns, l'amour de Dieu vainc une opposition foncière – celle de l'amour de soi ; pour les autres, l'amour de Dieu épouse et oriente

---

de Jansénius et de Fénelon », *Revue d'histoire de l'Église de France*, t. 43, nº 140, 1957, p. 219.

45 François de Sales, *Traité de l'Amour de Dieu*, livre I, ch. XVI, *op. cit.*, p. 399.

46 Fénelon, IIe lettre, in *Œuvres*, Paris, 1835, tome II, p. 56.

un dynamisme déjà existant. De ce point de vue, la frontière passe bien entre Fénelon d'un côté et François de Sales et Arnauld de l'autre.

Hélène MICHON
Université de Tours
Centre d'Études de la Renaissance
(UMR 7323)

LE(S) PLAISIR(S) : FÉNELON ET PORT-ROYAL

Il est fréquent de trouver, y compris sous la plume des commentateurs les plus sérieux, l'affirmation selon laquelle Fénelon aurait été un ennemi du plaisir. Cela semble, en effet, tout d'abord une évidence s'agissant de l'auteur du « pur amour », de celui qui, au prix de sa réputation, de sa tranquillité et de sa carrière, a formulé à la suite de François de Sales, la célèbre « supposition impossible » selon laquelle l'amour pour Dieu, parvenu au degré le plus élevé du désintéressement, demeurerait inexorable dans le cœur de la créature, quand bien même celle-ci devait perdre l'espoir de la béatitude et accepter la perspective d'une damnation éternelle. Dès lors, rien ne semblait plus simple que de voir en lui l'ennemi de cette félicité, nécessairement associée au plaisir – fût-il chaste et pur. Pour éviter ce jugement, Fénelon devait donc renoncer à son « système » ; en s'y refusant, il prouvait qu'il était l'ennemi du plaisir.

En outre, nombreux sont les textes du prélat insistant sur la douleur, la sécheresse, liées à l'épreuve de désappropriation du moi que l'on peut interpréter comme des signes d'une amorce de grâce. Tous ces indices, convergeant vers une glorification du martyr de la créature, accréditeraient l'idée d'un Fénelon défenseur d'un dolorisme si extrême, que voir en lui l'ennemi du plaisir serait presque un euphémisme.

Nous voudrions montrer que cette lecture, séduisante, est néanmoins fallacieuse. Car ce n'est pas le plaisir que condamne Fénelon, mais seulement le plaisir prévenant par lequel agirait la grâce pour attirer au bien la volonté – position associée au jansénisme. Mais dans le même temps, l'idée d'un plaisir prévenant n'est nullement rejetée en tant que telle : le recours au plaisir comme moyen de séduction dans l'éducation de l'enfant rapproche Fénelon de Port-Royal. Et de même, dans les théories adverses – au premier chef celle de Port-Royal, mais aussi celle de Malebranche – Fénelon prélève des « cellules », qu'on pourrait qualifier de « saines » et qui servent à nourrir sa propre conception de la grâce, du statut de l'homme et de sa volonté, mais aussi naturellement du plaisir – ou plutôt comme notre titre l'indique, *des* plaisirs, tant les différenciations, au sein d'une même catégorie, importent.

Au cours des dernières décennies, de nombreux travaux ont porté sur ces questions, certes majeures au XVIIe siècle, dans le contexte théologico-philosophique de l'époque, mais devenues presque des lieux communs de la critique universitaire. Notre brève étude ne prétend pas bouleverser les conclusions déjà émises sur ces questions, mais modestement mettre en lumière les difficultés, les tensions, parfois les retours – on dirait en peinture les repentirs – de la pensée fénelonienne, en même temps que les points de contact entre ces différents auteurs, certes radicalement singuliers les uns vis-à-vis des autres, mais souvent moins étrangers les uns aux autres qu'ils ne le prétendent.

Pour ce faire, nous commencerons par examiner l'état de la dernière position de Fénelon sur la question du plaisir dans l'économie de la grâce, puisque c'est à l'occasion de cet exposé sur l'action de la grâce qu'il est amené à formuler de la façon la plus aboutie, la plus précise, et la plus originale, les caractéristiques de ce plaisir particulier : le plaisir « délibéré ». Bien des points de notre présentation sont connus ; nous n'en rappellerons donc que l'essentiel, avant de réfléchir à la façon d'interpréter cette forme particulière de plaisir, eu égard notamment à la position de Port-Royal. Les textes qui nous serviront d'appui sont, pour l'essentiel, issus de la correspondance que Fénelon échange avec le bénédictin François Lami dans la première décennie du XVIIIe siècle, mais aussi de l'*Instruction pastorale en forme de dialogues sur le système de Jansénius*, qui comporte deux éditions, l'une datant de 1714, et l'autre, inachevée, de 1715, ouvrage qu'on peut considérer comme son testament théologique, autant que philosophique et anthropologique.

Dans ces textes, Fénelon énonce une thèse qui repose sur un principe très simple : si la volonté est guidée par le plaisir, l'homme, qui en principe se définit par une volonté comprise comme un absolu, est alors mû par le plaisir : il n'est donc plus tout à fait un homme mais une chose ou un corps physique, un phénomène dont l'action est toujours conditionnée par celles des autres corps, l'ensemble de ces actions formant une chaîne naturelle, elle-même soumise à des lois. Et quoique dans le cas de l'homme mû par le plaisir on parlerait de nécessité morale, et non de nécessité physique, cela n'y changerait rien puisqu'on aurait affaire dans les deux cas à une causalité invincible : par conséquent « subtiliser » sur cette prétendue différence n'est, pour Fénelon, qu'un sophisme.

On remarquera que c'est une certaine idée de l'homme qui oriente la conception fénelonienne de la grâce et du rôle que tient dans cette économie le plaisir. Une idée que Fénelon puise d'abord chez saint Augustin, qui accorde une dignité à la créature pensante, en formulant une version archaïque du *cogito*, mais plus certainement chez Descartes, où l'homme est décrit comme un être qui pense et qui veut. Et c'est probablement cette idée d'une souveraineté en l'homme de la volonté qui permet à Fénelon de défendre une conception plus adoucie – par rapport à celle de Port-Royal – du péché originel et des conséquences de celui-ci sur l'usage des facultés[1].

Si Fénelon insiste le plus souvent sur la valeur de la raison – qui n'est pas, précisons-le, la ratiocination, elle, un défaut –, il soutient aussi que le péché originel n'a pas supprimé la flexibilité *réelle* de la volonté au bien ou au mal – quoiqu'il en ait rendu l'exercice plus difficile, à cause de la tentation du mal. Autrement dit, le choix du bien n'est jamais seulement *formellement* possible pour l'homme, mais il peut être réel – Fénelon y revient à propos de l'amitié désintéressée[2] – même s'il reconnaît, pour écarter le soupçon de semi-pélagianisme, que ce choix, en dehors du secours apporté par la grâce, n'est jamais absolument pur dans ses intentions.

C'est donc la grâce qui va rétablir cette *pleine* flexibilité du libre arbitre ; et c'est la volonté, réparée par la grâce, qui se déterminera ensuite, plus facilement mais toujours librement, ayant encore la possibilité de se déterminer au mal, puisque la créature n'est alors qu'*appelée*, non *élue*, qu'elle reste une simple créature, avec en elle la négativité, le manque d'être qui la caractérise.

1 « Je veux, écrit-il à François Lami, que la liberté pour le bien [...] ne soit que diminuée, sans être entièrement perdue. Je veux que ce soit le secours de la grâce qui sauve ce reste de liberté. » *Lettres au P. Lami, bénédictin, sur la grâce et la prédestination*, 3e lettre, dans *Œuvres complètes*, édition J.-E. Gosselin, t. II, Paris, Besançon, Gauthier Frères et Cie, 1830, p. 208 [dorénavant cité *OC*].

2 Voir notamment dans les *Œuvres spirituelles*, l'opuscule XXIII, « Sur le pur amour », dans *Œuvres*, éd. J. Le Brun, t. I, Paris, Gallimard « Bibliothèque de la Pléiade », 1983, p. 664 *sq.* [dorénavant cité *OF*].

C'est au nom de cette thèse que Fénelon accuse les jansénistes de soutenir l'idée selon laquelle la grâce exerce une force, une pression, l'équivalent d'un « charme », selon le mot de Pascal dans le deuxième des *Écrits sur la grâce*, qui attire la volonté au bien par une délectation prévenante. Or la volonté ainsi prévenue n'agit pas de son propre chef, à moins qu'on dise d'une main, qui appuie sur la gâchette d'une arme, qu'elle est l'auteur du coup mortel.

Néanmoins, que le choix du bien – c'est-à-dire avant tout de Dieu comme le seul objet digne d'amour – puisse ne s'accompagner d'aucune délectation semble peu probable : Fénelon l'admet comme une évidence, tout en maintenant que cette délectation n'est que consécutive au choix du bien, qu'elle ne saurait être, par conséquent, cause de ce choix. La question de l'antécédent et du conséquent est, on le voit, essentielle dans l'argumentation fénelonienne : si l'on peut dire que Fénelon refuse le plaisir, c'est seulement comme moyen qu'utiliserait Dieu pour attirer la volonté. Car ce moyen, précise-t-il, serait à la fois indigne de Dieu et de l'homme.

> [...] si vous soutenez que le plaisir indélibéré est la cause réelle de notre vouloir [...] vous détruisez tout ensemble et le pouvoir de Dieu, et la liberté de l'homme. 1° Vous détruisez le pouvoir de Dieu. Eh ! qu'y a-t-il de plus indigne de lui, que de supposer qu'il faut qu'il ait recours à un sentiment indélibéré pour venir à bout de faire ce qu'il ne pourrait lui-même, ni en éclairant, ni en fortifiant une âme ? Ne peut-il tenir l'homme que par le plaisir ? Ne saurait-il ni le persuader en éclairant sa raison, ni le porter au bien en fortifiant sa volonté contre le mal[3] ?

Si la délectation apparaît bel et bien dans le processus de réparation de la volonté qu'instaure la grâce, c'est seulement comme accompagnement, ou indice du bon choix : la volonté humaine, ayant recouvré la pleine flexibilité au bien et au mal, peut alors choisir plus facilement le bien, et ce choix lui est naturellement délectable, quoiqu'elle ne choisisse pas le bien en vue de cette délectation.

Quelles sont, dès lors, les caractéristiques de cette délectation ? Celle-ci est, on le voit, tout d'abord « volontaire », autrement dit *de* la volonté. La volonté n'est plus poussée par une délectation qui la surprend, elle se porte *d'elle-même* vers le bien, cette délectation est donc la sienne propre :

---

3 À Lami, Lettre première, *OC*, t. II, p. 162.

ce pourquoi Fénelon l'appelle « délibérée », dans l'une des lettres écrites à François Lami[4], où il précise cette notion – précisions qui seront reprises comme des acquis conceptuels dans l'*Instruction pastorale [...] sur le système de Jansénius*.

Cette délectation délibérée n'est pas donc pas un effet de la grâce : la grâce se contente de réparer la volonté, qui agit ensuite, certes soutenue et encouragée, mais non sous l'effet d'un charme infaillible, *victorieux* ou *efficace*. Ces qualificatifs, que l'on trouve sous la plume de Pascal, sont farouchement rejetés par Fénelon car ils accusent l'impuissance de l'homme et sa réduction à l'état de chose. La grâce, telle que Fénelon l'entend, n'est assurément pas *efficace* au sens où l'attrait dont elle se servirait serait comme une drogue puissante. Absolument parlant l'homme reste susceptible d'orienter son libre arbitre dans la mauvaise direction, ce qui disqualifie radicalement l'idée d'une grâce toute-puissante fondée sur le recours à un plaisir prévenant.

Aussi Fénelon paraît-il retirer au pouvoir de la grâce ce qu'il offre à la créature, en voulant qu'elle agisse de concert avec Dieu. La thèse, certes, est avantageuse pour l'homme ; elle n'en rapproche pas moins Fénelon de l'hérésie pélagienne – un danger qu'il anticipe dans l'*Instruction pastorale [...] sur le système de Jansénius*, en défendant une position proche de celle des congruistes[5], qui le met à l'abri d'un tel soupçon et lui permet

4 *Ibid.*, p. 158 *sq.*

5 À l'encontre de son adversaire janséniste, Fremont, il précise : « J'admets [...] avec saint Augustin, une grâce qui rend la volonté invincible à la tentation, et non une grâce invincible à la volonté. J'admets, avec saint Augustin, une grâce qui *donne* à la volonté *des forces très-efficaces* pour la vertu contre le vice. Mais je ne puis admettre, avec Luther, Calvin et Jansénius, une grâce à laquelle la volonté ne puisse refuser son consentement par la disproportion de forces, qui rend actuellement ce refus impossible à la volonté. » Et plus loin : « Les écoles [...] qui n'admettent qu'une grâce congrue, ne manqueront pas de remarquer que le saint docteur [Augustin], qui parle d'une *puissance* et d'une *vocation très-efficace* [à propos de saint Paul], n'a jamais dit un seul mot d'une grâce *efficace par elle-même*, c'est-à-dire nécessitante, par la nécessité où la volonté se trouverait de céder à un attrait plus fort qu'elle. Au contraire, vous diront les Congruistes, saint Augustin ne suppose la grâce *très-efficace*, qu'en ce quelle donne *des forces* TRÈS-EFFICACES pour pouvoir, si elle le veut, vaincre la tentation [...]. Ainsi cette efficacité, diront les Congruistes, est donnée, non à la grâce sur la volonté, mais à la volonté sur la tentation, afin que la volonté fasse *très-efficacement* le bien. Pour moi, je ne prends nullement ici le parti de cette école des Congruistes, et je vous déclare que je m'accommoderai de toute grâce efficace par elle-même, pourvu qu'elle ne soit point nécessitante par une supériorité de force, qui rendrait la volonté trop faible pour pouvoir lui refuser son consentement », *Instruction pastorale [...] sur le système de Jansénius*, dans *OC*, t. V, p. 236-237.

de continuer à défendre l'idée de prédestination divine, à laquelle il est impossible de renoncer sans mettre en péril l'idée de toute-puissance divine. Si l'homme pouvait agir d'une façon non seulement *contingente* – ce qui est le cas, sa décision n'étant pas nécessaire –, mais entièrement *imprévisible*, Dieu serait alors surpris dans sa prédestination – position impossible et aberrante. C'est pourquoi, dès que la volonté a recouvré ses pleins moyens, la norme de son action implique qu'elle opte pour ce qui lui convient le mieux : le bien suprême. Ce n'est donc pas une force qui pousse la volonté, mais c'est elle qui agit selon un rapport naturel de *convenance*. La solution que propose Fénelon pourrait s'apparenter à l'harmonie préétablie leibnizienne où les volontés de l'homme rejoignent les desseins de Dieu sans que ces derniers n'écrasent pour ainsi dire les autres. En conséquence, le plaisir éprouvé par la créature libre, qui veut comme Dieu veut, adviendra – quoique non nécessairement[6].

Du côté janséniste, tel du moins qu'il apparaît dans l'exposé présenté par Fénelon dans l'*Instruction pastorale [...] sur le système de Jansénius* – qui est, notons-le, fidèle dans ses grandes lignes –, la flexibilité du libre arbitre est elle aussi demeurée intacte après le péché, au sens où l'homme peut se tourner vers le mal comme vers le bien ; mais dans les faits il ne veut jamais se tourner vers le bien, parce qu'une délectation au mal l'attire toujours davantage. L'opération de la grâce va inverser le rapport de force, en rendant le bien plus délectable que le mal, et en permettant à la volonté cette volte-face, que sans cela elle n'opérerait jamais. Les métaphores mécanistes ne manquent ni dans le texte de Pascal ni dans ceux d'Augustin, avec les exemples de la chaîne de fer, des noix, du rameau vert, qui tous soulignent l'idée d'une irrésistible attirance[7]. Fénelon se demande toutefois à quoi correspond cette flexibilité, puisque avant l'intervention de la grâce, elle n'est que formelle – c'est donc une

6 « D'un côté, la foi enseigne que la volonté, sous l'actuelle impression de la plus forte grâce, est encore actuellement indifférente d'une indifférence active ; en sorte qu'il n'y aurait aucune contradiction dans la chose qu'elle dissentît. D'un autre côté, Dieu sans lui ôter ce prochain pouvoir, et cette pleine liberté de dissentir, sait si bien proportionner ses invitations intérieures et ses secours, qu'il assure de son vouloir : *Ita suadetur, ut persadeatur*. La certitude n'est point fondée sur la causalité nécessaire d'une cause que Dieu applique sur la volonté, mais seulement sur l'effet que Dieu voit présent, quoiqu'il ne soit que futur pour nous », *Lettre sur la grâce et la prédestination*, *OC*, II, p. 167.

7 Voir en particulier *Écrits sur la grâce*, Lettre VI, ainsi que le recueil d'*excerpta* de saint Augustin qui accompagne ces écrits dans *Œuvres complètes*, éd. J. Mesnard, t. II, Paris, Desclée de Brouwer, 1991.

flexibilité de principe, que l'homme n'exerce jamais en raison de son attrait pour le mal –, tandis qu'après l'intervention de la grâce, elle est tout aussi formelle, ne s'exerçant qu'en direction du bien, l'attrait ayant comme changé de bord. En définitive, l'homme n'est jamais en état d'exercer vraiment ce libre arbitre. C'est cette nécessité qui choque Fénelon, même si elle est supposée être *relative* et non *infaillible* – la nuance devant opposer Calvin et Jansénius. Car ces qualificatifs lui semblent parfaitement artificieux : « nécessaire » étant simplement le contraire de libre.

Fénelon accuse ici les disciples de Jansénius d'une lecture fautive de saint Augustin, quoique lui-même, bien que prenant pour point de départ de sa réflexion des notions et des problèmes augustiniens, leur confère un contenu cartésien, en affirmant que la volonté, même sous l'effet de la grâce, conserve un plein pouvoir d'élection, lequel est lié à une indifférence fondamentale. La liberté, selon Descartes, est en effet indifférence au sens positif d'un pouvoir de se déterminer par soi, même en présence de l'évidence – ou de la grâce[8], et c'est sur point que s'opère l'écart avec saint Augustin. Car là où saint Augustin établit une distinction, et une hiérarchie, entre *libre arbitre* et *liberté*[9] – cette dernière étant l'accomplissement du premier, lequel agit en vue de cette fin comprise comme libération de l'homme à l'égard du péché –, Fénelon voit, au contraire, dans le libre arbitre l'essence même de la liberté, comme si la béatitude de l'homme ayant rejoint son vrai bien ne pouvait être telle qu'à reposer sur l'usage absolu de son arbitre.

Force est donc de constater que ce n'est pas tant d'Augustin que Fénelon est proche mais plutôt des conclusions du décret *De iustificatione*, pris lors de la 6e session du concile de Trente le 13 janvier 1547 : « Si quelqu'un dit que le libre arbitre mû et excité de Dieu, en donnant son consentement à Dieu, qui l'excite et qui l'appelle, ne coopère en rien à se préparer et à se mettre en l'état d'obtenir la grâce de la justification, et qu'il ne peut refuser son consentement, s'il le veut, mais qu'il est comme quelque chose d'inanimé, sans rien faire, et purement

8 À Mesland, 2 mai 1644, dans *Œuvres de Descartes*, éd. C. Adam et P. Tannery, Paris, Vrin, 1996, tome IV, p. 115 [dorénavant cité AT suivi du tome et de la page]. Voir J.-M. Beyssade, *La Philosophie première de Descartes*, Paris, Flammarion, 1979, p. 195.

9 Nous renvoyons pour les références à saint Augustin à É. Gilson, *Introduction à l'étude de saint Augustin*, Paris, Vrin, 3e éd., 1969, p. 212.

passif : qu'il soit anathème[10]. » Mais il suit dans le même temps les conclusions cartésiennes, en particulier celles de la lettre à Mesland du 9 février 1645. Dans cette lettre, Descartes établit une distinction entre deux façons d'interpréter l'indifférence de la volonté – « indifférence » qui pourrait correspondre à cette neutralité du libre arbitre, qualité capitale pour Fénelon qui atteste le caractère d'indétermination du vouloir, donc son intangibilité. Il y a, dit-il tout d'abord, une signification négative qui est attachée à cette idée d'indifférence : lorsque la volonté est comme paralysée, incapable de choisir entre deux partis, et qu'elle opte à l'aveugle, c'est là « le plus bas degré de la liberté ». Mais l'indifférence peut se comprendre en un autre sens, comme « une faculté positive de se déterminer pour l'un ou l'autre des deux contraires. » Et, ajoute Descartes, cette faculté positive est inhérente à tous les actes de la volonté, à ceux qui témoignent d'une indécision comme à « tous les autres », c'est-à-dire à ceux qui s'accompagnent de raisons évidentes. Car dans ces cas-là, « bien que moralement parlant, nous ne puissions guère aller à l'opposé, absolument parlant [...], nous le pourrions[11] ». Si bien, conclut Descartes, qu'« il nous est toujours possible de nous retenir de poursuivre un bien clairement connu ou d'admettre une vérité évidente, pourvu que nous pensions que c'est un bien d'affirmer par là notre libre arbitre », autrement dit « de suivre le pire encore que nous connaissions le meilleur[12] » – sans doute faut-il voir là, chez Descartes comme chez Fénelon, un écho de la conception scotiste de la volonté comme réalité ultime, y compris face aux raisons de l'entendement, qui a pour conséquence que ce n'est pas la connaissance qui détermine la volonté mais l'inverse[13].

10 Cité par S. De Franceschi, « Fénelon et la notion thomiste de prémotion physique. Le thomisme moderne au tribunal du molinisme », *Revue de l'histoire des religions*, n° 228, 1/2011, p. 38.

11 Voir le commentaire que propose H. Bouchilloux de cette lettre dans *La Question de la liberté chez Descartes. Libre arbitre, liberté et indifférence*, Paris, Honoré Champion, 2003, p. 136 *sq.*

12 À Mesland, 9 février 1645, dans AT IV, 174.

13 Voir notamment l'*Opus Oxoniense*, Livre IV, Question subsidiaire, d. 49. Scot entend à la fois définir la volonté dans une indépendance absolue et ne pas la réduire à un caprice ; nous renvoyons sur ce point et son rapport à la question de l'amour de Dieu à Chr. Cervellon, « La liberté chez Duns Scot », *Le Philosophoire*, Paris, Vrin, 2002/1, n° 16, p. 208 : « La volonté est ainsi "conduite", par *l'affectio justiciae*, à aimer Dieu pour lui-même, c'est-à-dire à l'aimer librement d'amour d'amitié (*amor amicitiae*). Si la volonté ne saurait être nécessitée par rien, elle est moralement appelée à vouloir selon la plus juste des rectitudes. »

Or c'est précisément la conclusion que retiendra Fénelon en maintenant cet absolu de la liberté qui réside dans l'usage du libre arbitre, et en rejetant l'idée de toute grâce prévenante :

> En disant que je suis libre, je dis donc que mon vouloir est pleinement en ma puissance, et que Dieu même me le laisse pour le tourner où je voudrai ; que je ne suis point déterminé comme les autres êtres, et que je me détermine moi-même. Je conçois que si ce premier être me prévient pour m'inspirer une bonne volonté, je demeure le maître de rejeter son actuelle inspiration, quelque forte qu'elle soit, de la frustrer de son effet, et de lui refuser mon consentement. [...]. Les objets peuvent me solliciter, par tout ce qu'ils ont d'agréable, à les vouloir. Les raisons de vouloir peuvent se présenter à moi avec ce qu'elles ont de plus vif et de plus touchant. Le premier être peut aussi m'attirer par ses plus persuasives inspirations. Mais enfin, dans cet attrait actuel des objets, des raisons, et même de l'inspiration d'un être supérieur, je demeure encore maître de la volonté pour vouloir, ou ne vouloir pas.
>
> C'est cette exemption non seulement de toute contrainte, mais encore de toute nécessité, et cet empire sur mes propres actes, qui fait que je suis inexcusable quand je veux le mal, et que je suis louable quand je veux le bien. Voilà le fonds du mérite et du démérite[14].

En outre, à travers cette défense de la volonté libre, Fénelon semble emprunter à Descartes le concept de générosité, ainsi définie dans le traité des *Passions de l'âme* :

> La vraie générosité, qui fait qu'un homme s'estime au plus haut point qu'il se peut légitimement estimer, consiste seulement partie en ce qu'il connaît qu'il n'y a rien qui véritablement lui appartienne que cette libre disposition de ses volontés [...], et partie en ce qu'il sent en soi-même une ferme et constante résolution d'en bien user, c'est-à-dire de ne manquer jamais de volonté pour entreprendre et exécuter toutes les choses qu'il jugera les meilleures[15].

La grâce chez Fénelon restitue la volonté dans son caractère proprement volontaire, lui attribuant ainsi une forme de générosité. Le plaisir volontaire serait donc ainsi un plaisir de « générosité ».

---

14 *Démonstration de l'existence de Dieu*, I, *L'Art de la nature*, II, dans *OF*, t. II, p. 572. Ce cartésianisme de Fénelon explique l'entreprise d'un auteur comme Lichtscheid, consistant à relire la doctrine fénelonienne du pur amour à la lumière de la philosophie du cartésien Geulincx, voir J. Le Brun, « Échos en pays germaniques de la querelle du pur amour », dans *Jansenismus, Quietismus, Pietismus*, Göttingen, Vandenhoeck & Ruprecht, 2002, p. 76-91.

15 *Passions de l'âme*, art. 153, dans AT XI, 446.

Dernier point : Fénelon interprète de façon radicale l'opposition augustinienne entre *Uti* et *Frui*[16], « user » et « jouir », qui lui sert à distinguer amour mercenaire et amour pur. Or l'amour pur auquel la grâce permet d'accéder doit être sans aucun mélange d'intérêt – ce qu'une prévention de la volonté, par l'effet d'une délectation, empêcherait définitivement[17]. Car l'unique motif d'aimer Dieu ne peut être que Dieu lui-même : c'est même ce seul *motif* qui rend légitime l'amour, et qui empêche que la religion ne soit détruite[18]. Au contraire, aimer Dieu parce qu'il est notre bien serait transformer l'accident (le caractère bienfaisant de Dieu) en nécessité, le don en dû. Dans l'acte simple de charité, c'est donc vraiment Dieu qu'on aime, quoiqu'il faille toujours d'ailleurs, par les actes d'espérance, désirer Dieu comme notre souverain bonheur[19] : mais il faut alors préciser que ce n'est plus l'espérance qui nourrit la charité, mais tout au contraire la charité qui nourrit l'espérance[20].

Parvenus à ce point, avons-nous définitivement perdu l'attrait de l'amour – comme on serait tenté de le croire ? Cet amour nu, cette charité sans consolation, sont-ils l'indice de cette perte ? Les précisions apportées par Fénelon contre les objections de Bossuet permettent de répondre sans équivoque :

---

16 De nombreux textes de saint Augustin abordent cette distinction. Voir notamment la « Question 30 » des *Diversis Quæstionibus*, dans les *Mélanges doctrinaux*, *Œuvres de saint Augustin*, « Bibliothèque augustinienne », t. X, introduction, trad. et notes G. Bardy, J.-A. Beckaert, J. Boutet, Paris, Desclée de Brouwer, 1952, p. 83 *sq.*, également *La Cité de Dieu*, VIII, 8 et XI, 25, le *De Trinitate*, X, 11, 17. Voir également J. Le Brun, « *Frui/uti.* Jouir/utiliser. Pour une histoire de la jouissance », dans *Le Pur amour de Platon à Lacan*, Paris, Seuil, 2002, p. 65-88.

17 « On peut aimer Dieu d'un amour qui est une charité pure, et sans aucun mélange du motif de l'intérêt propre. [...] On n'aime plus Dieu, ni pour le mérite, ni pour la perfection, ni pour le bonheur qu'on doit trouver en l'aimant. [...] [O]n ne l'aime plus par ce motif précis de notre bonheur et de notre récompense propre. » *Explication des maximes des saints*, dans *OF*, t. I, p. 1011 ; « il faut s'élever à l'aimer purement pour l'amour de lui, sans vue d'aucun intérêt », *Lettres et opuscules spirituels*, *OF*, t. I, p. 634. Voir J. Le Brun, *Le Pur amour de Platon à Lacan*, *op. cit.*, p. 117-211.

18 Car ce serait « faire une espèce de déisme qui retombe un moment après dans une espèce d'athéisme, où toute idée réelle de Dieu [...] est rejetée », *Explication...*, dans *OF*, t. I, p. 1068-1069.

19 *Instruction pastorale... sur le livre intitulé* Explication des maximes des saints, dans *OC*, t. II, p. 290-291.

20 Voir *Réponse à l'ouvrage de M. de Meaux, intitulé* Summa doctrinæ, *etc.*, dans *OC*, t. II, p. 391.

> M. de Meaux abuse un peu du terme jouir. Il est vrai [...] qu'il faut vouloir jouir de Dieu ; mais jouir selon saint Augustin, ne signifie que « s'attacher à un objet par amour pour lui-même ». [...] En ce sens, la jouissance est très désintéressée [...]. Vouloir jouir, c'est seulement vouloir aimer[21].

Si Fénelon ne renonce pas au plaisir, il convient de noter que l'expérience de la grâce, en détachant du moi, s'accompagne bien souvent de manifestations douloureuses :

> L'opération de la grâce qui nous détache de nous-mêmes, et qui nous arrache à notre amour-propre ne peut, sans un miracle de grâce, éviter d'être douloureuse. Dieu, dans l'ordre de la grâce, non plus que dans celui de la nature, ne fait pas tous les jours des miracles[22].

Les lettres de direction spirituelle en offrent bien d'autres descriptions et analyses. Elles permettent de distinguer le *moi* qui souffre – ce moi *haïssable* dont parle Pascal – de la *créature* qui s'avance vers Dieu, ou encore de distinguer deux niveaux dans l'âme, conformément à l'idée salésienne de la « suprême pointe » de l'âme où s'opère la conversion à Dieu. À Mme de Maintenon, Fénelon écrit :

> Le *moi* [...] est encore une idole que vous n'avez pas brisée. Vous voulez aller à Dieu de tout votre cœur, mais non par la perte du *moi* : au contraire, vous cherchez le *moi* en Dieu. Le goût sensible de la prière et de la présence de Dieu vous soutient [...]. J'espère que Dieu fera couler le lait le plus doux, jusqu'à ce qu'il veuille vous sevrer et vous nourrir du pain des forts[23].

Par conséquent, le désintéressement n'est ni masochisme spirituel ni haine de soi[24]. Le prétendu dolorisme de Fénelon, là aussi, n'est qu'une idole : « Erreur déplorable ! Comme si l'œuvre de Dieu pouvait s'accomplir par notre chagrin ! Comme si on pouvait s'unir au Dieu de paix en perdant la paix intérieure[25]. »

---

21 *Réponse à l'ouvrage de M. de Meaux, intitulé* Summa doctrinæ, *etc.*, dans *OC*, t. II, p. 389.

22 « Discours sur les croix », *Œuvres spirituelles*, *OF*, t. I, p. 649.

23 A Mme de Maintenon, dans *Fénelon. Correspondance*, éd. J. Orcibal, t. II, Genève, Droz, 1972, p. 141.

24 Les citations renvoient à l'*Explication...*, *loc. cit.*, p. 1042.

25 *Lettres et opuscules spirituels*, dans *OF*, p. 576 ; c'est l'orgueil qui « se dépite, et l'on prend ce dépit de l'orgueil pour un sentiment de pénitence. On voudrait, par amour-propre, avoir le plaisir de se voir parfait », *ibid.*

Un bref bilan s'impose. Fénelon, on l'a vu, ne renonce ni à l'amour ni au plaisir. Par la notion de délectation volontaire – dont la genèse a été réalisée par Jacques Le Brun[26] – il permet en revanche de lui donner un sens nouveau, à partir, également, d'une redéfinition de la volonté, laquelle, dans le strict exercice de sa fonction génère une forme d'amour, donc de plaisir, inédit. Or ce volontarisme anthropologique si radical dans l'*Instruction pastorale sur le système de Jansénius* – où la volonté se détache de tout ce qui n'est pas elle, et où l'homme n'existe comme tel que grâce à elle –, qui entraîne avec lui une redéfinition du mérite et une insistance sur la notion de libre arbitre, n'est pas d'emblée présent dans la pensée de Fénelon. Il est aussi tout à fait absent à Port-Royal et chez Augustin, où les actions de la volonté ne sont pas distinctes de celles de l'amour, et où elles sont toujours décrites dans une articulation avec des circonstances, des objets, des motifs, qui, pour ainsi dire, les colorent. Le détail de ces différentes conceptions de la volonté serait trop long à exposer ici. Nous n'en proposerons qu'un bref aperçu, mais qui permettra de mesurer à la fois l'écart qui sépare Fénelon de Port-Royal et la façon dont la pensée fénelonienne a évolué depuis la *Réfutation du système du P. Malebranche*.

Notion clé de la théologie et de la spiritualité fénelonienne, la « délectation volontaire », s'est construite progressivement, en accompagnant l'effort de conceptualisation de la « volonté » à laquelle s'attache l'idée d'usage du libre arbitre comme instance neutre, capable de résider en un « entre-deux ». Cette conception, opposée à celle de la délectation prévenante des jansénistes, qui suppose que le libre arbitre ne soit pas entièrement démis de son pouvoir de flexibilité après le péché, et qu'on trouve notamment défendue dans la première lettre à Lami, est en revanche, dans la *Réfutation du système du P. Malebranche*, perçue par Fénelon comme dérangeante : il ne peut comprendre alors que la grâce – celle que Malebranche, dans son système, attribue à Jésus-Christ, la grâce du Créateur n'étant pour lui que la raison, ou lumière naturelle – rétablisse le plein usage du libre arbitre, lui laissant la responsabilité de son exercice. Il y voit alors, à l'instar d'Arnauld[27], une marque de semi-pélagianisme :

26 Voir J. Le Brun, *Le Pur amour*, *op. cit.*

27 Voir les lettres d'Arnauld à Malebranche de 1685. Sur cette question, voir également l'édition commentée du *Traité de la nature et de la grâce* par G. Dreyfus, Paris, Vrin, 1958.

> La grâce de Jésus-Christ ne faisant que mettre ma volonté dans l'équilibre où elle était déchue par le péché d'Adam, c'est une grâce qui me laisse indifférent [...], après que cette grâce a achevé toute son opération qui est de remettre dans l'équilibre, je demeure dans la *main de mon propre conseil.* [...] La grâce [...] est efficace pour faire sentir un plaisir passager et indélibéré, et pour me mettre dans l'indifférence, mais quant au fruit de ce plaisir qui est le bon vouloir elle n'a rien d'efficace. [...] C'est une chose inouïe depuis l'origine du christianisme qu'un théologien catholique ait osé dire que la grâce du Rédempteur ne fait que mettre l'homme en équilibre, c'est-à-dire en pleine et indépendante possession de lui-même pour vouloir le bien ou ne le vouloir pas, et que, s'il se détermine ensuite à le vouloir, c'est purement par l'amour naturel qui lui reste pour l'ordre, et par la seule force de sa raison[28].

Il est vrai que cette dernière position – celle d'un amour pur qui serait le fruit de la nature seule – n'a, bien sûr, jamais été soutenue par Fénelon, et pas davantage par Malebranche. En revanche, l'idée d'une position d'équilibre de la volonté, au sens non d'un tiraillement passif, mais d'une neutralité active, sera précisément défendue, dans cette fameuse première lettre à Lami comme dans l'*Instruction pastorale sur le système de Jansénius* où Fénelon commente Augustin d'une manière toute fénelonienne, c'est-à-dire en transformant l'idée de tiraillement passif en « dégagement » actif :

> Ce Père parle encore ainsi : Souvent une chose nous plaît, et une autre convient. Alors nous sommes flottants dans le milieu [...]. C'est toujours un milieu, où sa volonté se trouve flottante, c'est-à-dire indifférente et en suspens entre les deux partis opposés, avec des forces toutes prêtes et dégagées[29].

Naturellement, tout est affaire de nuance et de précision : que la capacité au bien soit soutenue par la grâce et le sens de l'affirmation d'une volonté en suspens, tout d'abord suspect, cesse de l'être. Ce que corrobore la position de Fénelon quant à l'effet du péché d'Adam sur la volonté humaine : « Je veux [...] que la liberté pour le bien [...] ne soit que diminuée, sans être entièrement perdue. Je veux que ce soit le secours de la grâce qui sauve ce reste de liberté[30]. »

Il n'empêche que si, dans la *Réfutation du système de Malebranche*, l'idée d'un « entre-deux » paraissait dangereuse, parce que supposée

28 *Réfutation du système du P. Malebranche*, *OF*, t. I, chap. XXXIV, p. 491.
29 *Instruction pastorale [...] sur le système de Jansénius*, IIIe lettre, dans *OC*, t. V, p. 252-253.
30 *Ibid.*

trop accorder à la nature, dans la première lettre à Lami elle devient indispensable à l'orientation que Fénelon veut donner à son système.

Un même sort est réservé à l'idée du mérite de la créature, omniprésente dans l'*Instruction pastorale sur le système Jansénius*[31], où l'on voit qu'une délectation prévenante, antécédente, voire même simultanée au choix, lui serait rédhibitoire, alors que la *Réfutation du système de Malebranche*, qui n'insiste précisément pas sur le moment de suspens de la volonté, ne donne pas au mérite la pleine dimension de « ce qui revient à soi ». Certes, Fénelon précise bien que ce plaisir est le vouloir – « ce plaisir que Dieu répand dans l'âme qu'il tourne vers lui, et ce vouloir qu'il donne, sont la même chose[32] » – ce qui sauve l'idée de mérite, mais ici c'est une autre conception du mérite qui domine, à savoir que plus la délectation à aimer le bien est grande, plus grand est le mérite :

> L'auteur [Malebranche] sera-t-il le seul parmi tous les chrétiens, à soutenir que Dieu est dans l'impuissance d'incliner le cœur de l'homme pour le faire mériter [...] et qu'il peut seulement prévoir quels sont ceux qui mériteront en cas qu'il leur donne une délectation prévenante[33] ?

Le propos, eu égard aux développements de la première lettre à Lami, peut surprendre ; le Fénelon que l'on découvre ici laisse voir un lecteur scrupuleux de saint Augustin, proche dans ses formulations, du Pascal de la *18e Provinciale*. Mais on doit se rappeler que ce texte de 1687 est aussi un ouvrage de circonstance, composé à la demande de Bossuet – qui appréciait particulièrement, comme on le sait, les *Lettres Provinciales*[34]. Toujours est-il que, quelle qu'en soit la raison, la volonté n'a pas encore fait l'objet d'une conceptualisation forte, qui la

---

31 Et fondamentale aussi dans l'apologétique : « Le bon vouloir est donc ce qu'il y a de plus précieux dans l'homme ; c'est ce qui donne le prix à tout le reste ; c'est là, pour ainsi dire, tout l'homme », *Démonstration de l'existence de Dieu*, I, *L'Art de la nature*, II, dans *OF*, t. II, p. 569.

32 *Réfutation du Système du P. Malebranche*, chap. XXXIII, dans *OF*, t. I, p. 489.

33 *Ibid.*, chap. XXXIV, p. 496.

34 Et peut-être aussi Jansénius, si l'on en croit les remarques de Sainte-Beuve au sujet d'un écrit que Bossuet composera un peu plus tard, en 1694 : « Il y aurait à lire avec intérêt [...] le *Traité de la concupiscence* de Bossuet, qui a merveilleusement reproduit et souvent traduit toutes ces idées de saint Augustin sans doute, mais aussi de Jansénius, et dans l'ordre de Jansénius, et à faire croire qu'il avait un Jansénius ouvert devant lui. C'est qu'en effet tous deux s'abreuvaient à la même source. » *Port-Royal*, t. II, livre II, présentation Ph. Sellier, Paris, Robert Laffont, « Bouquins », 2004, p. 352, note.

placerait, du moins dans l'exercice de son activité pleinement restauré par la grâce, dans une position souveraine, en dehors de toute détermination : là où la volonté semblait se laisser « colorer » par l'amour, ce sera au contraire elle qui « colorera » ou déterminera l'amour. Fénelon inversera donc la perspective. Mais en 1687, récapitulant les critiques faites à Malebranche, il écrit :

> J'ai fini en montrant que l'auteur détruit ce que saint Augustin a enseigné sur la délectation intérieure de la grâce. Selon saint Augustin, plus cette délectation est grande dans l'homme qu'elle fait agir, plus le mérite est grand. Au contraire, selon l'auteur, plus elle est grande, plus le mérite diminue [...].
>
> Enfin, cette grâce ne donne point la bonne volonté ; elle ne fait que mettre l'homme en équilibre et en indifférence entre le bien et le mal, puis l'homme avance par lui-même vers le vrai bien, il agit alors par les forces de la raison et du libre arbitre sans aucune grâce surnaturelle [...] selon l'auteur[35].

Et encore :

> [L]'auteur conclut très souvent que l'homme ne mérite qu'autant qu'il surpasse par son vouloir le plaisir de la grâce médicinale [...].
>
> Voilà sans doute des principes bien contraires à ceux de saint Augustin. Ce Père dit sans cesse que la grâce médicinale de Jésus-Christ consiste dans une délectation intérieure, et que, plus on goûte de plaisir dans l'amour de Dieu, plus l'amour est ardent et parfait ; il représente cette délectation comme un plaisir chaste, qui bien loin de corrompre l'âme ne fait pas moins sa perfection que son bonheur[36].

Là où Fénelon décomposait précisément, dans la réfutation de Jansénius, l'opération de la grâce, en insistant *d'abord* sur la réparation de la volonté, en l'absence de toute délectation prévenante, puis en déplaçant la délectation dans le prolongement de l'acte volontaire, lui faisant ainsi changer de nature, il semble ici raccourcir le processus en identifiant d'emblée la grâce à la « délectation intérieure », à l'instar précisément des auteurs de Port-Royal.

Le volontarisme de Fénelon, qu'on voit déjà apparaître par le déplacement du plaisir à l'endroit de la volonté, reste encore timide, et laisse place à des formulations moins personnelles. Celle-ci, par exemple, qui montre que Dieu peut nous « prévenir » « selon nos besoins » « par

35 *Réfutation du Système du P. Malebranche*, chap. XXXV, dans *OF*, t. I, p. 500.

36 *Ibid.*, chap. XXXIII, p. 485-486.

certains goûts et par certains plaisirs », lesquels peuvent n'être que de l'âme seule, mais aussi bien venir « par les sens ou par l'imagination[37] ». Dans ce dernier cas, « la providence les assaisonne de manière qu'après qu'ils ont d'abord servi à notre faiblesse pour nous détourner de quelque autre plaisir dangereux, Dieu en nous détachant peu à peu de cette délectation grossière, nous élève enfin jusques au plaisir pur de son chaste amour[38] ». À ce moment-là, il semble donc que Fénelon soit comme tiraillé entre les intuitions de son propre système, et une lecture, encore très littérale, de saint Augustin. Mais à défendre cette position, il s'avère, au moins sur ce point, également proche des auteurs de Port-Royal, lesquels insistent aussi sur la délectation au bien qui suffit au mérite, sans faire intervenir le moment du choix neutre, de toute façon impossible, cette neutralité étant perdue depuis Adam, et la grâce ne permettant pas de la recouvrer[39]. On remarquera que c'est là aussi ce que soutient Malebranche dans les *Méditations pour se disposer à l'humilité et à la pénitence*[40], en distinguant le mérite dont était capable Adam, lequel agissait alors sans l'effet d'un quelconque plaisir prévenant, et celui dont peut être capable l'homme pécheur. Or c'est précisément ce mérite d'Adam, cette capacité à se désengager de toute sensation, que Fénelon, plus tard, semblera transposer dans l'action volontaire de l'homme pécheur, certes éclairé par la grâce mais non prévenu par l'effet d'un plaisir involontaire.

Examinons à présent la conception de la délectation à Port-Royal – délectation qui, sensuelle ou spirituelle, est toujours involontaire – afin de la comparer avec celle que défendra Fénelon, qui oppose deux types de délectation : involontaire et volontaire, et qui développe une réflexion plus approfondie sur la nature de la volonté.

Dans les analyses qu'ils proposent du pouvoir de la volonté, les Messieurs de Port-Royal insistent sur deux points : premièrement, le caractère non absolu des actions de celle-ci. La volonté se porte à ce qui est aimé, c'est-à-dire à ce qui est perçu, à tort ou à raison, comme un bien : vouloir et aimer sont donc la même chose. Sans objet ou situation

---

37 *Ibid.*, p. 488-489.
38 *Ibid.*
39 *Écrits sur la grâce*, Lettre VI, § 33-34, dans *Œuvres complètes*, *op. cit.*, t. III, p. 703 *sq.*
40 Paris, 1701, p. 30 *sq.*

à aimer, il n'y aurait aucune action volontaire possible : la volonté est donc d'emblée inscrite dans un milieu, fait de pôles d'attirance, qui interagit avec elle. En outre, aucune volonté ne peut vouloir aveuglément, par hasard, sans motif ou encore *in abstracto*, à la faveur d'une position de surplomb : à ce titre nombreuses sont les sollicitations qu'elle autorise, et qui pour ainsi dire la bousculent en lui présentant telle chose comme un bien – le raisonnement, l'habitude, l'opinion d'autrui, etc. –, car elle ne cherche que le bien, toujours hors d'elle-même, quelque déguisé qu'il puisse être, et y compris bien sûr sous la forme du mal. Pascal comme Nicole sont particulièrement explicites – et on peut dire pessimistes quant à la souveraineté de la volonté – sur ce point, en soulignant combien la volonté, d'une part, est tributaire des possibilités physiques et morales du sujet, ce qui n'exclut nullement qu'elle ne se sente parfaitement libre, au sens de non contrainte – une conception de la liberté bien trop modeste pour Fénelon –; et d'autre part, combien elle n'agit qu'en vue du bien : il s'agit d'une limitation naturelle mais qui n'implique nullement là non plus que la volonté, pourtant orientée *vers un unique pôle*, sente cette limitation comme une contrainte.

L'autre point revient à supposer l'indissociabilité de l'amour d'un bien et de la délectation : une délectation, précisons-le, qui n'a rien de particulier (contrairement à cette « délectation volontaire », que Fénelon veut isoler de la délectation « ordinaire »), même si son objet, Dieu, est hors du commun. Ici l'objet a beau changer, la délectation, elle, ne change pas quant à sa nature, elle reste un affect subi. Si vouloir n'est en effet *que* se porter vers ce qu'on estime un bien, l'aimer et s'en délecter, si donc la volonté n'est pas une instance à part, elle n'a pas de délectation « propre », pas plus qu'elle ne saurait refuser un certain type de délectation, au motif qu'il lui serait impropre. Or ce sont là précisément toutes les distinctions qu'introduit Fénelon dans cet effort de conceptualisation de la notion de délectation – distinctions qui n'existent pas dans les écrits des Messieurs de Port-Royal, lesquels partent du principe que toute délectation survient sans qu'on le veuille : ce qui délecte étant simplement ce qui est aimé, et aimer étant vouloir. Voici ce qu'en dit par exemple Pascal :

> [...] qu'y a-t-il de plus clair que cette proposition, que l'on fait toujours ce qui délecte le plus ? [...]. Et qu'on ne prétende pas subtiliser en disant que

> la volonté, pour marquer sa puissance, choisira quelquefois ce qui lui plaît le moins ; car alors il lui plaira davantage de marquer sa puissance [...][41].

Nicole est plus éloquent encore. Les exemples, souvent piquants, qu'il développe montrent que l'idée de volonté comprise comme instance autonome capable de suspendre l'attrait du plaisir serait un pur non-sens :

> Demandez à un homme qui marche entre deux murailles, s'il peut s'écarter à droite et à gauche, il répondra sans hésiter que non ; mais demandez à un autre qui marche dans une rase campagne, où il y a néanmoins un chemin commode et tracé qui le mène au lieu où il veut aller, s'il peut s'écarter, et suivre des lignes qui s'offrent à ses yeux, et qui le mèneraient par des chemins non frayés au travers de la campagne, il n'hésitera pas non plus à vous répondre qu'il le peut, mais qu'il ne le veut pas. C'est là le langage et la persuasion de tous les hommes[42].

Le volontarisme que Fénelon voudra défendre n'est pas plus présent dans les écrits de l'évêque d'Hippone, ce sur quoi s'accordent unanimement, au fil des générations, des commentateurs d'Augustin comme Étienne Gilson, Philippe Sellier[43], Isabelle Bochet[44] et Isabelle Koch. Tous mettent en évidence l'omniprésence du terme de volonté, qui tend à désigner l'activité de l'âme entière, mais soulignent aussi une absence de définition précise dans le corpus augustinien. Vouloir, c'est tout à la fois aimer, désirer, tendre vers. « La volonté droite, dit saint Augustin, est donc l'amour légitime, et la volonté dépravée, l'amour mauvais[45] ». Isabelle Koch, après John Rist, voit même dans la *voluntas* augustinienne un avatar de l'*erôs* platonicien ou de l'*orexis* aristotélicienne : « vouloir, c'est tendre vers un objet désiré qu'on cherche à rejoindre[46] », comme si la volonté, cet élan vital, s'amalgamait

41 *Écrits sur la grâce*, Lettre VI, § 36, *op. cit.*, p. 704.

42 Nicole, *Traité de la grâce générale*, tome I, « Discours qui peut servir de préface », Paris, 1715, p. 16 (orth. mod.). Nicole montre en outre que ce qui guide la volonté, peut être l'habitude ou l'expérience, mais il existe, souligne Nicole, d'autres guides qui persuadent que tel objet est bon : et le choix de ce guide est lui-même fonction de son caractère attractif. Dès lors, pourquoi la grâce ne serait-elle pas l'un de ces guides, et assurément le meilleur, celui qui ne déçoit pas, en guidant vers le bien suprême ?

43 *Pascal et saint Augustin*, Paris, Albin Michel, 1970.

44 I. Bochet, *Saint Augustin et le désir de Dieu*, Paris, « Les Études augustiniennes », 1982, p. 103 *sq.*

45 *La Cité de Dieu*, trad. L. Moreau, revue par J.-Cl. Eslin, introduction, présentation et notes, J.-Cl. Eslin, Paris, Seuil, « Points Sagesse », 1994, vol. 2, livre XIV, § 7, p. 155.

46 I. Koch, « L'auto-affaiblissement de la volonté chez Augustin », dans R. Lefebvre et A. Tordesillas (dir.), *Faiblesse de la volonté et maîtrise de soi. Doctrines antiques, perspectives contemporaines*, Rennes, PUR, 2009, p. 163.

avec un objet extérieur et ne se manifestait à l'existence qu'au gré de celui vers lequel elle se porte et qui en serait son révélateur. Par conséquent, « la volonté n'est [...] pas une faculté qui, distinguée du désir, le piloterait [...] ; la volonté est désir, est amour[47] ». Étienne Gilson insiste de son côté, en commentant notamment un chapitre des *Confessions*[48], sur la comparaison, là aussi issue de l'aristotélisme, entre les poids qui entraînent les corps physiques vers leurs lieux naturels, et le poids de la volonté qui est son amour : « Mon poids, écrit saint Augustin, est mon amour[49] ». C'est donc plutôt la volonté qui est « pilotée » par l'attrait d'un bien : une volonté, qui serait, si l'on veut, comme un gouvernail, mais toujours déjà en pleine mer. Vouloir, c'est donc s'éprouver dans et par le contact avec autre chose que soi. C'est le sens de la célèbre formule augustinienne, que reprend Pascal dans les *Écrits sur la grâce* : « *Quod amplius [nos] delectat, secundum id operemur necesse est.* C'est une nécessité que nous opérions selon ce qui nous délecte davantage[50] » – étant entendu que la délectation n'est autre chose que l'amour et que le vouloir lui-même.

De cette formule augustinienne, tirée d'un commentaire d'une *Lettre aux Galates*[51], Fénelon va justement proposer une autre lecture[52], assez personnelle il est vrai, où l'on voit qu'il oriente fortement le constat augustinien vers un volontarisme radical :

> [Saint Augustin] veut seulement dire que notre conduite est toujours décidée par nos plus fortes volontés. [...] Ce Père ne parle point en ce lieu d'une nécessité que nos plaisirs nous imposent [...] sans nous laisser aucun entre-deux, pour aucun moment de véritable liberté [...].
>
> La délectation ne peut servir de rien pour expliquer la liberté. [...]
>
> Il est vrai qu'Augustin a parlé souvent de la délectation, mais en la prenant pour notre propre vouloir [...]. C'est un plaisir que nous sommes libres d'avoir ou de n'avoir pas ; nous pouvons nous délecter en consentant, et ne nous point délecter en *dissentant* ; cela dépend de nous[53].

Fénelon, assurément, croit à présent fermement à l'existence d'un « entre-deux » actif, non synonyme de paralysie – idée qui semblait

47 *Ibid.*
48 *Confessions*, XIII, 9, trad. Arnauld d'Andilly.
49 *Ibid.*
50 Pascal, *Écrits sur la grâce*, *op. cit.*, p. 704.
51 *Expos. Epist. Ad Galat.*, cap. V, n. 49.
52 À Lami, Lettre première, *loc. cit.*, p. 166 *sq.*
53 *Ibid.*, p. 166-167.

pourtant le gêner dans sa réfutation de Malebranche. Car la volonté réparée par la grâce « se trouve aussi forte [...] que si elle était saine et entière ». La grâce, en effet, « loin de la nécessiter au bien, doit la remettre dans le véritable équilibre entre le bien et le mal, comme Adam y était avant son péché[54] ».

On reconnaît, ici pleinement aboutie, la thèse fénelonienne. Mais cette notion de libre arbitre a subi une modification par rapport à la thèse augustinienne : à la simple idée de flexibilité, qu'implique l'idée de libre arbitre – capable d'aller d'un côté ou d'un autre – Fénelon ajoute celle de neutralité. Cette neutralité, paraît au premier abord, difficile à comprendre pour un augustinien, car elle supposerait que la volonté puisse être comme « morte », selon le mot d'Augustin, la volonté ne pouvant pas ne pas aimer : « Que vous dit-on ? De ne rien aimer ? Jamais de la vie ! Immobiles, morts, abominables, misérables, voilà ce vous seriez si vous m'aimiez rien[55] ». En outre, si ce suspens était possible, quelle en serait la modalité ? Parler d'un tel « suspens » n'est-ce pas se payer de mots, autrement dit « subtiliser » ? « Dieu, écrivait Fénelon à Lami, sait si bien proportionner ses invitations intérieures et ses secours, qu'il s'assure de son vouloir[56]. »

Mais cette réponse de Fénelon pose de nouveaux problèmes. Que sont donc ces « invitations intérieures » ? N'y aurait-il pas là une autre façon de prévenir la volonté ? Certains commentateurs[57] avaient cru voir par là, en effet, la marque d'une acceptation de la grâce efficace, quoiqu'il ne s'agisse en réalité que de la souscription à la thèse thomiste de la prémotion physique, comme Fénelon s'en explique dans sa *Dissertatio de physica præmotione* de 1713, adressée au jésuite Guillaume Daubenton, où il montre que la prémotion n'intervient qu'après que la volonté s'est déterminée[58], et non dans le moment de sa délibération. C'est donc en ce sens qu'il faut interpréter les affirmations que

54 *Ibid.*, p. 169.

55 Cité par É. Gilson, *Introduction à l'étude de saint Augustin*, Paris, Vrin, 3e éd. 1969, p. 175.

56 À Lami, Lettre première, *loc. cit.*, p. 167.

57 Gosselin l'avait interprété ainsi dans son *Histoire littéraire de Fénelon* : voir S. De Franceschi, « Fénelon et la notion thomiste de prémotion physique… », *loc. cit.*, p. 44.

58 Nous renvoyons au commentaire particulièrement éclairant que propose S. De Franceschi des conclusions de cette *Dissertatio* : « Au temps de l'*actus primus*, la volonté est encore indifférente et indéterminée, elle délibère en elle-même ; au temps de l'acte second, au contraire, elle se relâche de son indifférence, interrompant sa délibaration pour se déterminer enfin. Parce qu'elle n'intervient qu'*in actu secundo*, soit au moment de l'action commençante, *actio iam incipiens*, la prémotion physique ne peut être tenue pour

l'on trouve dans la correspondance philosophique échangée avec le duc d'Orléans :

> Mais si le bien suprême venait à se montrer tout à coup avec évidence, avec son attrait infini et tout-puissant, il ravirait d'abord tout l'amour de la volonté, et il ferait disparaître tout autre bien, comme le grand jour dissipe les ombres de la nuit[59].

Un autre problème se pose toutefois. Comment ce volontarisme, compris en un sens particulier, parvient-il à se concilier avec les développements qu'établit Fénelon dans ses ouvrages de spiritualité, autour de l'idée de sainte indifférence ? Comment peut-il en effet accorder dans le même temps une importance si grande à la spontanéité du vouloir, défendre son caractère central dans la définition ontologique de la créature et sembler le nier dans l'expérience de la désappropriation de soi ? Nous avons brièvement abordé ce point en distinguant le *moi* de la *créature*, précisons-le davantage.

Si l'indifférence selon Fénelon équivalait à ne rien vouloir, elle ne serait plus ni désintéressement ni amour, car le pur amour réclame une détermination authentique et le désintéressement est le fruit d'un choix positif. Le désintéressement de l'amour reposant sur une capacité de la volonté, il serait contradictoire, une fois atteint cet amour, de sacrifier la volonté, qui en est la condition. Le quiétisme fénelonien n'est pas suppression de toute activité mais il consiste à faire que la volonté humaine se rapporte, par elle-même, non à elle-même mais à celle de Dieu, qu'elle s'intéresse non à ce qu'elle sent ou opère mais à ce que Dieu veut. L'indifférence de la volonté dans l'amour pur n'équivaut nullement à son anéantissement mais correspond à « une volonté positive et formelle, qui nous fait vouloir ou désirer réellement toute volonté de Dieu, qui nous est connue. Ce n'est point une indolence stupide, une inaction intérieure, une non-volonté, une suspension générale, un équilibre perpétuel de l'âme. Au contraire, c'est une détermination positive et constante de vouloir et de ne vouloir rien [...]. On ne veut rien pour soi ; mais on veut tout pour Dieu[60] ».

---

ennemie de la liberté. » « Fénelon et la notion thomiste de prémotion physique... », *loc. cit.*, p. 48.

59 *Lettre II au duc d'Orléans sur le culte de Dieu, l'immortalité de l'âme, et le libre arbitre [1713]*, dans *Lettres sur divers sujets concernant la religion et la métaphysique*, *OF*, t. II, II, p. 743.

60 *Explication...*, dans *OF*, t. I, p. 1024 ; p. 1072.

L'action volontaire pouvant être définitivement maintenue, rien n'empêche que soit définitivement abandonnée la thèse défendant l'existence d'une grâce efficace, agissant sur la volonté par l'effet d'une délectation prévenante. Si elle peut être abandonnée, c'est non seulement parce qu'elle est hérétique, mais parce qu'elle est bien trop coûteuse à la liberté humaine et désolante quant à l'idée qu'on doit se faire d'un Dieu d'amour.

Cependant Fénelon, s'il rejette l'idée d'un plaisir prévenant par lequel la grâce divine agirait sur la volonté pour la mener au bien, ne la rejette pas quand il s'agit de l'action de l'homme sur ses semblables, comme c'est le cas de l'éducation. Dans ce contexte, au contraire, la faiblesse de la créature recommande l'usage d'un tel plaisir, non seulement dans les premières années de l'enfance, mais même au-delà, par l'intermédiaire des beaux-arts, qui doivent aussi contribuer à corriger les mœurs. En précisant, dans la *Lettre à l'Académie*, sa conception, pour le moins fonctionnaliste, des beaux-arts, Fénelon affirme que : « Le plaisir n'y doit être mêlé, que pour faire le contrepoids des mauvaises passions et pour rendre la vertu aimable[61] ». Quant à l'éducation des enfants proprement dite, Fénelon, on le sait, a souvent été décrit comme le pédagogue du plaisir, au nom de son principe : « que le plaisir fasse tout[62] ». Sur ce point par conséquent ses analyses rejoignent tout à fait celles de Port-Royal – « l'esprit embrasse-t-il jamais une chose qui ne le délecte point[63] ? », écrit notamment Pascal. À une notable exception, toutefois, celle de l'éducation des filles – encore que les textes auxquels on pense de part et d'autre ne se situent pas du tout sur le même plan[64].

Nous limiterons ici notre enquête à la place que tient *le* (ou *les*) plaisir (s) dans ces deux conceptions de l'éducation, et à la valeur qu'on peut lui reconnaître dans le progrès vers la charité. Pour ce faire, nous écartons tout d'abord définitivement certains jugements au sujet de la prétendue noirceur de Port-Royal, de son pessimisme ou, comme le dit Irénée Carré – dans un ouvrage certes ancien, mais toujours régulièrement cité,

61 *Lettre à l'Académie*, chap. IV, dans *OF*, t. II, p. 1149-1150.

62 *Éducation des filles*, dans *OF*, t. I, chap. VI, p. 123.

63 *Écrits sur la grâce*, « Recueil d'*exerpta* », *loc. cit.*, p. 686.

64 Ce sont les recommandations de Fénelon, pour les neuf filles du duc de Beauvillier, qui donnent lieu au traité *De l'éducation des filles*, et le *Règlement pour les enfants* de J. Pascal.

et qu'on doit lire avec prudence – de sa « sécheresse[65] ». Il est vrai que dans certains écrits – ceux d'Alexandre Varet ou de Jacqueline Pascal –, on détecte une inquiétude qui s'exprime par une méfiance à l'égard du plaisir en général, comme s'il ne pouvait que raviver une concupiscence déjà omniprésente. Néanmoins, même chez ces auteurs, qui sont toutefois l'exception, le plaisir n'est pas exclu, et s'inscrit même dans des stratégies subtiles ; tout d'abord sous l'aspect des manifestations physiques de l'affection, par l'habitude de la douceur et le refus des châtiments corporels. On habitue l'enfant à cette douceur, ce qui rend sa privation, quand c'est nécessaire, douloureuse. On notera que cette douceur, qui est morale, se traduit nécessairement par un agrément physique : on ne refuse donc pas le plaisir sensible, mais on l'associe toujours à ce qu'il convient d'aimer, donc au bien. Car le bien, l'amour de Dieu, la vie chrétienne, la conscience de n'être qu'une créature doivent être les buts ultimes, pour Fénelon et pour Port-Royal, de l'éducation.

En consultant d'autres témoignages, on voit que cette inquiétude fondamentale, à l'égard du plaisir détourné, corrompu par le péché, tend à s'estomper au profit d'une confiance dans ses conséquences positives. Le plaisir permet d'apprendre, de mémoriser, de construire des attachements solides : son utilité l'intègre donc à presque tous les aspects de la vie éducative – même s'il y a un temps nécessaire à la contention. Chez Coustel, Nicole, dans les *Mémoires* de Pierre Thomas du Fossé, de Nicolas Fontaine, dans le *Supplément au Nécrologe de l'abbaye de [...] Port-Royal*, ou dans le témoignage de Monsieur de Sainte-Marthe – pour ne citer que ces quelques références –, on trouve de nombreux exemples qui accréditent le recours constant aux agréments pédagogiques (la libre conversation avec les maîtres, chose rare autrefois) et aux jeux pédagogiques – par exemple le jeu de cartes[66] qui comporte tout ce qu'il y a à savoir de l'Église primitive, ou encore les différentes images pour enseigner la géographie ou l'histoire. Ce sont aussi les jeux spontanés des enfants qui sont détournés : la course, et même les batailles sont autorisées, si elles permettent de faire comprendre la nécessité de la paix ou de l'émulation féconde.

65 « Il y a comme une angoisse dans cette éducation, qui est un drame où se joue le salut ; dans le sourire de ces maîtres qui se mêlent aux jeux des enfants, il y a de la tristesse ; sous leur apparence d'abandon on sent de la défiance ; au fond de leur dévouement sans bornes, il y a une sécheresse. » I. Carré, *Les Pédagogues de Port-Royal*, Paris, 1887 [Slatkine-Reprints, 1971], p. XX.

66 Aux petites écoles du Chesnay.

De façon générale, tant chez Fénelon qu'à Port-Royal, on admet que l'enfant n'est pour ainsi dire *sensible qu'au plaisir.* Ce constat pourrait effrayer, si l'on rapporte exclusivement le plaisir à la concupiscence, c'est-à-dire à la délectation égoïste. Mais, précisément, qu'en est-il ? Et trouve-t-on des écarts significatifs entre ces deux conceptions du plaisir, accordées à des conceptions du péché originel perçues, à juste titre, comme distinctes ?

Quand on examine les textes, d'une façon presque statistique, on s'aperçoit que la vision de l'enfance n'est guère plus pessimiste à Port-Royal, parce que l'accent mis sur les conséquences du péché n'est pas particulièrement net quand il s'agit de décrire l'enfant. Évidemment, le péché est là, mais ses conséquences sont surtout décrites en termes de capacité à être séduit par les folies du monde. Le vrai danger de l'enfance, c'est donc cette perméabilité qui peut, très vite, devenir fatale. Aussi bien chez Fénelon que dans les propos de Saint-Cyran que rapportent Nicolas Fontaine ou Sainte-Marthe, ce sont les mauvaises habitudes, plus que la nature de l'enfant, qui peuvent parfois décourager les maîtres. Et ces habitudes sont parfois même contractées avant l'acquisition du langage, par l'attitude des nourrices, les sonorités de leurs voix. En revanche, l'enfant, bien qu'il ne réagisse qu'au plaisir, présente encore une pente à la bonté, sans être évidemment innocent. Le plaisir qu'éprouve l'enfant, qui n'est bien sûr – pour Fénelon du moins –, pas un plaisir « pur », mais un plaisir indélibéré et aveugle, n'est pas pour autant l'expression exclusive de la concupiscence. Ce peut être un plaisir de générosité, associé à l'amour du prochain, dont les enfants, plus facilement que les adultes, sont capables – et sans grâce particulière. Pourquoi ? Parce que le péché, pour Fénelon, n'a pas tout détruit ; il y a un reste de bonté, qu'on peut exploiter par les « ouverture [s][67] » que donne la nature. Par conséquent, toutes les allusions, chez Fénelon, au « mauvais naturel » des enfants, ne doivent s'entendre *que* des enfants déjà victimes d'une mauvaise éducation : de nombreux indices convergent en ce sens. À Port-Royal, on insiste aussi sur cette bonté infantile, qui est due à l'effet positif du baptême – on le voit chez Coustel[68]. En revanche, dans les

67 *Éducation des filles*, chap. III, dans *OF*, t. I, p. 101.

68 « Comme les enfants ont encore l'innocence de leur baptême, ils sont d'ordinaire plus capables des grandes vérités du christianisme, que ne le sont la plupart des gens du monde », *Règles pour l'éducation des enfants*, 1687, tome I, p. 211.

propos de Saint-Cyran, rapportés par Sainte-Marthe, le pessimisme est en apparence plus marqué :

> Il n'y a que trop de sujet de gémir, de voir que les enfants des chrétiens ne fassent paraître aucune marque de la grâce qu'ils ont reçue dans le baptême. Aussitôt qu'ils commencent à avoir la raison, on ne remarque en eux que de l'aveuglement et de la faiblesse ; ils ont l'esprit fermé aux choses spirituelles, et ne les peuvent comprendre ; mais au contraire ils ont les yeux ouverts pour le mal [...]. Dans cet état ; il est presque impossible qu'ils conservent longtemps leur innocence dans le monde, où ils ne respirent qu'un air corrompu [...][69].

À examiner de plus près ces propos, on voit toutefois, et surtout, qu'ils accusent eux aussi les mauvaises habitudes du monde. Pour bien faire, il faudrait arracher les enfants à leur famille, ou mettre celle-ci à l'école avec eux !

Il y a donc un moment propice à la transformation de l'amour-propre en amitié – sans qu'on parle, bien sûr, de charité – où l'on peut être sensible à autrui, c'est-à-dire déjà à Dieu. « L'amitié, écrit Fénelon, [...] mènera [l'enfant] presque à toutes les choses qu'on voudra de lui ; on a un lien assuré pour l'attirer au bien[70] ». À Port-Royal, il en va de même : l'éducation ne se veut pas un simple dressage, où le bien serait recherché de façon mécanique : un tel attachement, purement mercenaire, est certes possible au commencement de l'éducation, mais au fur et à mesure que les dégoûts à l'égard des vanités s'étendent, l'individu se transforme : la « diminu [tion] des passions », le « guérit » pour reprendre les mots de Pascal dans les *Pensées*[71], non définitivement, mais au point le plus élevé que les hommes peuvent espérer atteindre :

> [...] je vous avoue néanmoins, disait Saint-Cyran et que rapporte Fontaine, qu'encore que je me réjouisse de ce que vous me dites du petit Jules [d'Andilly], je ne puis m'en réjouir trop ; comme je ne saurais encore trop m'attrister de ce que vous me faites entrevoir du petit Saint-Ange : puisqu'il est vrai que souvent ceux qui semblent être les plus proches de Dieu, en sont les plus éloignés, et au contraire. Il y a cette consolation dans

69 *Supplément au Nécrologe de l'abbaye de Notre-Dame de Port-Royal* [auteur Le Febvre de Saint-Marc], Première partie, *Raisons de l'institution des Petites écoles de Port-Royal, par M. de Saint-Cyran, écrites par M. de Sainte-Marthe*, 1735, p. 48.

70 *Éducation des filles*, chap. V, dans *OF*, t. I, p. 116.

71 Pascal, *Pensées*, édition Ph. Sellier, Paris, Livre de Poche, 2000, fragment 680.

> les travaux que l'on prend pour Dieu, qu'il n'en demande pas de nous le succès, mais le travail[72].

Fénelon n'est pas dupe non plus de la sorte d'amour qui anime le cœur de l'enfant et des hommes en général : « Dieu seul donne la tendresse et la bonté de cœur : on peut seulement tâcher de l'exciter par des exemples généreux[73] ». Mais le plaisir qu'éprouve l'enfant, tout en étant évidemment indélibéré et impur, s'il est associé à l'amour du bien, corrige déjà le cœur : « l'amour, écrit Fénelon, quoique intéressé, sanctifie l'âme[74] ». Ce sont ces plaisirs-là que Mentor, dans *Les Aventures de Télémaque*, souhaite à son protégé :

> Je vous souhaite des plaisirs doux et modérés, qui ne vous ôtent point la raison et qui ne vous rendent jamais semblables à une bête en fureur. [...] La sagesse n'a rien d'austère ni d'affecté. C'est elle qui donne les vrais plaisirs[75].

On voit ainsi que l'écart de Port-Royal à Fénelon est, quant à la pratique et aux attentes de l'éducation, insensible – même si l'on ignore la connaissance qu'avait Fénelon des principes de ses aînés, ce qui importe au fond assez peu. Ce qui est certain est que l'ouvrage de Coustel, paru la même année que le sien, n'a pu l'influencer ; en revanche un indice au moins invite à penser qu'il connaissait la *Logique*[76].

Quoi qu'il en soit, pour Fénelon, comme pour Port-Royal, le plaisir, même impur, est loin de n'être qu'un mal, l'expression d'une concupiscence insatiable et retorse, il est aussi un levier, sinon le seul, permettant le progrès de l'homme.

Pour conclure cette brève étude, trois points nous paraissent devoir être soulignés.

On relèvera tout d'abord chez Fénelon un trait qui peut paraître une obsession souterraine : la recherche d'une forme de délivrance à l'égard

72 N. Fontaine, *Mémoires pour servir à l'histoire de Port-Royal*, Utrecht, Aux dépens de la Compagnie, 1736, p. 195.

73 *Éducation des filles*, chap. V, dans *OF*, t. I, p. 116.

74 *Lettres et opuscules spirituels*, « De la reconnaissance », dans *OF*, t. I, p. 588.

75 Livre VIIe, dans *OF*, t. II, p. 104-105.

76 Quoique peut-être au moment de son préceptorat seulement, puisque, critiquant l'astrologie, il reprend le même exemple que celui de Nicole dans le Premier discours, de la balance qui ressemble à une balance « comme à un moulin à vent », voir *Dialogues des morts*, « La reine Marie de Médicis et le cardinal de Richelieu », dans *OF*, t. I, p. 486.

des contraintes affectives qui se donnent dans le monde, qui accablent l'homme pécheur, et dont seul l'amour pour Dieu, déchargé de toute inquiétude – celle de l'espoir comme de la crainte –, et dégagé de cette forme de plaisir qui évoque l'expérience mondaine, serait le remède[77]. Parmi les contemporains de Fénelon, c'est peut-être Leibniz qui aura le mieux résumé cette ambition lorsqu'il écrit à l'abbé Nicaise :

> Je crois que le dessein de Mons. l'Archevêque de Cambray a esté d'elever les ames au veritable amour de Dieu, et à cette tranquillité qui en accompagne la jouissance, en detournant en même temps des illusions d'une fausse quiétude[78].

En cette quête, Fénelon n'est certes pas le seul – le XVIIe siècle pouvant être vu tout entier comme celui de l'inquiétude, comme en témoignent les innombrables écrits procurant les remèdes permettant de l'effacer. La solution fénelonienne a toutefois l'avantage de concilier théologie, mystique et philosophie – telle était du moins son ambition, et son originalité.

Deuxièmement, il convient précisément d'insister sur cette originalité qui consiste à aborder *philosophiquement* les matières de mystique. Jacques Le Brun l'avait déjà soulignée en constatant « l'immense ambition théorique de [cet] auteur », qui voulait que « que chaque "état" [...] ait un "nom[79]" », que les paradoxes les plus aigus, celui de l'exaltation simultanée de la *passiveté*[80] – qui ne se confond toutefois pas avec la *passivité* –, et de l'action volontaire dans l'opération de la grâce[81], se résolvent.

Enfin, si le caractère systématique de cette pensée est frappant, tout autant l'est l'ambition, elle aussi peut-être démesurée, de définir une volonté si pleinement libre, si étrangère à tout ce qui n'est pas elle, que son propre vouloir, s'il venait à lui peser d'une façon ou d'une autre, risquerait de lui paraître suspect : d'où la possibilité qui lui est intrinsèque de *ne pas vouloir ce qu'elle veut*. Cette idée, déjà soulignée par

77 « Quand on est ainsi prêt à tout [...], on est aussi tranquille sur le passé que sur l'avenir [...]. Cet oubli est le martyre de l'amour-propre », *Lettres et opuscules spirituels*, dans *OF*, t. I, p. 577-578.

78 Leibniz, Lettre à l'abbé Nicaise, 19 août 1697, N. 138, dans *Sämtliche Schriften und Briefe*, tome III, 1695-1700, Akademie Verlag GMBH, Berlin, 2013, p. 370.

79 *Le Pur amour...*, *op. cit.*, p. 193.

80 « Contrairement à une passivité où les adversaires des mystiques ne verront qu'absence d'action, la passiveté caractérise un acte dont l'agir est intimement blessé d'un pâtir parce que la volonté "propre" y est abolie : l'âme agit ou pâtit indifféremment, sans propriété, et ne souffre rien "pour elle-même" », J. Le Brun, *Le Pur amour...*, *op. cit.*, p. 153.

81 *Explication des maximes des saints*, *loc. cit.*, article XXIX, « vrai », p. 1072.

certains commentateurs[82], si radicale, et presque contradictoire dans sa formulation, Fénelon la répète[83] comme un évident garde-fou contre les affirmations « subtiles », et non moins paradoxales, qui posent l'existence d'une volonté libre, sans veiller à poser dans le même temps, en son principe même, la possibilité d'un dégagement absolu, autrement dit d'une transcendance : « Pourvu qu'on veuille ce qu'on veut, chose qui ne peut manquer à personne, et que Dieu même, par sa toute-puissance, ne peut jamais ôter à aucune volonté, tout est sauvé[84] », affirme-t-il avec ironie à l'encontre de Fremont, son adversaire janséniste. C'est que la volonté, pour être libre, doit porter en elle cet absolu, qui ne la fait, *a priori*, jamais coïncider avec rien, et pas davantage avec elle-même. Un absolu qui se donne dans la possibilité d'une mise en abîme infinie, et qui dévoile à l'homme qu'il est image de Dieu, et tout à la fois, par cette capacité de s'échapper sans cesse, un mystère.

Laurence DEVILLAIRS
Centre Sèvres

Patricia TOUBOUL
Université Paul-Valéry Montpellier III
IRCL (UMR-5186)

82 Voir D. Leduc-Fayette, « Vouloir ne vouloir pas », dans *Fénelon. Philosophie et spiritualité*, Genève, Droz, 1996, p. 95-110.

83 « Dira-t-on [...] que les bienheureux choisissent entre aimer Dieu et le haïr, et que les damnés choisissent entre le haïr et l'aimer ? Il est vrai que les bienheureux et les damnés ne veulent que ce qui leur plaît de vouloir ; c'est-à-dire [...] qu'ils ne sont pas contraints dans leur vouloir : mais quoiqu'ils ne veuillent que ce qu'ils veulent, il est néanmoins très-certain qu'ils ne peuvent ne pas vouloir ce qu'ils veulent, ni vouloir ce qu'ils ne veulent pas. Ainsi ils ne choisissent point [...] », À Lami, Lettre première, *op. cit.*, p. 161. « S'il ne faut donc pour être libre que vouloir ce qu'on veut, et que ne le vouloir qu'en voulant, toute volonté est toujours libre, et ne peut jamais cesser de l'être, quelque attrait nécessitant qui la détermine », *Instruction pastorale [...] sur le système de Jansénius*, 1re lettre, dans *OC*, t. V, p. 233.

84 *Instruction pastorale [...] sur le système de Jansénius*, IIe lettre, dans *OC*, t. V, p. 231.

LES JANSÉNISTES DE FÉNELON DE 1708 À 1715, MYTHE OU RÉALITÉ ?

La publication du *Cas de Conscience* ravive les luttes occasionnées par le jansénisme[1]. C'est à cette époque que Fénelon sort de son silence et devient soudainement antijanséniste[2]. Il fait corps avec les jésuites et l'entourage dévot du roi. Le *Cas de Conscience* est condamné par un bref du pape Clément XI qui, à la prière de Louis XIV, fulmine, le 16 juillet 1705, la bulle *Vineam Domini*, par laquelle il demande à tous les catholiques de rejeter non seulement de bouche, mais aussi de cœur, comme hérétique, le sens de Jansénius, flétri dans les cinq propositions[3]. Fénelon se fait le défenseur de cette bulle et publie plusieurs ordonnances et instructions pastorales[4]. Cette bulle ne suscite pas d'incidents dans les diocèses du Nord de la France. Le 1er décembre 1705, Pierre de Langle, évêque de Boulogne de 1698 à 1724, publie son mandement pour la publication de la Constitution du pape Clément XI « contre le Jansénisme[5] ».

Le 13 juillet 1708, le bref du pape Clément XI condamne l'ouvrage de Pasquier Quesnel : *Le Nouveau Testament en français avec des Réflexions Morales sur chaque verset pour en rendre la lecture plus utile et la méditation plus aisée, Paris*, augmenté et réimprimé plusieurs fois de 1668 à 1706.

---

1 Sorte de consultation où un confesseur de province, mis en scène, reprend la vieille *distinction du droit et du fait* et soutient que sur le *point du fait* le Formulaire d'Alexandre VII, le « silence respectueux » suffit sans adhésion à l'esprit.

2 Voir son instruction pastorale condamnant le « Cas de conscience » en 1704, qui est suivie de trois autres instructions sur l'infaillibilité de l'Église.

3 La querelle se rallume en 1702 autour du « cas de conscience » (peut-on absoudre un pénitent qui, sur le « fait » – l'attribution des cinq propositions à Jansénius –, s'en tient au « silence respectueux » ?).

4 Dont l'instruction de 1706 pour la publication de la bulle *Vineam Domini*.

5 Mgr de Langle précise qu'il se conforme « au jugement que les évêques assemblés ont déjà porté », qu'il accepte « comme eux avec respect et soumission la Constitution du Saint Siège » et déclare qu'il faut « rejeter non seulement de bouche, mais de cœur, et condamner comme hérétique le sens du livre de Jansénius condamné dans les cinq propositions ».

Le 11 novembre, un arrêt du Conseil du roi abolit le privilège accordé à la publication de cet ouvrage. Le cardinal de Noailles, que Fénelon n'apprécie plus, et les jansénistes sont visés par ces mesures du Saint-Siège et de Louis XIV. Le 8 septembre 1713, la bulle *Unigenitus* condamne 101 propositions extraites des *Réflexions morales* de P. Quesnel. L'Église de France est divisée et au bord du schisme.

Je propose d'étudier, de 1708 à 1715, l'antijansénisme et le rôle de Fénelon dans cette querelle qui mène à la bulle *Unigenitus*. Dans une première partie, je retracerai les grandes étapes de la lutte contre le jansénisme impulsées par l'archevêque de Cambrai. Dans une seconde partie, je m'intéresserai à la dénomination du mot « janséniste », puis dans une dernière partie aux jansénismes et aux jansénistes dans le diocèse de Cambrai, qui selon Fénelon était « infesté par l'hérésie jansénienne ».

La bibliographie fénelonienne est considérable et je n'en citerai ici que quelques ouvrages[6] et principalement ceux s'intéressant à l'antijansénisme de Fénelon et aux jansénistes[7]. Concernant les sources, les écrits de

6 Ély Carcassonne, *Fénelon, l'homme et l'œuvre*, Paris, Hatier-Boivin, 1946 ; Gilles Deregnaucourt, *De Fénelon à la Révolution, le clergé paroissial de l'archevêché de Cambrai*, Lille, Presses universitaires de Lille, 1991 ; G. Deregnaucourt, et Philippe Guignet (dir.), *Fénelon, évêque et pasteur en son temps (1695-1715)*, Centre d'Histoire de la Région du Nord et de l'Europe du Nord-Ouest, Villeneuve d'Ascq, 1996 ; G. Deregnaucourt, *Évêques, prêtres et paroisses dans les Pays-Bas catholiques du Concile de Trente aux Lumières. Provinces ecclésiastiques de Cambrai et Malines et Diocèse de Liège*, Habilitation à Diriger des Recherches, Université d'Artois, 1998, 2 tomes ; Henk Hillenaar, *Fénelon et les jésuites*, La Haye, Martinus Nijhoff, 1967 et Id., « Fénelon, Louvain et l'augustinisme », dans *L'augustinisme à l'ancienne Faculté de théologie de Louvain*, sous la direction de M. Lamberights, Leuven, University Press, 1994, p. 309-331 ; Henk Hillenaar (dir.), *Nouvel état présent des travaux sur Fénelon*, Amsterdam-Atlanta, éditions Rodopi B. V., 2000 ; Christophe Leduc, *Gens d'Église et société à l'époque moderne : le chapitre et les chanoines de Notre-Dame de Cambrai de la Renaissance à la Révolution : mi* XV*e – fin* XVIII*e siècles*, doctorat sous la dir. d'Alain Lottin, 2004, 3 tomes ; Sabine Melchior-Bonnet, *Fénelon*, Paris, Perrin, 2008 et Michel Dussart (sous la dir.), *Visages de Fénelon, 1651-1715. Tricentenaire de la mort de Fénelon*, Société d'émulation de Cambrai, tome 114, Cambrai, 2015.

7 Léon Mahieu, *Jansénisme et antijansénisme dans les diocèses d'Arras et de Cambrai : avec une introduction générale sur le jansénisme dans les diocèses du Nord de la France*, Lille, E. Raoust, 1944 ; Lucien Ceyssens, « Autour de la bulle *Unigenitus* : Fénelon », *Antonianum* 59, Rome, 1984, p. 482-540 ; Jean Kusiak, *Fénelon et le jansénisme*, Mémoire de maîtrise, sous la direction du Pr. Alain Lottin, Université d'Artois, 1995 ; Sylvio Hermann de Franceschi, « La controverse théologique par l'instruction pastorale. Délectation victorieuse et prémotion physique selon Fénelon : à propos de la théologie de Châlons de Louis Habert (1711) », dans *Les métamorphoses de la théologie. Théologie, littérature, discours religieux au* XVII*e siècle*, études réunies par J.-P. Gay et C.-O. Stiker-Metral., Honoré Champion, 2012, p. 147-171.

l'archevêque de Cambrai ont été consultés[8]. Les archives manuscrites ont été privilégiées. J'ai reconstitué un corpus de trois cent soixante-six lettres, écrites entre 1711 et 1724. Deux cent quatre-vingt ont été écrites par Pierre de Langle et quatre-vingt-six par ses correspondants, dont dix-huit par le cardinal de Noailles et dix-sept par Gaston de Noailles, évêque de Châlons. Dix-sept autres archevêques et évêques ont aussi écrit à ce prélat. Pour cette étude, j'utilise cent-douze lettres de ce corpus[9]. Ont également été consultées les correspondances des évêques d'Arras et de Saint-Omer, dont les diocèses relevaient de la province ecclésiastique de Cambrai. La plupart de ces documents sont conservés à la Bibliothèque nationale de France, à la Société des Amis de Port-Royal et aux archives d'État d'Utrecht[10].

UNE LUTTE PASSIONNELLE CONTRE LE JANSÉNISME

Grand ami de la Compagnie de Jésus, l'archevêque de Cambrai va protéger les jésuites. Dans une lettre datée de Paris du 11 février 1702, un certain Delacroix énumère au cardinal de Noailles les déboires de l'évêque d'Arras avec les jésuites et certains ecclésiastiques proches de la Compagnie à Valenciennes :

---

8 *Fénelon, Œuvres*, édition établie par Jacques Le Brun, Paris, Gallimard, Pléiade, 1983-1997, 2 tomes ; *Correspondance de Fénelon*, par Jean Orcibal, avec la collaboration de Jacques Le Brun et Irénée Noye, Genève, Droz, 1992-1999, t. XIV-XVI.

9 Ces lettres ont fait l'objet d'une publication sous le titre : *L'*Unigenitus *en frontière de catholicité. Pierre de Langle et ses correspondants (1711-1724)*, édition critique par Ph. Moulis, Paris, Honoré Champion, 2016.

10 Archives d'État d'Utrecht, collection Port-Royal, (citées désormais A.U.P.R.), n° 971-2 : une lettre de l'évêque d'Arras au père Besson de Douai (s.d.) ; Archives municipales de Saint-Omer : 2 G 185 : correspondance des évêques de Saint-Omer (1671-1755) ; Bibliothèque nationale de France, Fonds des manuscrits français (citées désormais Bnf) : n° 23217 : quatre lettres datées du 16 mars, 23 et 25 août et du 13 juin 1703 de l'évêque d'Arras au cardinal de Noailles ; n° 23206 : dix lettres de l'évêque d'Arras au cardinal de Noailles, datées du 11 janvier, 20 février, 27 mars, 30 mai, 31 juillet, 12 et 16 septembre, 3 et 20 octobre, 26 novembre 1715 ; n° 23207 : treize lettres datées du 18 décembre 1718, 4 janvier, 30 mars, 22 avril, 5 et 17 novembre, une de novembre (sans mention du jour), 11 décembre 1719, (sans indication du jour) janvier, 23 février, 29 novembre 1720, 25 mars, 5 mai 1721 de l'évêque d'Arras à Gaston de Noailles, évêque de Châlons.

> [...] Ce qui rend l'affaire plus délicate est le voisinage du diocèse de Cambrai, où toutes ces brebis malades sont retirées. M. l'archevêque y donne ses soins, mais cela ne laisse pas de faire beaucoup de bruit (Bnf, n° 23206, fol. 104-107).

Fénelon devient antijanséniste au début du XVIIIe siècle. Dans sa lutte contre le jansénisme et contre l'archevêque de Paris, il va agir subtilement en attaquant deux ouvrages, celui de Pasquier Quesnel et celui de Louis Habert. Par un bref du 13 juillet 1708, Clément XI condamne l'ouvrage de P. Quesnel : *Le Nouveau Testament en français avec des Réflexions Morales sur chaque verset pour en rendre la lecture plus utile et la méditation plus aisée*, comme « offrant fréquemment une doctrine et des propositions séditieuses, téméraires, pernicieuses, erronées, déjà condamnées et servant manifestement l'hérésie jansénissienne ». Fénelon écrit à Quesnel (1710) mais il reste discret[11]. Il fait intervenir deux de ses amis évêques qui, en 1710, publient une *Ordonnance et instruction pastorale de Mrs les évêques de Luçon et de La Rochelle, du 15 juillet 1710. Portant condamnation d'un livre intitulé : Le Nouveau Testament en François, avec des réflexions morales*[12]. Ce document produit l'effet escompté. Le cardinal de Noailles est furieux et demande réparations. S'ensuit une bataille de mandements et d'ordonnances entre les partisans des uns et des autres (voir la chronologie).

Par un arrêt du Conseil du 11 novembre 1711, Louis XIV abolit le privilège qui avait été accordé pour la publication des *Réflexions morales sur le Nouveau Testament*. L'archevêque de Paris, qui a approuvé ce livre, quand il était encore évêque de Châlons-sur-Marne, est visé par Rome, par Versailles et par Fénelon, qui a agi dans l'ombre. Vers la fin de l'année 1712, il écrit au père Daubenton :

> [...] Il me tarde de voir la constitution que le pape prépare contre le livre du P. Quesnel. Elle est très nécessaire pour remédier à la contagion car ce livre, muni d'une si grande autorité, est dans les mains de tout le monde ; chacun

11 *Pasquier Quesnel et les Pays-Bas. Correspondance*, publiée avec introduction et annotations par J. A. G. Tans, Paris, Vrin, 1960 ; « Les troubles causés par la constitution *Unigenitus*. Correspondance entre P. Quesnel et les principaux évêques appelants, avec introduction et annotations », par J. A. G. Tans, *Lias*, 1974, volume 1/2, p. 183-224 ; Joseph Anna Guillaume Tans et Henri Schmitz du Moulin, *La correspondance de Pasquier Quesnel. Inventaire et index analytique*, Louvain-la-Neuve – Bruxelles, Bureau de la R.H.E. – Bibliothèque de l'Université : Éditions Nauwelaerts, 1989-1993, 3 vol et J. A. G. Tans, *Pasquier Quesnel et le jansénisme en Hollande*, Paris, Nolin, 2007.

12 La Rochelle, Pierre Mesnier, 1710.

est accoutumé à croire qu'on ne peut rien sans la grâce efficace et qu'elle est invincible par sa propre vertu à nos volontés (Lettre 1614).

Plusieurs évêques, dont Pierre de Langle, soutiennent le cardinal, et dès 1711, ces prélats, qui s'attendent à la fulmination d'une bulle condamnant l'ouvrage de Pasquier Quesnel, s'organisent et commencent à structurer leur réseau de correspondance[13]. En juin 1712, plusieurs de leurs amis parisiens sont accusés d'être des jansénistes. Pierre de Langle écrit à l'évêque de Châlons : « On ne m'en dit point la cause, si ce n'est qu'ils sont soupçonnés de jansénisme. Dieu sait ce que tout cela veut dire[14] ». Le 12 juin 1712, Pierre de Langle écrit au Cardinal et lui remémore qu'en 1696 Fénelon était loin d'être antijanséniste :

> [...] Je reviens, avec votre permission, à votre excellente lettre, à l'occasion de laquelle vous ne serez peut-être fâché que je vous apprenne ce que je ne me suis pas souvenu de dire à votre Éminence. C'est que je me trouvais, chez M. l'archevêque de Cambrai, dans le temps que le petit livre de l'*Exposition de la foi catholique sur la grâce etc.*, commençait à faire du bruit, et que votre instruction de 1696 parût[15]. Il y fut parlé du petit livre d'une manière assez modeste, qui donnait assez à connaître qu'on n'en désapprouvait pas tout à fait le système ; mais votre ordonnance en forme d'instruction y fut très louée et on applaudit à la doctrine qui y est expliquée. De sorte qu'on ne se fait point de violence d'appliquer au prélat, chez qui j'étais en revenant de la campagne de Flandre, ce que vous dites de ces gens qui ont la foi des temps, *Fides temporum quantum mutatus ab illo*[16], me suis-je dit souvent en moi-même de cet archevêque, et à ceux à qui j'ai eu occasion et raison de le faire entendre (BnF, n° 23217, fol. 183 r°-186 r°).

---

13 Voir Ph. Moulis, « Réseau et clientèle d'un prélat janséniste : Pierre de Langle, évêque de Boulogne-sur-Mer (1698-1724) », *Chroniques de Port-Royal*, n° 62, Paris, 2012, p. 57-75 et Vincent Cuvilliers et Ph. Moulis, « Réseaux catholiques et clandestinité dans les diocèses septentrionaux de la France au XVIIIe siècle », *Revista Arhivelor – Archives Review*, 2/2010, Bucarest, p. 86-99.

14 BnF, n° 23207 : lettre de Pierre de Langle à Gaston de Noailles, évêque de Châlons, datée du 17 juin 1712, fol. 154 r°-155 v°.

15 Dans une instruction pastorale, du 20 août 1696, l'archevêque de Paris condamna *L'Exposition de la foi catholique touchant la grâce et de la prédestination* de Martin de Barcos comme étant un ouvrage « *plein de venin de jansénisme, contenant une doctrine impie, blasphématoire, scandaleuse et hérétique* ». Tout en condamnant l'ouvrage, l'archevêque en reprend les erreurs. C'est à partir de cette époque qu'il est soupçonné de sympathies jansénistes, voir *Lettres de Madame de Maintenon, volume II, 1690-1697*, édition intégrale et critique par H. Bots et E. Bots-Estourgie, Paris, Honoré Champion, 2010, lettres 640a et 797.

16 Et foi des temps, les croyances diverses, et changeantes.

En plus des attaques contre l'ouvrage du père Quesnel, celui de Louis Habert est vivement critiqué[17]. En 1709, Fénelon combat la « doctrine janséniste » dans une *Lettre à un évêque sur la Théologie de Habert.* En 1711, une dénonciation de cet ouvrage est publiée anonymement. Elle est probablement écrite par le père Lallemant et inspirée par Fénelon. Le cardinal de Noailles et les prélats qui lui sont proches vont soutenir Louis Habert. En 1711, Fénelon rédige une ordonnance qui condamne durement la *Théologie de Châlons.* Le 17 août, Gaston de Noailles écrit à Pierre de Langle :

> [...] La défense de M. Habert sur sa théologie paraît depuis quelque temps avec succès ; je la trouve solide et plus forte que celle de M. Pastel. Aussi un auteur se sent-il plus intéressé à défendre son livre que l'approbateur. Je ne vois guère ce que les bons évêques peuvent faire dans la conjoncture présente. Il serait peut-être utile qu'ils tinssent prêts des mandements solides et courts qui condamneraient les erreurs qui sont dans la dénonciation et déclareraient que le système de M. Habert est catholique, que n'étant qu'un thomisme mitigé on ne peut condamner l'un qu'on ne condamne l'autre, et qu'ils les fissent paraître aussitôt que celui de M. le cardinal et le mien auraient été publiés. Je vous ferai savoir ce que M. le cardinal croira plus convenable au bien de l'Église. Il est certainement pernicieux de laisser établir le molinisme pour la doctrine de l'Église (A.U.P.R., n° 1377, 4 fol.).

Le 11 septembre, l'évêque de Boulogne abonde dans le sens de son ami châlonnais et l'informe qu'il a lui-même adopté cette théologie dite de Châlons et a demandé aux lazaristes du séminaire de Boulogne de l'enseigner aux aspirants au sacerdoce. Il répond au frère du cardinal :

> [...] Je viens de changer le plus pauvre des théologiens qu'on enseignait depuis longtemps dans mon séminaire, Dumets, et j'ai fait prendre la théologie de M. Habert[18]. Je souhaiterais néanmoins qu'elle fût plus achevée et plus limée ; mais je n'en sais point de plus propre à l'usage des séminaires. Je sais qu'on l'enseigne dans le vôtre, Monseigneur, et cela n'a pas peu contribué à me déterminer, nonobstant la tempête qui s'est élevée contre cet auteur. Ne

17 Louis Habert (1635-1718), publia, en 1706, une *Theologia dogmatica et moralis ad usum seminarii Catalaunensis.* Le livre fut critiqué par le jésuite Lallemant, par Fénelon et par Hilaire Dumas. Habert est défendu par son approbateur et par l'archevêque de Paris, qui publie en mars 1711 un monitoire.

18 La théologie de M. Habert remplaçait l'ouvrage de Jacques Dumets, docteur en Sorbonne et professeur de théologie morale au séminaire de Saint Nicolas-du-Chardonnet qui avait édité entre autres ouvrages : *Clavis théologiæ practicæ tripartitæ*, en 4 vol. in-12 (ed. 1654, 1663, 1674, 1682).

> faites-vous rien pour sa justification, vous, Monseigneur, qui êtes attaqué personnellement par la dénonciation qui vous a été faite de sa théologie ? (BnF, n° 23207, 16 septembre 1711, fol. 141 r°-144 v°).

Le 22 juillet 1712, Fénelon écrit au père Le Tellier :

> [...] Pendant qu'on réduit au silence les évêques mêmes à qui Dieu commande d'élever leurs voix pour sauver la foi attaquée, on laisse imprimer au milieu de Paris sous les yeux de M. le cardinal de Noailles et avec l'approbation de certains docteurs, la Théologie de M. Habert et ensuite ses apologies [...] L'hérésie lève la tête, impose et triomphe (Lettre 1568).

Ces deux affaires divisent l'Église de France. Louis XIV, qui veut en finir avec Port-Royal et le jansénisme, demande au pape d'intervenir. Fénelon est heureux et espère que la future bulle mettra un terme définitif au « parti janséniste » et aboutira à la destitution du Cardinal de Noailles[19]. Dans ses *Plans de gouvernement dits Tables de Chaulnes*, datés de novembre 1711, il écrit :

> [...] Plan pour déraciner jansénisme
> Demander à Rome décision sur nécessité relative et alternante.
> Faire accepter la Bulle[20] par tous les évêques
> Faire déposer ceux qui la refuseront. Ôter les docteurs d'abbés, répétiteurs, grands vicaires, professeurs, supérieurs de séminaires
> Donner règle de doctrine à l'Oratoire aux bénédictins, aux chanoines réguliers (Fénelon, *Œuvres*, *op. cit.*, t. 2, p. 1099).

Le Roi Soleil obtient la bulle *Unigenitus*, fulminée le 8 septembre 1713, qui condamne 101 propositions extraites des *Réflexions morales* de P. Quesnel. En fait, la sentence pontificale frappe d'anathème les grands thèmes de la théologie port-royaliste, mais aussi les thèses gallicanes et richéristes. Cette décision papale, loin de mettre un terme à ces querelles, va au contraire les amplifier. Le roi fait accepter de force la bulle par une Assemblée du clergé réduite, d'octobre 1713 à février 1714. Entre temps, le 1er janvier 1714, Fénelon publie sa célèbre instruction pastorale en forme de dialogue : composée en référence aux

---

19 Pour Fénelon, il ne peut y avoir de paix pérenne dans le Royaume sans « la destruction du parti janséniste » ; *Mémoires sur les mesures à prendre après la mort du duc de Bourgogne, 15 mars 1712*, dans Fénelon, *Œuvres*, *op. cit.*, t. 2, p. 1122.

20 La bulle *Vineam Domini* de 1705.

Provinciales, sous forme de lettres rapportant des conversations entre le narrateur et un janséniste :

> *Instruction pastorale de Monseigneur l'archevesque Duc de Cambray, au clergé et au peuple de son diocèse en forme de dialogues divisée en trois parties. Première Partie, qui développe le système de Jansénius, sa conformité avec celui de Calvin sur la délectation et son opposition à la doctrine de Saint-Augustin. Seconde partie qui explique les principaux ouvrages de S. Augustin sur la grâce, l'abus que les jansénistes en font et l'opposition de leur doctrine à celle des thomistes. Troisième partie, qui montre la nouveauté du système de Jansénius et les conséquences pernicieuses de cette doctrine contre les bonnes mœurs*, Cambrai, 1714.

Réunie dès le 16 octobre 1713, l'Assemblée des évêques accepte, par 40 voix contre 9, la constitution *Unigenitus*. Ces délibérations sont publiées avec une instruction pastorale destinée aux prélats absents, appelée par la suite l'*Instruction des Quarante*, et avec la version française de la bulle : *Délibérations de l'Assemblée des cardinaux, archevêques et évêques, tenue à Paris en l'année 1713 et 1714. Sur l'acceptation de la Constitution en forme de bulle de Notre Saint-Père le pape Clément XI*[21]. L'Assemblée décide également que le roi serait prié d'ordonner l'enregistrement, la publication et l'observation de la bulle *Unigenitus*. De son côté, la Sorbonne renâcle et, le 15 février 1714, le Parlement se contente d'enregistrer les lettres patentes relatives à la diffusion de la bulle. Les jésuites et Fénelon exultent mais, tandis qu'une majorité d'évêques dociles reçoit la bulle, d'autres, autour de l'archevêque de Paris, refusent de la diffuser. Noailles, soutenu par son clergé parisien, devint ainsi le champion d'une sorte de cause nationale contre Rome, les jésuites et Versailles, et l'ancien jansénisme doctrinal change de nature[22]. Donc, en février 1714, huit prélats s'opposent, en même temps que le cardinal de Noailles, à la réception de la nouvelle Constitution : Pierre de Langle, évêque de Boulogne-sur-Mer ; Isoré d'Hervault, archevêque de Tours ; Hippolyte de Béthune, évêque de Verdun ; Gaston de Noailles, évêque de Châlons-sur-Marne ; Jean Soanen, évêque de Senez ; Desmaret, évêque de Saint-Malo ; Dreuillet, évêque de Bayonne et Clermont de Chaste, évêque de Laon. Les évêques opposants doivent quitter Paris au plus vite.

21 Paris, Veuve de François Muguet, 1714, 87 pages.

22 Marie-José Michel, « Clergé et pastorale janséniste à Paris (1669-1730) », *Revue d'histoire moderne et contemporaine*, t. 26, avril-juin 1979, p. 177-197.

Pierre de Langle refuse l'acceptation de la bulle et écarte la possibilité de tout compromis. Il revient à Boulogne le 12 mars 1714 et publie un mandement dans lequel il informe ses diocésains du parti qu'il avait pris, avec plusieurs évêques, de refuser son adhésion à l'acceptation de la bulle *Unigenitus.* Ce mandement est condamné à Rome par un décret de l'Inquisition du 2 mai, en même temps que ceux des évêques de Châlons et de Bayonne « comme étant au moins captieux, scandaleux, téméraire, injurieux au Saint-Siège apostolique, sentant le schisme et y induisant, erroné et ressentant l'hérésie ». En juin, Pierre de Langle écrit à un correspondant des Pays-Bas autrichiens et lui explique la conduite des évêques qui n'acceptent pas la bulle :

> [...] On ne doit point s'alarmer, ni trouver mauvais celui que M. le cardinal de Noailles et les prélats qui lui sont unis ont déjà pris par rapport à la condamnation du livre des *Réflexions.* On n'a pu s'empêcher de le faire, et il n'y avait que ce seul moyen qui pût justifier leur séparation des autres prélats de l'assemblée. En passant ce point de la Constitution, qu'ils n'ont regardé que comme un fait de discipline et d'une économie politique, ils n'ont point du tout prétendu adopter tout ce qui est dit dans la Constitution, soit contre le livre, soit contre l'auteur, qui y est très outrageusement et très injustement chargé (A.U.P.R., n° 1241, 27 juin 1714, 6 fol.).

Les attaques contre le livre de Pasquier Quesnel sont infondées et insultantes envers l'auteur. Néanmoins, ne voulant pas susciter de troubles dans l'Église, ils n'autorisent plus à leurs diocésains la lecture de cet ouvrage :

> [...] Bien loin de cela, ce sont au contraire principalement ces injures atroces, et le déchaînement horrible contre la personne, aussi bien que les qualifications étonnantes contre le livre, qui ont empêché les prélats séparés, d'accepter la Constitution, et d'adopter l'instruction pastorale des Quarante. Ils estiment l'auteur, et ils ne trouvent point que son livre contienne les sentiments qu'on lui impute ; mais ils ont jugé qu'il suffisait qu'un livre, quelque bon qu'il pût être en soi, fût un sujet de trouble dans l'Église, pour l'ôter d'entre les mains des fidèles, sauf à le leur rendre, lorsque les troubles seront dissipés, si on juge qu'il puisse être utile. On m'a assuré que c'était là la disposition des évêques qu'on traite de rebelles au Saint-Siège (*Ibid.*).

Pierre de Langle et les autres opposants ne comprennent pas les décisions et les condamnations du Saint-Siège. Ces prélats ont le sentiment d'agir pour le bien du clergé en général et de défendre les libertés de l'Église gallicane et les droits de l'épiscopat. À leurs yeux, ces intrusions romaines, cautionnées par le pouvoir royal, sont inadmissibles et doivent être dénoncées et combattues :

> [...] Les mandements des évêques, qui ont été si durement condamnés, ne contiennent rien sur quoi on puisse appliquer les qualifications d'erroné et sentant l'hérésie. Il n'y est pas traité un seul dogme, et ce n'est qu'une simple exposition historique de ce qui s'est passé dans l'assemblée, où l'on rend raison du parti qu'on y a pris ; au moins celui de notre évêque ne contient-il rien autre chose ; mais c'est une fureur qui agite réellement le tribunal de l'Inquisition qu'il y représente les objets tout autres qu'ils ne sont. Il est vrai que les libertés de l'Église gallicane et les droits de la hiérarchie sont entièrement violés et renversés par ces sortes d'entreprises de la cour romaine ; et on ne manque pas de le représenter avec toute la fermeté possible à la cour de France ; mais on y est sourd à toutes les plaintes que les évêques jaloux de l'autorité de leur ministère y portent ; de manière qu'on ne voit presque point de remède à un si grand mal (*Ibid.*).

Bien loin de prêter attention à ces considérations, Louis XIV demande aux prélats de trouver un accommodement mais cela n'aboutit pas. L'épiscopat est divisé. Le roi est décidé à employer tous les moyens de conciliation pour ramener le cardinal de Noailles. Il songe même à réunir un concile national pour contraindre les opposants à la soumission et à l'acceptation. Cela plaît beaucoup à Fénelon. Ce dernier approuve le 29 juin 1714 l'instruction des Quarante. Le 19 de juillet, le cardinal de Noailles demande à Pierre de Langle de lui envoyer le document rédigé par l'archevêque de Cambrai :

> [...] Je voudrais bien avoir le mandement de M. l'archevêque de Cambrai[23]. Si vous pouviez m'en procurer un, vous me ferez grand plaisir. Il sera de même style et dans les mêmes principes que ses autres ouvrages (A.U.P.R., n° 1376, 4 fol.).

Après réception et lecture de ce document, le cardinal répond, le 19 août, à l'évêque de Boulogne. Les commentaires sont cinglants :

> [...] J'ai vu celui de M. de Cambrai, il lui ressemble parfaitement, il y a du roman comme dans tous ses ouvrages, l'illusion et le sophisme y règne partout (A.U.P.R., n° 1376, 4 fol.).

Les prélats « rebelles » vont constamment réfuter le qualificatif de « janséniste ».

---

23 *Mandement et instruction pastorale de l'archevêque de Cambrai, pour la réception de la constitution Unigenitus*, Cambrai et Paris, 1714.

JANSÉNISTE, UNE DÉNOMINATION RÉFUTÉE PAR LES PRÉLATS CONTESTATAIRES

Dans ses lettres, ses instructions et ses ordonnances, Fénelon veut démontrer que le cardinal de Noailles est le chef du parti janséniste. Les évêques récalcitrants se défendent du qualificatif de « janséniste » qu'ils réfutent avec vigueur. D'ailleurs, qu'est-ce que le jansénisme et qu'est-ce qu'un janséniste ? L'évêque de Boulogne écrit à ce sujet :

> [...] On ne doit point non plus trouver mauvais qu'ils [les évêques] se soient déclarés contre le jansénisme, c'est-à-dire contre les cinq fameuses propositions condamnées de Jansénius[24]. Cela ne fait aucun mal aux prétendus jansénistes ; dès qu'on n'en impute point le nom odieux à qui que ce soit en particulier, s'il n'y a point de véritables jansénistes, et si personne ne soutient les cinq propositions condamnées, tout ce qu'on peut dire ne tombe sur personne, ce sont des coups qui portent à faux, et on ne doit point s'en mettre en peine. Ces messieurs les évêques, aussi bien que M. le cardinal, ne sont-ils pas tous les jours appelés jansénistes, quel mal cela fait-il ? En sont-ils plus jansénistes pour cela ? Point du tout, et ils méprisent ces dénominations odieuses qu'ils savent bien ne pas mériter » (A.U.P.R., n° 1241 : lettre de Pierre de Langle, à [inconnu des Pays-Bas autrichiens], datée du 27 juin 1714, 6 fol.).

Le 27 juin 1712, Fénelon écrit au père Le Tellier et justifie sa proximité passée avec « les jansénistes » et le cardinal de Noailles :

> [...] J'avoue aussi qu'en ces temps-là, j'étais trop crédule en faveur de tous ceux qui se disaient antijansénistes. Mais une triste expérience m'a fait voir depuis bien des années, que beaucoup de gens, secrètement attachés au parti, insinuent d'autant plus dangereusement le poison du jansénisme qu'ils paraissent le condamner (Lettre 1562)[25].

24 Cornelius Jansénius (1585-1638) : *Augustinus. Seu doctrina sancti Augustini de humanæ naturæ sanitate, ægritudine, medicina adversus Pelagianos et Massilienses*, Louvain, 1640. La bulle *Cum occasione*, du 31 mai 1653, condamne séparément les propositions, attribuées de manière peu claire à Jansénius : les quatre premières sont déclarées hérétiques et la dernière fausse. Les jansénistes se défendent en arguant que Jansénius est fidèle à saint Augustin et que toute condamnation de l'*Augustinus* équivaut à condamner le docteur de la grâce.

25 Dans ses mémoires le duc de Saint-Simon écrit à ce sujet : « Fénelon était un homme de qualité qui n'avait rien et qui, se sentant beaucoup d'esprit, et de cette sorte d'esprit insinuant et enchanteur, avec beaucoup de talents, de grâces et du savoir, avait aussi

Quand on lit la correspondance de Pierre de Langle, on s'aperçoit qu'il refuse cette dénomination de janséniste. D'ailleurs les mots, janséniste et jansénisme, ne sont employés qu'à cinq reprises. Dans le cadre de cette étude, j'ai analysé, avec le logiciel Wordle, les cent-douze lettres de la correspondance de Pierre de Langle, de 1711 à janvier 1715. Les mots les plus souvent usités sont regroupés dans le nuage ci-dessous :

Cette représentation montre clairement que les évêques proches du cardinal de Noailles se sont regroupés pour le défendre (*éminence, monseigneur, cardinal, affaire*). Les mots jansénisme, janséniste, Port-Royal, Augustinus n'apparaissent pas. Ces prélats refusent la bulle *Unigenitus* (*constitution, instruction, mandement, explications*) et défendent ce qu'ils appellent « la cause de la vérité » et « les droits de l'épiscopat » (*vérité, honneur, cause*).

Ces mots qui n'existent pas pour les uns sont pour les autres abondamment utilisés et sont une réalité.

beaucoup d'ambition. Il avait frappé longtemps à toutes les portes, sans se les pouvoir faire ouvrir. Piqué contre les jésuites, où il s'était adressé d'abord, comme aux maîtres des grâces de son état, et rebuté de ne pouvoir prendre avec eux, il se tourna aux jansénistes pour se dépiquer, par l'esprit de réfutation qu'il se flattait de tirer d'eux, des dons de la fortune, qui l'avait méprisé », *Mémoires suivi des Additions au Journal de Dangeau*, (année 1695).

LES JANSÉNISTES
DANS LE DIOCÈSE DE CAMBRAI

Gilles Deregnaucourt a calculé qu'en 1716, il y avait dans le diocèse de Cambrai : 543 curés de paroisses, 25 prêtres réguliers desservant des cures, 100 vicaires, 182 chapelains, 55 autres bénéficiers. Auxquels il faut ajouter les personnels des chapitres et des instituts de prêtres séculiers (oratoriens et jésuites), soit 450 à 500 personnes. Quant aux réguliers et aux religieuses, leur nombre est d'environ 4000 personnes[26]. Fénelon affirme que son diocèse et une grande partie de ses ecclésiastiques comptent de nombreux jansénistes. Le 4 mai 1710, il écrit à Mme Guyon :

> [...] Tout notre clergé est plein de jansénistes. Si je tenais ferme pour n'admettre que les ecclésiastiques opposés à la nouvelle doctrine, je remplirais mal les places. Je n'aurais que des sujets ignorants et faibles (Lettre 1373).

Le duc de Saint-Simon corrobore ces propos :

> [...] Les jansénistes étaient en paix profonde dans le diocèse de Cambrai, et il y en avait grand nombre ; ils s'y taisaient, et l'archevêque aussi à leur égard. Il aurait été à désirer pour lui qu'il eût laissé ceux de dehors dans le même repos ; mais il tenait trop intimement aux jésuites et il espérait trop d'eux, pour ne leur pas donner ce qui ne troublait pas le sien (*Mémoires*, année 1715).

L'évêché de Cambrai était-il vraiment un diocèse refuge pour les jansénistes ? Plusieurs études remettent en question cette présence massive du jansénisme dans cette région. Dans son ouvrage intitulé *Jansénisme et antijansénisme dans les diocèses d'Arras et de Cambrai : avec une introduction générale sur le jansénisme dans les diocèses du Nord de la France*[27], Léon Mahieu a montré les incohérences entre les écrits de Fénelon et la présence réelle de nombreux jansénistes dans le diocèse de Cambrai. Lucien Ceyssens a également formulé des réserves et remis en question le bien-fondé des affirmations du Cygne de Cambrai[28]. Des travaux plus

26 G. Deregnaucourt, « Géographie diocésaine sous l'épiscopat de Fénelon (1695-1715) », dans *Fénelon, évêque et pasteur en son temps (1695-1715)*, *op. cit.*, p. 26.

27 *Op. cit.*

28 L. Ceyssens, « Autour de la bulle *Unigenitus* : Fénelon », *op. cit.*

récents confirment qu'il n'y avait pas de réseau janséniste structuré dans le diocèse de Cambrai[29]. Qui plus est, plusieurs écrits de Fénélon sont contradictoires. Dans son mémoire de septembre 1702 sur le jansénisme dans le diocèse de Cambrai et dans une lettre du 2 février 1712, il affirme que les Universités de Louvain et de Douai sont jansénistes et que le séminaire de son diocèse est contrôlé par ces derniers[30]. Le 15 juillet 1710, il écrit à Vincenzo Alamanni :

> [...] L'état présent des affaires met la France en très grand péril, et j'ose dire qu'il est capital pour l'Église que la France ne tombe pas. Voilà Louvain et Douai en la puissance des protestants. Les jansénistes vont dominer dans ces deux universités qui forment tout le clergé des Pays-Bas (Lettre 1391).

Ces universités ne sont pas situées dans le diocèse de Cambrai. Douai dépendait du diocèse d'Arras et le collège d'Anchin administré par les jésuites accueillait de nombreux élèves et futurs ecclésiastiques et notables de la région. Dans un autre mémoire adressé au pape Clément XI en 1705 (*Memoriale SSmo clam legendum*), il précise que de nombreux jansénistes sont présents chez les carmes, les augustins, les bénédictins, les prémontrés, les génovéfains et les oratoriens. On en trouve aussi chez les lazaristes, les capucins et les récollets. Seuls les sulpiciens en sont épargnés. Dans ce mémoire, Fénelon minimise l'importance et l'influence considérables de la Compagnie de Jésus dans ces régions frontalières. En 1698, Fénelon écrit à Chanterac « Cambrai n'a jamais été de l'Église gallicane, mais de l'Église germanique ». En effet, dans cette région, il y a eu au XVIe siècle une forte répression du protestantisme et une implantation massive de la Compagnie de Jésus. Les jésuites, les capucins, les récollets sont devenus des remparts contre « l'hérésie[31] ». Jésuites et capucins avaient pour objectif de contrer l'expansion du protestantisme dans les

29 G. Deregnaucourt, *De Fénelon à la Révolution*, *op. cit.* ; J. Kusiak, *Fénelon et le jansénisme*, *op. cit.*, et C. Leduc, *Gens d'Église et société à l'époque moderne*, *op. cit.*

30 *Mémoire sur l'état de son diocèse de Cambrai par rapport au jansénisme et sur les moyens d'y arrêter les progrès* et Lettre 1525, au duc de Chevreuse.

31 En 1633, la province jésuite flandro-belge disposait d'une vingtaine de maisons et de 850 jésuites, et la province gallo-belge comptait 22 maisons et 854 jésuites. Au total, il y avait 42 établissements et 1704 religieux. Louis Châtellier constate que les capucins qui ne sont que quatre lors de leur arrivée en Flandres en 1583, avoisinent le millier vers 1620. Joseph Brucker, *La Compagnie de Jésus. Esquisse de son institut et de son histoire (1521-1773)*, Paris, Beauchesne, 1919, p. 245-248 ; Louis Châtellier, *La religion des pauvres. Les sources du Christianisme moderne, XVIe-XIXe siècle*, Paris, Aubier, 1993.

Pays-Bas méridionaux[32]. Dans ces territoires anciennement espagnols, puis autrichiens, et sans traditions gallicanes, il y avait peu de place à la contestation. Généralement ces régions frontalières, ces régions de frontières de catholicité sont antiprotestantes aux XVIe et XVIIe siècles et sont antijansénistes au XVIIIe siècle. De plus, la population est très attachée à Rome et aux jésuites. Fénelon a aussi favorisé et protégé les jésuites de son diocèse. En retour, il a bénéficié du soutien de la Compagnie de Jésus. Le duc de Saint-Simon écrit à ce sujet :

> [...] Il fut rudement réfuté par les jansénistes, et il est vrai de plus que le silence en matière de doctrine aurait convenu à l'auteur si solennellement condamné du livre des *Maximes des saints* ; mais l'ambition n'était rien moins que morte ; les coups qu'il recevait des réponses des jansénistes lui devenaient de nouveaux mérites auprès de ses amis, et de nouvelles raisons aux jésuites de tout faire et de tout entreprendre pour lui procurer le rang et les places d'autorité dans l'Église et dans l'État (*Mémoires*, année 1715).

Certes, il y a quelques jansénistes dans le diocèse de Cambrai, mais ils sont peu. Citons un certain André Smal à Mons. Fénelon a des entretiens avec le chanoine Robert de Mons et échange quelques lettres avec Pasquier Quesnel[33]. Mais comme l'a écrit dans sa thèse Gilles Deregnaucourt, il y a chez Fénelon une sorte de paranoïa concernant le jansénisme. À défaut de jansénistes dans son diocèse, il combat ceux de l'extérieur. Le 19 octobre 1711, il écrit à Vincenzo Alamanni :

> [...] Le parti janséniste lève de plus en plus la tête. Il soulève tout en Hollande, il prépare un schisme à Tournai. Il remue mille ressorts en France. Le St-Siège ne saurait comprendre de loin jusqu'où va le venin de ce parti, et le danger où il met l'Église (Lettre 1502).

Le réseau de Fénelon est centré sur sa personne. Plusieurs prélats le soutiennent. À Versailles, il bénéficie du soutien des ducs de Chevreuse et de Beauvilliers. Il travaille avec le confesseur jésuite du roi, le père Le

32 Judith Pollmann a mis en évidence la constitution, pendant la révolte, d'une identité catholique dans les Pays-Bas méridionaux. Benjamin Kaplan, Bob Moore, Henk Van Nierop et Judith Pollmann (éd.), *Catholic Communities in Protestant States. Britain and the Netherlands, c. 1570-1720*, Manchester, Manchester University Press, 2008 ; J. Pollmann, *Catholic Identity and the Revolt of the Netherlands, 1520-1635*, Oxford, Oxford University Press, 2011.

33 Émile Jacques, « Un chanoine belge ami de Port-Royal et collaborateur de Fénelon : Philippe Charles Robert », *Revue d'histoire ecclésiastique*, n° 73, 1978, p. 5-44.

Tellier (34 lettres de 1711 à 1715), et a ses entrées au Vatican (Alamanni, Daubenton). Il envoie des lettres et des mémoires secrètement au Pape. Mais son réseau est différent des autres réseaux antijansénistes comme celui de Languet de Gergy par exemple, qui fut évêque de Soissons, puis archevêque de Sens. Ce prélat était en relation avec des dizaines d'ecclésiastiques de France et d'autres pays. Le réseau de Fénelon est beaucoup plus restreint et ne lui survit pas. Il n'y a pas à Cambrai de réseau janséniste constitué et structuré comme dans les diocèses de Boulogne et d'Arras. S'il y avait eu beaucoup de jansénistes, ils auraient organisé un réseau clandestin de correspondance en lien avec ceux de Boulogne, d'Arras, des évêchés lorrains, de Paris, de Bruxelles et d'Utrecht... Ce qui n'est pas le cas. De plus, à la mort de Fénelon, les jansénistes se seraient manifestés et les historiens les auraient identifiés, d'autant plus que les sources pour les trouver sont nombreuses. Il n'y a pas de liste d'appelants cambrésiens de la bulle *Unigenitus* à un concile national dans l'ouvrage de G.-N. Nivelle : *La constitution Unigenitus deferée à l'Église universelle ou recueil general des actes d'appel interjettés au futur concile general de cette constitution et des lettres pastoralis officii*[34]. Les différents recueils et nécrologes comme celui de M. Cerveau ne citent pas les jansénistes du diocèse de Cambrai[35]. De même, les *Nouvelles Ecclésiastiques ou Mémoires pour servir à l'histoire de la Constitution Unigenitus* restent silencieuses sur cette prétendue horde janséniste sévissant autour de l'archevêque de Cambrai[36]. Les principaux dépôts d'archives, notamment celui d'Utrecht, ne les mentionnent pas[37]. Celui de la bibliothèque municipale de Sens, qui conserve la collection (61 tomes) du prélat antijanséniste Languet de Gergy, évêque de Soissons de 1715 à 1730, confirme cette absence

34 Cologne Aux dépens de la Compagnie, 1757, 4 tomes.

35 *Nécrologe des plus célèbres défenseurs et confesseurs de la vérité du dix-huitième siècle, contenant les principales circonstances de la Vie & de la Mort des Amis de la Vérité de l'un & l'autre Sexe, & sur-tout des persécutions qu'ils ont souffertes au sujet du Formulaire & de la Bulle Unigenitus, & de la part des Jésuites*, 1760, 8 vol.

36 *Nouvelles Ecclésiastiques ou Mémoires pour servir à l'histoire de la Constitution Unigenitus* années 1737, p. 135 et 1748, p. 153-154. *Table raisonnée et alphabétique des Nouvelles Ecclésiastiques, depuis 1728 jusqu'en 1760 inclusivement, première partie*, [s. l.], 1767, p. 137 (Cambrai) et p. 461 (Fénelon) : « S'autorise du Formulaire & de la Constitution pour rejeter la grace efficace par elle-même comme étant le sens de Jansénius condamné ; défend ces deux décrets jusqu'à l'aveuglement & à l'absurdité ».

37 Jacob Bruggeman et Antoon Joseph Van de Ven, *Inventaire des pièces d'archives françaises se rapportant à l'abbaye de Port-Royal des Champs et son cercle et à la résistance contre la bulle* Unigenitus *et à l'Appel (ancien fonds d'Amersfoort)*, La Haye, Martinus Nijhoff, 1972.

massive de jansénistes dans le diocèse de Cambrai. L'évêque de Soissons n'a pas d'informateurs et ne reçoit pas de rapports ou de lettres sur les activités des jansénistes cambrésiens ; par contre il en reçoit sur ceux de Boulogne, d'Arras…

Dernier point, Fénelon se préoccupe beaucoup de la formation des ecclésiastiques. Avant de parvenir à la prêtrise, les ordinands étaient examinés cinq fois et souvent interrogés par l'archevêque. Dans les registres de l'officialité ou dans les autres documents cambrésiens, on ne trouve pas de refus au sacerdoce ou des peines d'enfermement au séminaire pour motif de jansénisme. Cela est d'autant plus curieux car les évêques antijansénistes abusaient de ces procédés dans leur diocèse.

Quelles sont les motivations de Fénelon ? Depuis sa condamnation et son exil, Fénelon a reçu une interdiction de publier, sauf pour son diocèse. Pour justifier la publication de ses instructions et mandements, il va s'adresser à ses diocésains. Fénelon est intelligent, il sait pertinemment que ces documents seront diffusés dans le royaume de France et à Rome. Il a donc besoin de créer de nouveaux ennemis dans son diocèse : les jansénistes. Cette stratégie antéjanséniste pour revenir à la lumière et susciter son retour en grâce s'avère payante.

> […] À mesure que les temps orageux s'éloignaient, [écrit Saint-Simon] que ceux de son Dauphin s'approchaient, cette ambition se réveillait fortement, quoique cachée sous une mesure qui certainement lui devait coûter. Le célèbre Bossuet, évêque de Meaux, n'était plus, ni Godet, évêque de Chartres ; la constitution avait perdu le cardinal de Noailles ; le P. Tellier était devenu tout-puissant. Ce confesseur du roi était totalement à lui ainsi que l'élixir du gouvernement des jésuites, et la société entière faisait profession de lui être attachée depuis la mort du P. Bourdaloue, du P. Gaillard et de quelques autres principaux, qui lui étaient opposés, qui en retenaient d'autres, et que la politique des supérieurs laissait agir, pour ne pas choquer le roi ni Mme de Maintenon contre tout le corps ; mais ces temps étaient passés, et tout ce formidable corps lui était enfin réuni (*Mémoires*, année 1715).

Malheureusement, l'imminence du retour à la Cour ne se produit pas parce que l'archevêque de Cambrai décède le 7 janvier 1715. Le même mois, Pierre de Langle en informe le cardinal de Noailles :

> […] Je ne peux cependant la finir sans dire un mot de la mort de l'archevêque de Cambrai, que je n'ai apprise que par la voie de Flandres, lorsqu'on m'écrivait

> de Paris, qu'il était presque hors de danger. On me mande de ce pays-là, qu'il est fort regretté, et en effet il s'y faisait fort aimer et estimer. C'est dommage qu'un si grand homme, et un si bel esprit, ait donné dans de si excessifs travers, que ceux où il a donné. Il voit maintenant s'il a bien pensé et bien pris son parti dans l'affaire présente. Son instruction pastorale ou mandement tout plein de sophismes qu'il est, et de fausses suppositions, ne laissait pas d'être séduisant, et bien des gens, peu habiles à la vérité, ne laissaient pas d'en être ébranlés (BnF, n° 23206, fol. 268 r°-270 v° ; également cité dans Fénelon, *Œuvres*, *op. cit.*, t. 1, p. XXVII).

Le 4 février, l'archevêque de Paris lui répond :

> [...] Il faut cependant un mot sur M. de Cambrai, il est certain qu'il est fort regretté, il le mérite par bien des endroits. Je regrette fort les grands talents que Dieu lui avait donnés. Il n'en a pas fait assez bon usage. Il est vrai que son mandement, qui est un tas de sophismes, impose aux gens superficiels (A.U.P.R., n° 1376, 4 fol.).

Fénelon a effectivement lutté activement contre le jansénisme en général. Ce combat fut pour lui un moyen de revenir dans la lumière mais aussi l'occasion de régler un vieux contentieux avec les jansénistes et surtout avec le cardinal de Noailles.

> [...] Retiré dans son diocèse, [écrit le duc de Saint-Simon], il [Fénelon] y vécut avec la piété et l'application d'un pasteur, avec l'art et la magnificence d'un homme qui n'a renoncé à rien, qui se ménage tout le monde et toutes choses. Jamais homme n'a eu plus que lui la passion de plaire, et au valet autant qu'au maître ; jamais homme ne l'a portée plus loin, avec une application plus suivie, plus constante, plus universelle ; jamais homme n'y a plus entièrement réussi. Cambrai est un lieu de grand abord et de grand passage ; rien d'égal à la politesse, au discernement, à l'agrément avec lesquels il recevait tout le monde. Dans les premières années on l'évitait ; il ne courait après personne ; peu à peu les charmes de ses manières lui rapprochèrent un certain gros. À la faveur de cette petite multitude, plusieurs de ceux que la crainte avait écartés, mais qui désiraient aussi de jeter des semences pour d'autres temps, furent bien aises des occasions de passer à Cambrai. De l'un à l'autre tous y coururent (*Mémoires*, année 1715).

La présence réelle et surtout massive de jansénistes dans le diocèse de Cambrai doit être fortement nuancée. Il est fort probable que les jansénistes propageant « l'hérésie jansénienne » dans le diocèse de Cambrai ne soient que des fantômes. Cependant l'activité débordante de Fénelon contre le jansénisme fera des émules dans l'épiscopat français. Plusieurs ecclésiastiques feront carrière en étant de farouches antijansénistes.

Philippe MOULIS
Université de Paris 13
Laboratoire Pléiade (E.A. 7338)

FÉNELON, RACINE ET PORT-ROYAL

L'« affaire » Louis Ellies Du Pin (1692)

Parmi les nombreux membres de l'entourage royal, il est deux personnages influents, Fénelon et Racine, dont les fréquentations n'ont jamais été décrites avec beaucoup de précision. Le précepteur du duc de Bourgogne – il l'est depuis 1689 –, a pu assister, à Saint-Cyr, le 22 février 1691, parmi les rares privilégiés à la dernière répétition d'*Athalie*, une pièce de Racine commandée par le roi Louis XIV et recommandée par Madame de Maintenon : témoignage ou occasion possible d'une relation approfondie dont l'un des temps forts fut sans aucun doute ce qu'on appela alors l'« affaire » de Louis Ellies Du Pin.

On a souvent conté l'histoire et les étonnantes péripéties de la vie de ce petit-cousin de Racine, fils de Louis Ellies, sieur du Pin, d'origine normande, et de Marie Vitart, fille de Nicolas Vitart et Claude Desmoulins : cette dernière est la sœur de Marie Desmoulins, épouse de Jean Racine et grand-mère du poète. Après avoir fait ses premières études, comme Racine, au collège d'Harcourt, dans un milieu favorable à Port-Royal – le proviseur n'en est-il pas Thomas Fortin, un ami de Pascal ? – Louis Ellies Du Pin reçoit son bonnet de docteur de Sorbonne le 1er juillet 1684[1]. Peu de temps après avoir pris ses grades de théologie, le jeune homme se lance alors à corps perdu dans la lecture de la Bible, des Pères de l'Église grecs et latins, des conciles et des auteurs ecclésiastiques depuis les origines du christianisme jusqu'au XVIIe siècle. Travailleur entreprenant et ambitieux, il fait ainsi paraître, à partir de 1686, le premier d'une longue série de volumes sous le titre de la *Nouvelle bibliothèque des auteurs*

1 Voir Jacques Gres-Gayer, « Un théologien gallican, témoin de son temps : Louis Ellies Du Pin (1657-1719) », *Revue d'histoire de l'Église de France*, 72, 188, 1986, p. 67-121 et « Un théologien gallican et l'Écriture sainte : Le "projet biblique" de Louis Ellies Du Pin (1657-1719) », dans *Le Grand Siècle et la Bible*, dir. Jean-Robert Armogathe, Paris, Beauchesne, 1989, p. 255-275, ainsi que le *Dictionnaire de Port-Royal*, dir. Jean Lesaulnier et Antony McKenna, Paris, Champion, 2004, p. 386-387.

ecclésiastiques[2] : une suite d'ouvrages venant après la publication d'un recueil de textes historiques, relevant de l'ecclésiologie gallicane, qui a eu le don de mécontenter Bossuet et certains théologiens gallicans. D'autant plus que Du Pin publie, en 1691, deux livres : *Liber Psalmorum cum notis quibus eorum sensus litteralis exponitur*, et *Le livre des Psaumes*, où, là encore, Du Pin entre en concurrence[3] avec l'évêque de Meaux, qui fait paraître, la même année, un livre au titre voisin : *Liber Psalmorum additis canticis cum notis*. Même si la publication de ces ouvrages par Du Pin sur la Bible « n'était sans doute qu'une coïncidence », selon les termes de Jacques Gres-Gayer[4], Bossuet a pu se sentir piqué au vif, et tenu d'en venir enfin à la critique des précédentes publications.

L'affaire Du Pin éclate à la fin de l'hiver 1692 et plusieurs incidents vont émailler toute l'année 1692. C'est d'abord l'attaque de Bossuet contre Du Pin au collège de Navarre, lors d'un discours qui constitue le premier témoignage public de l'affaire : elle nous est relatée à la fois par Bossuet dans sa lettre à Jean Gerbais du 19 mars 1692 et dans celle de Fénelon à Bossuet du 23 mars suivant. Bossuet à Gerbais, docteur de Sorbonne :

> Je vous avoue, admet Bossuet, que je fus étonné qu'un siècle aussi critique que celui-ci demeurât en silence ; et c'est par où je me crus obligé de dire un mot à Navarre, afin qu'il y eût quelque témoignage que tout le monde n'approuvait pas les manières et les sentiments de M. Du Pin, en épargnant néanmoins son nom, et me tenant autant que je pus dans les termes généraux[5].

Fénelon écrit de son côté à Bossuet :

---

2 *Nouvelle bibliothèque des auteurs ecclésiastiques contenant l'histoire de leur vie, le catalogue, la critique, et la chronologie de leurs ouvrages ; le sommaire de ce qu'ils contiennent : un jugement sur leur style, et sur leur doctrine, et le dénombrement des différentes éditions de leurs œuvres*, Paris, André Pralard, 45 vol., in-8°, 1686-1723. Le t. I, Des auteurs des trois premiers siècles, paraît à Paris en 1686, 2e éd., 1688 ; le t. II, Des auteurs du IVe siècle, 1689 ; t. III, Des auteurs du Ve siècle, 1688 et 1690 ; t. IV, Des auteurs du VIe siècle, 1690 ; t. V, Des auteurs des VIIe et VIIIe siècles, 1691.

3 L'oratorien Pasquier Quesnel écrira à Louis-Paul Du Vaucel : Du Pin « devait ménager M. de Meaux, et il l'a piqué en entreprenant un dessein sur la Bible dont ce prélat était en possession », lettre du 17 octobre 1692, *Un janséniste en exil. Correspondance de Pasquier Quesnel*, éd. Mme Albert Le Roy, Paris, Perrin, 1900, 2 vol., t. I, p. 234.

4 « Un théologien gallican : Louis Ellies Du Pin », article cité, p. 72.

5 *Correspondance de Bossuet*, éd. Charles Urbain et Eugène Levesque, Paris, Hachette, 1909-1925, t. V, p. 73-74 ; voir nos Annexes plus bas. (Nos extraits de la correspondance de Bossuet se rapporteront toujours à cette édition).

> M. Racine est venu me parler de M. Du Pin, qui se plaint, Monseigneur, de ressentir votre indignation sans l'avoir méritée. Vous l'avez traité en pleine Sorbonne, dit-il, comme un socinien[6].

Cette intervention de Bossuet se situe en février 1692. Lors de la thèse de tentative d'Antoine Fagon, fils du médecin de Louis XIV, thèse que préside Bossuet, l'évêque de Meaux s'est emporté contre Du Pin[7], « en pleine Sorbonne », comme le dit de manière impropre Fénelon, qui désigne ainsi la Faculté de théologie : « Il le fit par principe, note J. Gres-Gayer, "afin qu'il y eût quelque témoignage que tout le monde n'approuvait les manières et les sentiments de M. Du Pin[8]", mais en termes généraux, sans nommer celui qu'il critiquait[9] ». En le traitant « comme un socinien », Bossuet n'entend pas qu'il est hérétique comme l'arien Fausto Socin à propos de ses croyances trinitaires ; mais il reproche à Du Pin de « maltraiter » saint Augustin, de le présenter comme un novateur sur les matières de la grâce.

En février 1692, Bossuet provoque d'une certaine manière le jeune Louis Ellies Du Pin. Comment ce dernier réagit-il à la suite de ce premier incident ? Au lieu de se tourner vers l'évêque de Meaux, comme ce dernier s'y attendait sans doute, le jeune téméraire commente les faits au cours de conversations, semble-t-il, peu courtoises à son égard : « Pendant un mois, écrit Bossuet à Jean Gerbais, je n'ai rien ouï dire de M. Du Pin que plusieurs propos qu'il tenait assez inconsidérément à mes amis[10] ». Mais, vu le nombre et la gravité des griefs qui lui sont reprochés, selon le théologien évêque de Meaux, Du Pin doit être condamné, ce qui pousse Bossuet à composer un *Mémoire de ce qui est à corriger dans la Nouvelle bibliothèque des auteurs ecclésiastiques*, au cours du même mois de février.

Une confirmation en est donnée par Fénelon, qui, en réponse à une lettre de Bossuet, lui écrit le 3 mars 1692 : « J'ai lu, Monseigneur, votre *Mémoire* sur les ouvrages de M. Du Pin, et je n'oserais vous dire tout le

---

6 Fénelon, *Correspondance*, éd. Jean Orcibal, Paris, Klincksieck, 1972, t. II, p. 240. (Nos extraits de la correspondance de Fénelon se rapporteront toujours à cette édition).

7 Voir *Les dernières années de Bossuet. Journal de Ledieu*, édition nouvelle par Ch. Urbain et E. Levesque, Bruges, Paris, 1928-1929, t. I, p. 202.

8 Extrait de la lettre de Bossuet à J. Gerbais, 19 mars 1692, *Correspondance de Bossuet*, t. V, p. 74.

9 « Un théologien gallican : Louis Ellies Du Pin », article cité, p. 73.

10 Lettre du 19 mars, *Correspondance de Bossuet*, t. V, p. 74.

plaisir qu'il m'a fait » : Fénelon – c'est lui qui nous l'apprend – s'en est entretenu aussi, avant cette date, avec Racine, ainsi qu'avec plusieurs amis – MM. de Court, de Langeron et Fleury. Bossuet transmet son *Mémoire* destiné au chancelier Louis Boucherat, la veille de son départ de Paris pour Meaux, vers le 12 mars, ainsi qu'à l'archevêque de Paris, François de Harlay de Champvallon[11].

Un échange avait déjà mis aux prises, d'une certaine façon, Du Pin et plusieurs religieux de l'abbaye de Saint-Mihiel, de la congrégation de Saint-Vanne, proche de Verdun et faisant partie du même diocèse que l'abbaye de Hautvillers de Guillaume Le Roy, abbé : ils ne contentèrent pas de relever des erreurs historiques, mais opposèrent encore des objections d'ordre théologique de première importance[12]. Elles n'ont pas été sans frapper le théologien Bossuet, déjà soupçonneux face à un jeune homme qui ne péchait pas, à ses yeux, par un excès de modestie.

Que contenait le *Mémoire* de Bossuet[13] ? Ses griefs à l'égard de ce docteur sont nombreux et importants : il ne lui reproche rien d'autre, ainsi que le précise avec clarté Jacques Gres-Gayer, que « d'avoir utilisé son érudition et sa connaissance de l'antiquité de l'Église pour mettre en doute l'authenticité du dogme et les pratiques de l'Église, en affirmant leur inexistence aux premiers temps apostoliques [...] et de faire ainsi

11 Bossuet nous renseigne lui-même, dans une lettre à J. Gerbais du 19 mars 1692 : la veille de son départ pour Meaux, vers le 12 mars, il a transmis son *Mémoire* au chancelier Louis Boucherat : « Je donnai un mémoire à M. le chancelier, que depuis j'ai fait rendre à M. l'archevêque, afin qu'il prît garde aux écrits passés et à venir de M. Du Pin » (*Correspondance de Bossuet*, t. V, p. 74-75).

12 Le fait mérite d'autant plus d'être relevé qu'il émane d'un groupe de moines, l'académie de Saint-Mihiel, dont le porte-parole est Mathieu Petitdidier, jeune professeur de théologie du monastère depuis 1682, et que cette académie « est, dès ses débuts, un actif foyer de jansénisme », écrit René Taveneaux, qui précise même : « Le lieu et les circonstances de sa fondation indiquent clairement que la défense et la diffusion de la théologie janséniste furent sa vraie raison d'être », *Le jansénisme en Lorraine 1640-1789*, Paris, Vrin, 1960, p. 149. Voir la première réaction de Saint-Mihiel dans l'ouvrage intitulé : *Remarques sur la Bibliothèque des auteurs ecclésiastiques de Monsieur Du Pin*, par *** [Mathieu Petitdidier], t. I, contenant les *Remarques sur le premier volume de cet ouvrage*, Paris, chez Daniel Horthemels, 1691, in-8° ; le t. II paraît en 1692 et le t. III en 1696, in-8°. Sur les relations ultérieures de ce religieux avec des amis de Port-Royal, Pasquier Quesnel et Françoise-Marguerite de Joncoux, voir R. Taveneaux., *ibid.*, p. 148-150. Du Pin répond aux moines de Saint-Mihiel dans le t. V de sa *Bibliothèque*, 1691 (achevé d'imprimer du 28 août 1691) : Bossuet y fait une allusion dans sa lettre à J. Gerbais du 19 mars (voir *infra*) ; et M. Petitdidier réplique à son tour dans la longue Préface du t. II de ses *Remarques*, Paris, 1692, in-8°.

13 Voir la reproduction du texte dans les *Œuvres complètes* de Bossuet, éd. F. Lachat, Paris, 1862-1866, t. XX, p. 514-619.

le jeu des protestants[14] ». Dans une lettre à Jean Gerbais, l'évêque de Meaux se montrait déjà très explicite :

> Il est vrai, à ne rien vous dissimuler, que jetant de temps en temps les yeux sur sa *Bibliothèque*, j'ai souvent trouvé qu'il allait bien vite et qu'il était bien hardi [...]. J'ai trouvé deux choses constantes : l'une qu'il favorisait les hérétiques, et qu'il affaiblissait la tradition [...] et qu'il tranchait sur les saints Pères avec une témérité que les catholiques n'avaient pas coutume de se permettre[15].

Bossuet s'attaque ainsi à la manière dont Dupin présente plusieurs points fondamentaux du dogme catholique, comme le péché originel : « Saint Cyprien, lit-on dans la *Nouvelle bibliothèque des auteurs ecclésiastiques*, est le premier qui ait parlé sur le péché originel » ; ou sur le purgatoire, dont l'auteur ne dit rien, sous prétexte que les Pères des premiers siècles n'en disent rien de positif, ou sur l'éternité des peines, dont il semble douter, sur l'Eucharistie et sur la Trinité, sur lesquelles il avance des erreurs manifestes. Plus grave encore est le fait qu'il ne parle de la grâce que très faiblement, alors que sur certains sujets il se rapproche de manière dangereuse des positions protestantes : la vénération des saints n'est que le résultat d'un excès de piété ; l'adoration de la croix est rejetée dans les trois premiers siècles ; à propos des livres canoniques de l'Église, notre auteur ne diffère en rien des calvinistes ; l'autorité du pape et des évêques est notablement limitée. Enfin sur la vie de l'Église et des chrétiens, aux yeux de Bossuet, Du Pin avance des idées très contestables : il paraît affaiblir la tradition du carême et favoriser dans certains cas le divorce, et, comble de tout, il se montre peu favorable au célibat des clercs. Bossuet conclut son *Mémoire* en affirmant qu'il serait dangereux de laisser un tel ouvrage sans censure : par qui peut-elle être prononcée[16] ?

Que se passe-t-il précisément du côté de l'archevêque de Paris. Dans un premier temps, François de Harlay de Champvallon se montre plutôt favorable à Du Pin. L'un de ses proches, Edme Pirot, dans une lettre

14 J. Gres-Gayer, « Un théologien gallican : Louis Ellies Du Pin », article cité, p. 74.

15 *Correspondance de Bossuet*, t. V, p. 73.

16 La nouvelle en est parvenue à Bruxelles à Pasquier Quesnel, qui écrit à Louis-Paul Du Vaucel le 28 mars 1692 : « M. de Meaux attaqua ouvertement le sieur Du Pin par un *Mémoire*, qu'il a donné à M. le chancelier, des erreurs et des choses dangereuses de ses livres, et par la déclaration qu'il fait publiquement de le vouloir pousser avec vigueur », *Correspondance de Pasquier Quesnel*, t. I, p. 189. Antoine Arnauld a naturellement été mis au courant de l'affaire de Du Pin, sans avoir toutefois réagi, selon toute apparence, officiellement.

à Bossuet du 13 mars 1692, lui a recommandé la patience : il précise qu'il a montré « à Du Pin le grand intérêt qu'il avait de prévenir sur cela ce qui pourrait arriver, et de satisfaire l'Église », et que le docteur lui avait promis « qu'il viendrait conférer [avec Bossuet] et qu'il ferait ce qu'on voudrait[17] ».

La position de Harlay évolue de manière sensible. Le lundi 17 mars, Edme Pirot rencontra Harlay et lui lit une première lettre que lui a écrite Bossuet : Harlay « en fut très content pour ce qui l'y regardait[18] ». Il affirma à son visiteur « qu'il avait été lui-même frappé de ce que cet auteur avait dit sur les images et confia que M. le nonce, avant sa mort, était venu à l'archevêché lui faire des plaintes de ses livres[19] ». Et il demanda à Pirot de venir avec Du Pin le lendemain. Immédiatement, Pirot écrivit un billet à Du Pin, qui vient le rencontrer « à l'issue » de la leçon du professeur pour « un entretien assez long sur tous les chefs » établis par Bossuet. À partir de la « petite liste des chapitres d'erreur », les deux hommes parcoururent « tous les endroits » de l'ouvrage, Pirot « lui marquant ce qui [lui] paraissait outré ». Son interlocuteur sembla conscient de la bonne volonté de celui qui joue le rôle de médiateur, qui n'intervient « que pour le servir et que pour chercher avec lui quelque biais de sauver son honneur autant qu'on pourrait, en trouvant à mettre à couvert la foi de l'Église, et levant tout ce qui pourrait faire quelque peine au public, qui pourrait en être offensé ». Le but de Pirot, en somme, est parallèle à celui de Fénelon et de Racine, qui ne visent qu'à faire en sorte que Du Pin tienne compte des « bons conseils » qui lui seront donnés.

Ces soutiens de l'auteur contesté souhaitent que Du Pin soit ménagé, lui qui, comme l'écrit le 18 mars Jean Gerbais à Bossuet, « consacre sa vie au travail, et qui peut être utile à l'Église : ce serait dommage de le flétrir ou de le barrer dans sa route » : ils ne cherchent qu'à lui « ouvrir des yeux[20] ». Mais alors que Racine, au dire de Fénelon – comme on l'a vu plus haut –, n'est pas partisan d'une rencontre entre Du Pin et Harlay, Pirot fait tout pour la favoriser.

17 *Correspondance de Bossuet*, t. V, p. 61.

18 *Ibid.*, t. V, p. 78 (extrait de lettre de Pirot à Bossuet du 21 mars).

19 Extrait d'une lettre de Pirot à Bossuet, du 21 mars 1692, *ibid.*, t. V, p. 79.

20 Lettre de Gerbais à Bossuet, 18 mars 1692, *ibid.*, t. IV, p. 206 (il faut noter que la lettre a été datée de 1691, par erreur, par les éditeurs).

Le 18 mars, avant cet entretien capital, Pirot vit d'abord Du Pin, puis Harlay, qui fit entrer le jeune docteur et qui « lui parla bien, avec douceur et avec force », écrit Pirot à Bossuet[21] : « Il lui témoigna les démarches qu'avait faites M. le nonce à ce sujet, le scandale qu'il avait eu lui-même de la manière dont il parle des images, et ce qu'il avait appris d'un *Mémoire* qu'avait fait M. de Meaux[22] ». Cette dernière affirmation n'est sans doute pas une découverte pour Du Pin, qui a pu en entendre parler – Fénelon en connaît l'existence et le contenu et a pu en entretenir Racine –, mais ne l'a pas eu entre les mains. Aussi face à une manifestation possible de surprise de Du Pin, l'archevêque s'étonne à son tour, reconnaissant, écrit encore Pirot, qu'il « était hors d'état de lui dire [à Du Pin] que vous [le] lui eussiez fait donner : il ne l'a point vu et il n'en sait rien que par ce que vous m'avez fait l'honneur de m'en dire[23] », ce que confirme Pirot dans la même lettre à Bossuet du 21 mars : « Je croyais que M. Du Pin l'eût eu [le *Mémoire*], et il me semblait que vous lui aviez dit que vous le vouliez bien [que Du Pin l'ait en main], mais je vois qu'il ne l'a pas eu[24] ».

Devant plaider sa cause auprès de Bossuet, Pirot continue ainsi sa relation de l'entrevue entre Du Pin et Harlay : ce dernier « lui dit qu'il ne le voulait pas pousser, mais qu'il fallait satisfaire la religion, et pour cela mettre la chose entre trois ou quatre docteurs qui ne lui seraient point suspects, mais qui ne seraient pas aussi de ses approbateurs. Il voulut bien dire qu'il y penserait, qu'il les choisirait en m'en donnant son avis, et qu'il m'en mettrait[25] ». Après avoir conclu que « M. Du Pin parut docile, et promit de faire tout ce qu'on souhaiterait », Pirot précise qu'il souhaitait voir Jean Gerbais parmi ses examinateurs, ce que l'archevêque voit d'un mauvais œil. Le lendemain, mercredi 19, Du Pin fait « apporter ses livres » à Pirot.

Le 19 mars, de Meaux, Bossuet adresse une longue lettre à Gerbais, dont nous avons parlé plus haut à propos de son attaque contre Du Pin au collège de Navarre, de la réaction des moines de Saint-Mihiel, du contenu de son *Mémoire* : il reconnaît qu'il l'a composé « fort à la

21 *Ibid.*, t. V, p. 79.
22 *Ibid.*
23 *Ibid.*, t. V, p. 79-80.
24 *Ibid.*, t. V, p. 80.
25 *Ibid.*, t. V, p. 80.

hâte » et que « les choses n'y [sont] qu'ébauchées », acceptant « qu'il soit communiqué à M. Du Pin[26] », et minimisant d'une certaine manière la portée de ses coups et son propre rôle dans cette affaire : « Je ne suis ni son dénonciateur, ni sa partie. Je puis être son juge et je serai toujours son médiateur, quand il voudra de bonne foi donner gloire à Dieu et à la vérité », c'est-à-dire reconnaître la vérité[27].

Parmi les intervenants favorables à Louis Ellies Du Pin, Fénelon a été saisi très tôt de l'affaire de Du Pin, comme on le voit dans la lettre qu'il a adressée à Bossuet le 3 mars 1692 : « Puisque vous serez ici environ huit jours après Pâques[28], il faut attendre à examiner cet endroit avec vous. Cependant je n'enverrai pas le *Mémoire* à M. Pirot. Pour M. Racine, je lui montrerai votre lettre dès que je le verrai[29] ». Et Fénelon revient dans une nouvelle lettre à l'évêque de Meaux, le 23 mars 1692 sur le rôle que peut jouer Racine dans cette affaire :

> M. Racine, qui est son proche parent, n'a point voulu néanmoins entrer dans ses intérêts, supposant qu'il n'était pas à soutenir, puisque vous le condamniez. M. Racine se borne à désirer de lui faire connaître son tort, et de travailler à le ramener dans le bon chemin, quand vous aurez eu la charité de lui expliquer les égarements de son parent[30].

Le cousin de l'auteur de la *Bibliothèque*, – tout en paraissant le désapprouver, puisque Bossuet le condamne –, ne semble pas vouloir se prononcer sur le fond de « toute cette affaire » :

> Il est aussi touché, écrit Fénelon, qu'il le doit être du respect qui vous est dû, et des motifs de zèle pour la religion qui vous animent. Je lui ai conseillé de disposer son parent à écouter de bons conseils, et à ne craindre point de réparer ses fautes. Il m'a promis d'y travailler, et de tâcher de l'empêcher d'aller chez M. l'archevêque de Paris, qui lui avait promis quatre docteurs pour examiner son livre, et pour l'approuver par son autorité, s'il n'a point de venin. Quand vous viendrez ici après Pâques, M. Racine vous suppliera de nous expliquer tout ce que vous connaissez de répréhensible dans les ouvrages de M. Du Pin ; après quoi il fera ses efforts pour lui faire réparer le passé, et pour lui faire prendre d'autres maximes par rapport à l'avenir. Je crois, Monseigneur, que vous

---

26 Ce qu'il réitère dans sa lettre à Gerbais du 14 avril, *ibid.*, t. V, p. 116.

27 *Ibid.*, t. V, p. 76.

28 Cette fête tombe cette année-là le 15 avril.

29 Elle est écrite de Versailles le 3 mars 1692, *Correspondance de Bossuet*, t. II, p. 238.

30 *Correspondance de Fénelon*, t. II, p. 240 et *Correspondance de Bossuet*, t. V, p. 81-82.

> serez content si M. Du Pin répond aux bons desseins de M. Racine, puisque vous ne prenez d'autre intérêt que celui de la religion dans cette affaire[31].

Racine est visiblement préoccupé[32] : selon Fénelon, il se montre aussi respectueux de l'autorité morale et intellectuelle de l'évêque de Meaux qu'il est attaché aux liens familiaux qu'il entretient avec Louis Ellies Du Pin. D'un côté, il accepte de « travailler » auprès de son cousin pour le convaincre d'écouter « de bons conseils », de réparer ses fautes et de ne pas se tourner vers l'archevêque de Paris en vue de chercher son approbation et son appui. D'un autre côté, Racine espère de Bossuet des explications sur les ouvrages de Du Pin, afin de « lui faire réparer le passé et de lui faire d'autres maximes par rapport à l'avenir ». Et Fénelon reste confiant : « Je crois, Monseigneur, conclut-il sa lettre à Bossuet, que vous serez content, si M. Du Pin répond aux bons desseins de M. Racine, puisque vous ne prenez d'autre intérêt que celui de la religion dans cette affaire ».

On peut imaginer sans peine que Racine ait rencontré Louis Ellies Du Pin, peut-être à plusieurs reprises même, sans qu'aucun témoignage n'en ait subsisté. Quelques années auparavant, l'oncle de Du Pin, Nicolas Vitart, frère de Marie Vitart, la propre mère de Louis Ellies, est décédé, à cinquante-neuf ans, à Paris en juillet 1683 : Racine a assisté le 8 juillet 1683, à l'église de Saint-André-des-Arts, à l'inhumation de celui qui, depuis très longtemps, a été l'un de ses amis et soutiens[33]. En cette même année 1683, la deuxième fille du poète, Anne Racine, née et ondoyée le 29 juin 1682, fut baptisée le 8 mai 1683, en présence de son parrain, Nicolas Vitart, et de sa marraine, Anne Buquet, femme de Jean-Baptiste de Romanet, frère de Mme Racine. Ces cérémonies ont sans doute donné l'occasion à Racine et à Du Pin de se rencontrer. Et leurs relations n'ont sans doute pas cessé dans les années suivantes[34]. Le dernier enfant de Racine, prénommé Louis, est né et a été baptisé le 2 novembre 1692 à l'église Saint-Sulpice ; son parrain est Louis Ellies Du

31 *Correspondance de Fénelon*, t. II, p. 240.

32 À aucun moment cependant, le nom de Du Pin ne figure dans l'une ou l'autre des lettres échangées entre Racine et son ami Boileau.

33 Racine ne parle de l'inhumation de Vitart nulle part dans ses lettres conservées.

34 Racine possédait dans sa bibliothèque l'ouvrage que Du Pin avait publié sous le titre : *Liber Psalmorum*, à Paris en 1691 : voir Jean Dubu, « Racine et la Bible », dans *Le Grand Siècle et la Bible*, dir. Jean-Robert Armogathe, Paris, Beauchesne, 1989, p. 726.

Pin, docteur de Sorbonne, et sa marraine, Marie-Charlotte Vitart, fille de Nicolas Vitart et femme de Claude Romanet, la tante de l'enfant[35] : nouveau témoignage de la proximité de nos deux hommes, comme du lien très fort de leurs familles, en particulier avec les Vitart.

Racine se montra-t-il convaincant auprès de son cousin Du Pin ? On peut le penser quand on lit la lettre que ce dernier adresse à Bossuet le 12 avril 1692 : le coupable présumé s'y révèle étonnamment conciliant et coopératif, alors qu'il s'était montré jusque-là rigide ou critique. Il s'y dit prêt à entendre son censeur, comme il aurait déjà pu le faire « pour tâcher de [se] justifier » ; il a « reconnu avec joie que [son contradicteur avait] encore quelque bonté pour [lui] » ; à deux reprises même, il utilise, à quelques lignes d'intervalle, le terme de « soumission », soumission à ce que Bossuet souhaiterait pour lui et soumission pour ce qu'il lui doit. Et pour mieux se faire entendre de celui qui s'est présenté comme son « médiateur », Du Pin passe par le canal de Jean Gerbais, dont la lettre accompagnatrice confirme que l'affaire bénéficie en apparence d'un climat nouveau.

Deux nouvelles lettres de Fénelon à Bossuet apportent quelques indications complémentaires. De Versailles, le 25 avril, il commence par revenir sur le *Mémoire* composé par son correspondant sur la *Bibliothèque* de Du Pin : « Vous ne vous trompez point, Monseigneur, quand vous croyez m'avoir mandé [ordonné] d'envoyer votre *Mémoire* à M. Pirot », ce qui paraît curieux, quand on sait que, « d'après la lettre de Gerbais du 12 avril 1692, l'archevêque Harlay possédait [...] déjà à cette date le texte du mémoire de Bossuet et le tenait de l'abbé Pirot », écrit J. Orcibal[36]. La suite de la lettre de Fénelon nous apprend qu'il a obtenu de ce dernier une petite concession au sujet de Du Pin :

> Je vous avais représenté qu'un endroit [de son *Mémoire*] me paraissait avoir besoin d'un peu de précision. Vous me répondîtes que vous l'examineriez avec le petit concile de Versailles. Je comprenais donc qu'il fallait garder le *Mémoire* jusqu'à votre retour : on me disait qu'il était si prochain que je ne faisais aucun scrupule de l'attendre. Je ne comprenais pas même sur [c'est-à-dire d'après] votre lettre que la chose fût si pressée ; mais puisqu'elle l'est, je l'envoie sans plus de retardement à M. Pirot. Je voudrais que les chemins vous fussent

35 Louis est envoyé avec sa nourrice à La Ferté-Milon, au matin du 8 novembre, comme l'indique son père dans la lettre qu'il adresse ce jour-là à son beau-frère Antoine Rivière, mari de la sœur de Racine, Marie.

36 *Correspondance de Fénelon*, t. III, p. 350.

> aussi libres qu'au *Mémoire*; mais je vois bien que l'évêque et l'abbesse [de Jouarre] se sont bloqués l'un l'autre : il me tarde d'apprendre qu'un bon arrêt ait levé le blocus.

Deux semaines plus tard, le 4 mai, de Versailles toujours, Fénelon insiste, dans une nouvelle lettre à Bossuet sur l'endroit contestable du *Mémoire* dont il a déjà parlé et sur le rôle qu'aurait pu jouer Racine :

> Il m'est impossible, Monseigneur, de vous expliquer ce que nous avions remarqué dans un endroit de votre *Mémoire* : je l'ai envoyé à M. Pirot, et vous savez qu'il faut avoir les termes devant les yeux pour pouvoir rentrer dans cette discussion : je crois même que de telles choses ne se font bien que de vive voix. Après tout, l'endroit n'est pas essentiel; et vous avez tant de choses inexcusables à reprocher à M. Du Pin qu'il ne peut manquer d'être confondu : Dieu veuille qu'il soit aussi corrigé ! Si vous étiez venu ici avant le départ de la Cour, on aurait pu raisonner avec M. Racine, et engager par lui M. Du Pin à venir ici pour recevoir vos leçons : mais Mme de Jouarre vous tient en prison. Quand même vous viendriez maintenant, ce serait trop tard; car M. Racine n'y sera plus[37].

Grâce à Fénelon et à Racine, une discussion approfondie s'avère possible avec Du Pin, qu'il s'agit bien de « raisonner » ; l'entourage du « petit concile de Versailles » y apporte également sa pierre sous l'autorité vigilante de Bossuet. Au retour de l'évêque de Meaux, et même en l'absence de Racine, qui a quitté Paris pour accompagner le roi dans la campagne de Flandre.

Le 14 avril déjà, dans une réponse à Gerbais, Bossuet avait reconnu l'évolution favorable de la situation : « Si l'affaire est encore en son entier, je vois, dans les sentiments où M. Du Pin me paraît être, qu'il sera aisé de la terminer avec la satisfaction du public[38] ». C'était sans doute sans compter sur l'inflexibilité et la susceptibilité orgueilleuses des uns et des autres.

Les échos en parviennent jusqu'à Bruxelles : « Ce que M. Du Pin aura résolu de faire, écrit Pasquier Quesnel, il le fera, et ni moi ni d'autres n'y pourront rien pour l'arrêter. On me mande que M. l'archevêque [...] lui a offert sa médiation et sa protection. Cela rendra ce docteur

---

37 *Ibid.*, t. II, p. 244. Fénelon fait allusion au départ prochain du roi, et de son historiographe Racine, pour la Flandre et la campagne de Namur : départ qui sera effectif le 10 mai 1692.

38 *Correspondance de Bossuet*, t. V, p. 116-117.

encore plus sûr [de lui]. Si M. de Meaux avait du courage, il irait droit au roi et lui ferait connaître les choses[39] ». Et d'autres lettres ultérieures de l'oratorien exilé confirment la dégradation de la situation : « M. de Meaux ne paraît pas avoir quitté les armes contre M. Du Pin, et il assura, la semaine dernière, qu'il prétendait toujours en avoir raison » (6 juin 1692) ; « M. Du Pin ne paraît pas encore quitte des poursuites de M. de Meaux. Ce prélat s'en est encore déclaré depuis peu » (20 juin 1692)[40].

Pasquier Quesnel pointe plus tard l'attention de son correspondant sur l'attitude de l'archevêque de Paris :

> On croit que M. Du Pin pourra bien à la fin succomber. On dit que M. l'archevêque commence à lui tourner le dos et que M. de Meaux veut absolument avoir raison de cette affaire. Il court un mémoire contre ce docteur. Il est adressé aux commissaires chargés de l'examen de sa *Bibliothèque*. Quoiqu'il paraisse venir des jésuites, il ne laisse pas de contenir des choses qui feront peine au docteur et y pourront allumer la bile des censeurs[41].

Puis, sans illusion ni compassion :

> Le pauvre petit docteur est entre le marteau et l'enclume. On continue à poursuivre une censure contre lui. Peut-être s'y porte-t-on un peu trop chaudement, et peut-être aussi a-t-il eu trop de suite. Il devait ménager M. de Meaux, et il l'a piqué, en entretenant un dessein sur la Bible, dont ce prélat était en possession. Dieu le punit d'avoir abandonné saint Augustin, auquel il était fort attaché avant que de prendre les degrés[42].

Bossuet finalement a refusé à Gerbais de se laisser fléchir, comme l'indique une note de François Ledieu, secrétaire de l'évêque, note qui semble devoir être rapportée à cette période :

> Feu M. Gerbais, docteur de Sorbonne, amena un jour à Paris M. Du Pin à M. de M[eaux] pour l'assurer de ses bonnes intentions pour l'Église ; et comme il louait à M. de M[eaux] la grande capacité de ce jeune docteur, le prélat lui répondit : « Il est vrai, il est très capable, mais vous, Messieurs ses

39 *Correspondance de Quesnel*, t. I, éd. citée, p. 192-193 : lettre du 12 avril 1692 à L.-P. Du Vaucel.

40 Voir *ibid.*, t. I, respectivement aux p. 205 et 208.

41 *Ibid.*, t. I, p. 225 : lettre du 29 août 1692. Le document s'intitulait : *Mémoire adressé à la Sorbonne touchant la Nouvelle bibliothèque des auteurs ecclésiastiques*, s.l.n.d., 8 p. ; le jeune docteur y répond par *La juste défense du Sieur Du Pin, pour servir de réponse à un libelle anonyme publié depuis peu contre les Psaumes qu'il a donnés au public*, Cologne, Jacques Valé, 1693, in-12.

42 *Correspondance de Quesnel*, t. I, p. 234 : lettre du 17 octobre 1692.

> approbateurs, vous le gâtez par vos flatteries : il n'y a qu'à voir les éloges que vous lui donnez dans vos approbations ; c'est ce qui lui donne la hardiesse d'écrire sans considération des choses qui scandalisent l'Église et qui donnent prise contre elle aux hérétiques[43] ».

L'archevêque de Paris Harlay de Champvallon ne voulut pas être de reste. « Si M. l'archevêque croit faire quelque chose d'agréable à Rome en sacrifiant ce docteur, écrit Quesnel, il n'en fera pas scrupule. Les Romains auront tout de lui, jusqu'à ce qu'il soit cardinal, et peut-être le nonce a-t-il quelques ordres pour lui mettre le feu sous le ventre[44] ». Harlay s'était engagé auprès de Bossuet à « faire un acte public contre M. Du Pin[45] ».

L'archevêque entend Du Pin, en présence de quatre docteurs : le docteur s'explique et se corrige, ce qui ne suffit pas aux yeux de Harlay, qui condamne son ouvrage et en interdit la lecture par un arrêt du 16 avril 1693 :

> Nous condamnons le livre : *Nouvelle Bibliothèque des auteurs ecclésiastiques* [...] comme contenant plusieurs propositions fausses, téméraires, scandaleuses, capables d'offenser les oreilles pieuses, tendantes à affaiblir les preuves de la tradition sur l'autorité des livres canoniques, et en plusieurs autres articles de foi, injurieuses aux conciles œcuméniques, erronées et induisantes à hérésies[46].

De son côté, le 25 avril 1693, le Parlement de Paris prend un Arrêt condamnant l'ouvrage de Du Pin uniquement dans son état présent, et non pas de manière définitive, comme Harlay l'aurait voulu[47]. Et, pour finir, Rome place l'ouvrage à l'Index le 1er juillet suivant. Le jugement de l'archevêque était suivi de la rétractation de Du Pin : « Je considère comme le plus grand bonheur qui pouvait m'arriver, d'avoir pour juge le prélat le plus éclairé du royaume[48] » : une déclaration qui tranche de

---

43 Cette note a été découverte par Aimé-Georges Martimort à « Meaux, Grand Séminaire, Collection des manuscrits de Bossuet, G 6 » et relatée par lui dans *Le Gallicanisme de Bossuet*, Paris, Cerf, 1953, p. 199, n. 2.

44 Lettre du 29 août 1692, *Correspondance de Quesnel*, t. I, p. 225.

45 Lettre de Quesnel à Du Vaucel, 10 avril 1693, *Correspondance*, t. I, p. 258.

46 *Ordonnance de Monseigneur l'archevêque de Paris, portant condamnation du livre intitulé :* Nouvelle Bibliothèque des auteurs ecclésiastiques, etc., *par Maître Ellies Du Pin, docteur de la Faculté de Paris*, Paris, 1693, in-4°, 28 p.

47 *Arrêt au Parlement du samedi 25 avril 1693*, Paris, François Muguet, 1693, in-4°, 4 p.

48 *Ordonnance ..., ibid.*, p. 26. C'est là une rétractation « qu'il ne destinait pas de toute évidence à la publication », note J. Gres-Gayer, « Un théologien gallican : Louis Ellies

manière singulière avec la réaction rapportée par Quesnel : « L'auteur était fort mécontent de ce qu'après avoir marqué une soumission sans restriction et sans réserve, on n'a pas laissé de la condamner avec tant de rigueur, après avoir déclaré M. l'archevêque "le plus éclairé prélat du royaume". Voilà une terrible mortification pour un docteur qui s'en faisait un peu trop accroire[49] ! ». « Les sarcasmes de Quesnel cachent mal son dépit de ne pas avoir été consulté, et donc de son intérêt (et sans doute celui du "parti") pour Du Pin », commente J. Gres-Gayer, qui cite un extrait d'une lettre de Quesnel à Du Pin, lettre du 28 août 1694, assez éloignée, il est vrai, du persiflage de l'exilé bruxellois de l'année précédente : « J'ai su vos aventures et je vous assure, Monsieur, que j'ai eu beaucoup de peines pour vous, prenant toujours beaucoup de part à ce qui vous regarde[50] ».

Ainsi personne n'avait pu empêcher la censure de la *Nouvelle Bibliothèque* de M. Du Pin. Une dernière tentative avait pourtant été faite par le jeune docteur auprès de son cousin Jean Racine, et c'est par l'un de leurs amis communs, Pasquier Quesnel, bien renseigné, que nous devons cette indication précieuse :

> M. Du Pin s'était tellement flatté des bonnes grâces de M. l'archevêque qu'il engagea M. Racine, son parent, à en aller remercier ce prélat quelques jours avant que l'ordonnance [de Harlay] parût et il ne se serait pas douté que sa déclaration et ses louanges au prélat dût [*sic*] faire partie de sa censure[51].

La conclusion de l'« affaire Du Pin » s'avérait, d'une certaine manière, une victoire à la Pyrrhus pour l'ensemble de ses vainqueurs apparents. La *Bibliothèque* était condamnée par l'archevêque Harlay, par le Parlement

Du Pin… », *loc. cit.*, p. 80, n. 55.

49 *Correspondance de Quesnel*, t. I, p. 262 : lettre du 1er mai 1693 à Du Vaucel. Selon François Ledieu, secrétaire particulier de Bossuet à partir de 1684, Harlay fut excité à le censurer par jalousie contre M. de Meaux », *Les dernières années de Bossuet. Journal*, *op. cit.*, t. I, p. 45-46. Sur les réactions critiques d'un autre ancien membre de l'Oratoire, Richard Simon, voir Paul Auvray, *Richard Simon, 1658-1718*, Paris, P.U.F., 1974, p. 158-160.

50 J. Gres-Gayer, « Un théologien gallican : Louis Ellies Du Pin », article cité, p. 81, n. 58 ; la lettre de Quesnel à Du Pin du 28 août 1694 se trouve en copie aux Archives d'Utrecht, ancien fonds d'Amersfoort, P.R. 3220 ; au même endroit sont conservées une lettre de Du Pin à Quesnel, du 13 avril 1719, P.R. 1425, et d'autres lettres de Du Pin (1703, 1708, 1709, 1717), P.R. 1471, ainsi qu'un mémoire du même (1713), P.R. 1443.

51 *Correspondance de Quesnel*, t. I, p. 266 : lettre du 15 mai 1693.

de Paris, et mise à l'Index. Mais, contrairement à ce qu'avait ordonné l'archevêque, le Parlement apportait une restriction de taille à sa décision, en stipulant que le livre de Du Pin devait être supprimé « jusqu'à ce qu'il ait été corrigé [...] et que les corrections aient été approuvées » par l'archevêque.

Le 15 mai 1693, Pasquier Quesnel écrit à Du Vaucel que « le sieur Du Pin [...] ne laisse pas de marcher tête levée dans Paris[52] ». En cette même année 1693, Du Pin est devenu officiellement « lecteur et professeur en philosophie au Collège royal de France », succédant au professeur en titre, Louis Noet, dont il avait racheté la charge en 1686. En outre, il continue à faire reparaître sa *Bibliothèque* remaniée et lui donne une suite, sous d'autres titres.

Louis Ellies Du Pin est bien l'« homme complexe et même paradoxal » que définit Jacques Gres-Gayer : « sûr de sa science et jaloux de sa liberté, il a le goût de la provocation et la manie avec adresse [...]. [S]es qualités intellectuelles et sa valeur humaine, sans oublier ses valeurs familiales, lui valent des amis sûrs, qui savent le conseiller et aussi le défendre. Grâce à eux, il arrive à passer l'obstacle, quitte à paraître se déjuger ou même se contredire. Finalement il sort gagnant de cette épreuve : non content de se faire connaître par un projet ambitieux, il s'est suscité des adversaires prestigieux qui, puisqu'ils n'ont pas réussi à le détruire, n'ont pu que le servir[53] ».

Parmi ses amis fidèles, Du Pin a pu compter sur Fénelon et son cousin Racine, même si l'historien ne peut donner beaucoup de précisions sur le détail de leurs interventions en sa faveur. La proximité du futur archevêque de Cambrai et du poète, évidente lors du débat de 1692, est encore plus manifeste dans les années qui suivent, en particulier en 1697. C'est en particulier le cas au moment où Fénelon, qui, depuis deux ans, est archevêque de Cambrai, publie son ouvrage intitulé : *Explication des Maximes des saints sur la vie intérieure*, avec un achevé d'imprimé du 25 janvier 1697. « Le livre de l'archevêque de Cambrai sous le titre que vous me marquez, Monsieur, fort exactement, a soulevé un soulèvement universel contre lui », remarque un ami de Racine, Germain Vuillart le 14 mars 1697[54]. Le 5 avril suivant, Racine écrit à son fils Jean-Baptiste :

52 *Ibid.*

53 J. Gres-Gayer, « Un théologien gallican : Louis Ellies Du Pin... », article cité, p. 82-83.

54 *Lettres de Germain Vuillart, ami de Port-Royal, à M. Louis de Préfontaine (1694-1700)*, éd. Ruth Clark, Genève, Droz, Lille, Giard, 1950, p. 99.

> L'amitié qu'avait pour moi M. de Cambrai ne me permet pas d'être indifférent sur ce qui le regarde, et je souhaiterais de tout mon cœur qu'un prélat de cette vertu et de ce mérite n'eût point fait un livre qui lui attire autant de chagrins[55].

C'est là la seule lettre conservée où Racine renvoie – sans se compromettre, il est vrai – à l'ouvrage de Fénelon, avec qui il restera toutefois lié dans les mois qui suivent, comme on le voit dans deux de ses lettres de janvier 1698, à Boileau :

> J'ai eu des nouvelles de mon fils, écrit-il le 20 janvier, par M. l'archevêque de Cambrai[56], qui me mande qu'il l'a vu à Cambrai jeudi dernier, et qu'il a été fort content de l'entretien qu'il a [eu] avec lui. Je suis à vous de tout mon cœur[57].

Et à Jean-Baptiste, son fils, le 26 du même mois :

> Comme je vous dis franchement ma pensée sur le mal [c'est-à-dire après les critiques], je veux bien vous la dire sur le bien. M. l'archevêque de Cambrai paraît très content de vous, et vous m'avez fait plaisir de m'écrire le détail des bons traitements que vous avez reçus de lui, dont il ne m'avait pas mandé un mot, témoignant même du déplaisir de ne vous avoir pas assez bien fait les honneurs de son palais brûlé[58]. Cela m'a obligé de lui écrire une nouvelle lettre de remerciement[59].

Mais force est de reconnaître que l'historien reste sur sa faim sur les interventions des deux soutiens de Louis Ellies Du Pin, en particulier sur certaines de ses positions relatives à la Bible, ou à la grâce, ou certaines propositions iconoclastes, à propos, par exemple, du célibat des clercs. Nous ignorons en définitive la position du futur archevêque de

55 Bibl. nat., f.fr. 12886, ff. 180-181 (autographe) ; Racine, *Œuvres*, éd. P. Mesnard, Paris, Hachette, G.É.F., t. VII, 1870, p. 169-171, éd. R. Picard, Paris, Gallimard, coll. de la Pléiade, t. II, 1960, p. 575-576.

56 La lettre de Fénelon n'a pas été conservée, semble-t-il. Racine revient dans sa lettre à Jean-Baptiste du 26 janvier sur son passage à Cambrai, le 16 janvier, quand il s'est rendu à La Haye près de François de Bonrepaus, ambassadeur de France, afin d'y prendre un poste.

57 Lettre à Boileau, 20 janvier 1698, Bibl. de Port-Royal, P.R. 51, p. 533 (copie), Racine, *Œuvres*, éd. P. Mesnard, t. VII, 1870, p. 192-193, éd. R. Picard, t. II, 1960, p. 582-583.

58 Le palais de l'archevêque de Cambrai a brûlé en février 1697. Fénelon était alors encore la Cour, qu'il dut quitter en août suivant.

59 Lettre à Jean-Baptiste, 26 janvier 1698, B.N.F., f.fr. 12886, ff. 189-190 (autographe) ; *Racine, Œuvres*, éd. P. Mesnard, t. VII, 1870, p. 193-197, éd. R. Picard, t. II, 1960, p. 583-584.

Cambrai, comme celle de l'historiographe du roi, sur le fond de l'affaire de Du Pin, même s'ils paraissent bien en avoir désapprouvé la *Nouvelle Bibliothèque*. Les relations entre Fénelon et Racine allaient sans doute se poursuivre, comme avec l'élection du précepteur du duc de Bourgogne, le 8 mars 1693, à l'Académie française : la Compagnie « n'en pouvait faire un meilleur [choix] », commenta avec faveur le roi lors une conversation avec Jean Racine, qui est alors le chancelier de l'institution, ou comme après la nomination de Fénelon à l'archevêché de Cambrai en 1695. La mort de Racine, en avril 1699, allait y mettre fin.

Jean LESAULNIER

ANNEXES[60]

Fénelon à Bossuet[61] (3 mars 1692)
À Versailles, 3 mars 1692.

J'ai lu, Monseigneur, votre *Mémoire* sur les ouvrages de M. Du Pin, et je n'oserais vous dire tout le plaisir qu'il m'a fait : il y a seulement un petit endroit où MM. de Court, de Langeron, de Fleury et moi nous trouvons que vous allez un peu au-delà des paroles de l'auteur, dans la censure que vous en faites. Puisque vous serez ici environ huit jours après Pâques[62], il faut attendre à examiner cet endroit avec vous. Cependant je n'enverrai pas le *Mémoire* à M. Pirot. Pour M. Racine, je lui montrerai votre lettre dès que je le verrai. J'ai été ravi de voir la vigueur mesurée du vieux docteur et du vieux évêque. Je m'imaginais vous voir en calotte à oreilles, tenant M. Du Pin, comme un aigle tient dans ses serres un faible épervier.

Bossuet à Jean Gerbais[63] (19 mars 1692)
À Meaux, 19 mars 1692.

Assurément, Monsieur, je n'ai jamais voulu que du bien à M. Du Pin, et on ne pouvait pas être plus prévenu que je l'étais en sa faveur. Il est vrai, à ne vous rien dissimuler, que, jetant de temps en temps les yeux sur sa *Bibliothèque*, j'ai souvent trouvé qu'il allait bien vite et qu'il était bien hardi. Mais ce qui m'a fait faire plus d'attention à sa doctrine, c'est qu'ayant lu, au dernier voyage que j'ai fait à Paris, sa réponse aux pères de Saint-Vanne et aussi divers endroits de sa *Bibliothèque*, j'ai trouvé deux choses constantes : l'une qu'il favorisait les hérétiques et qu'il affaiblissait la tradition, non seulement sur le péché originel, mais encore sur beaucoup d'autres articles, et qu'il tranchait sur les saints Pères avec une témérité que les catholiques n'avaient pas coutume de

60 Nous avons regroupé ici l'essentiel des lettres relatives à l'affaire Du Pin.
61 *Correspondance de Fénelon*, éd. J. Orcibal, t. II, p. 238.
62 Cette fête tombe cette année-là le 15 avril.
63 *Correspondance de Bossuet*, éd. Ch. Urbain et E. Levesque, t. V, p. 72-76.

se permettre. Je vous avoue que je fus étonné qu'un siècle aussi critique que celui-ci demeurât en silence ; et c'est par où je me crus obligé de dire un mot à Navarre, afin qu'il y eût quelque témoignage que tout le monde n'approuvait pas les manières et les sentiments de M. Du Pin, en épargnant néanmoins son nom, et me tenant autant que je pus dans les termes généraux. Le jour même, je fis des plaintes à M. Varet, l'un des approbateurs, de la hardiesse de son ami, qu'il trouva aussi mauvaise que moi, et me promit qu'il remédierait à ses excès et me verrait pour cela. Mais, comme je n'ai rien ouï de M. Du Pin que plusieurs propos qu'il tenait assez inconsidérément à mes amis, la veille de mon départ, pour ne laisser point sans remède un mal qui n'est que trop grand, je donnai un *Mémoire* à M. le chancelier, que depuis j'ai fait rendre à M. l'archevêque, afin qu'il prît garde aux écrits passés et à venir de M. Du Pin.

Voilà, Monsieur, toute l'histoire. Je serai toujours d'avis qu'on ménage l'honneur d'un homme qui a du mérite et qui en peut acquérir encore beaucoup davantage, quand il sera plus modeste et moins précipité. Je vous ai toujours regardé comme le seul dont il faudrait se servir pour lui faire ouvrir les yeux sur ses erreurs. Je sais d'où il les a prises, et les sentiments de M. de Launoy ne me sont pas inconnus. Vous les connaissez aussi bien que moi, vous qui les avez si bien réfutés et vous savez qu'avec un tel guide on peut beaucoup s'égarer. Je veux bien au reste que mon *Mémoire* soit communiqué à M. Du Pin. Car, encore qu'il soit fait fort à la hâte et que les choses n'y soient qu'ébauchées, s'il ne veut point s'aveugler lui-même, il trouvera de quoi se convaincre de beaucoup de fautes très essentielles. Je ne suis ni son dénonciateur, ni sa partie. Je puis être son juge et je serai volontiers son médiateur, quand il voudra de bonne foi donner gloire à Dieu et à la vérité : c'est de quoi vous pouvez l'assurer ; et pour vous, Monsieur, vous ne pouvez être trop persuadé de mon amitié et de mon estime. C'est pour épargner votre vue que je n'écris pas de ma main.

Je suis, Monsieur, votre…

J. Bénigne, évêque de Meaux.

Edme Pirot à Bossuet[64] (21 mars 1692)

Monseigneur,

Comme j'étais sur le point de ce que j'ai fait sur l'affaire de M. Du Pin, je reçois la lettre que vous me fîtes l'honneur de m'écrire hier, où vous me marquez avoir eu quelque avis que Monseigneur avait mandé M. Du Pin, et qu'il lui avait dit que vous lui aviez mis en main un mémoire. Il n'y a dans la nouvelle que vous en avez apprise qu'une partie de vraie ; et il faut vous en faire un petit détail. Sur votre première lettre, je vis M. l'archevêque comme nous en étions convenus. Je lui lus, par le même ordre que vous m'en aviez donné, votre lettre faite pour cela ; et il en fut très content pour ce qui l'y regardait. Ce fut lundi dernier que cela se passa. Je n'avais pu avoir audience de lui plus tôt ; il fut un peu indisposé la semaine dernière. Il me dit qu'il avait été lui-même frappé de ce que cet auteur avait dit sur les images, et que M. le nonce, avant sa mort, était venu à l'archevêché lui faire des plaintes de ses livres. Il m'ordonna de le lui amener le lendemain à neuf heures. J'écrivis un billet sur l'heure, et il me joignit à l'issue de ma leçon. Nous eûmes un entretien assez long sur tous les chefs de votre lettre, où il y a une petite liste des chapitres d'erreur. J'avais son livre à la main, et je parcourus avec lui tous les endroits, lui marquant ce qui m'y paraissait outré. Il comprit assez que je ne lui parlais que pour le servir et que pour chercher avec lui quelque biais de sauver son honneur autant qu'on pourrait, en trouvant à mettre à couvert la foi de l'Église, et levant tout ce qui pourrait faire quelque peine au public, qui pourrait en être offensé.

Il me vint prendre le lendemain : je vis un moment M. l'archevêque avant qu'il fût appelé, et je l'instruisis de notre conversation. Il le fit entrer et lui parla bien, avec douceur et avec force : il lui témoigna les démarches qu'avait fait[es] feu M. le nonce à ce sujet, le scandale qu'il avait eu lui-même de la manière dont il parle du culte des images, et ce qu'il avait appris d'un mémoire qu'avait fait M. de Meaux. Mais il était bien hors d'état de lui dire que vous [le] eussiez fait donner ; il ne l'a point vu, et il n'en sait rien que par moi, qui ne le connais que parce que vous m'avez fait l'honneur de m'en dire. Il lui dit qu'il ne le voulait pas pousser, mais qu'il fallait satisfaire la religion, et pour cela

64 *Correspondance de Bossuet*, t. V, p. 78-80.

mettre la chose entre trois ou quatre docteurs qui ne lui seraient point suspects, mais qui ne seraient pas aussi de ses approbateurs. Il voulut bien dire qu'il y penserait, qu'il les choisirait en m'en donnant avis, et qu'il m'en mettrait.

M. Du Pin parut docile, et promit de faire tout ce qu'on souhaiterait. Il me pria, en sortant, de faire que M. Gerbais en fût. J'en parlai sur l'heure à M. l'archevêque, qui n'y entra pas ; je ne sais s'il sera plus à son goût [aujourd'hui], car il a pris quelque temps pour choisir ses examinateurs. Il lui faut donner quelques jours avant que de revenir à la charge. M. Du Pin me fit mercredi apporter ses livres. Je n'ai rien reçu de la part de Mgr le chancelier. Je ne sais à quoi il [c'est-à-dire : cela] tient, à moins qu'il n'ait donné le mémoire à quelqu'un, pour lui en rendre compte avant qu'il me vienne. Je croyais que M. Du Pin l'eût eu, et il me semblait que vous lui aviez dit que vous le vouliez bien ; mais je vois qu'il ne l'a pas eu.

Je n'ai, non plus que vous, aucune nouvelles de Mme la chancelière ; et cela marque apparemment qu'elle ne pense plus à la cure pour l'homme qu'elle présentait. N'imputez, je vous supplie, Monseigneur, le retardement de ma lettre à aucune raison de précaution : il n'y en a aucune à votre égard. Je sais comme vous usez de tout ; mais j'attendais si ce mémoire me viendrait de la chancellerie.

Je suis avec un profond respect, Monseigneur, votre très humble et très obéissant serviteur.

Pirot.

Fénelon à Bossuet[65] (23 mars 1692)

M. Racine est venu me parler de M. Du Pin, qui se plaint, Monseigneur, de ressentir votre indignation sans l'avoir méritée. Vous l'avez traité en pleine Sorbonne, dit-il, comme un socinien : vous l'avez dénoncé à M. l'archevêque de Paris et à M. le chancelier. Pour l'archevêque, il assure que ce prélat lui a témoigné une bonté paternelle. M. Racine, qui est son proche parent, n'a point voulu néanmoins entrer dans ses intérêts, supposant qu'il n'était pas à soutenir, puisque vous le condamniez. M. Racine se borne à désirer de lui faire connaître son tort, et de travailler

65 *Correspondance de Fénelon*, t. V, p. 240.

à le ramener dans le bon chemin, quand vous aurez eu la charité de lui expliquer les égarements de son parent.

Il me paraît, Monseigneur, que M. Racine, dans toute cette affaire, est aussi touché qu'il le doit être du respect qui vous est dû, et des motifs de zèle pour la religion qui vous animent. Je lui ai conseillé de disposer son parent à écouter de bons conseils, et à ne craindre point de réparer ses fautes. Il m'a promis d'y travailler, et de tâcher de l'empêcher d'aller chez M. l'archevêque de Paris, qui lui avait promis quatre docteurs pour examiner son livre, et pour l'approuver par son autorité, s'il n'a point de venin. Quand vous viendrez ici après Pâques, M. Racine vous suppliera de nous expliquer tout ce que vous connaissez de répréhensible dans les ouvrages de M. Du Pin ; après quoi il fera ses efforts pour lui faire réparer le passé, et pour lui faire prendre d'autres maximes par rapport à l'avenir. Je crois, Monseigneur, que vous serez content si M. Du Pin répond aux bons desseins de M. Racine, puisque vous ne prenez d'autre intérêt que celui de la religion dans cette affaire.

Louis Ellies Du Pin à Bossuet[66] (12 avril 1692)

À Paris, ce 12 avril 1692.

Monseigneur,

Jamais je n'ai été plus désolé que quand j'ai appris que j'avais le malheur d'avoir avancé dans mes ouvrages des choses que vous jugiez dignes de censure. Je me serais donné l'honneur de vous aller voir pour tâcher de me justifier auprès de vous, et vous assurer en même temps de mon attachement sincère à la doctrine de l'Église, et de la soumission que j'avais pour tout ce que vous souhaiteriez de moi. Mais n'ayant pas osé prendre cette liberté sans que vous m'eussiez fait témoigner que vous le souhaitiez, je me contentai de le dire à des personnes qui m'en parlèrent de votre part, par lesquelles je croyais que vous apprendriez la disposition où j'étais. Ayant bien compris par la suite qu'on n'en avait point informé Votre Grandeur, j'ai pris la liberté de vous en faire écrire par M. Gerbais, qui m'a fait la grâce de me montrer votre réponse, par laquelle j'ai reconnu avec joie que vous aviez encore quelque bonté pour moi. Je vous prie, Monseigneur, de me la vouloir continuer, et d'être

66 *Correspondance de Bossuet*, t. V, p. 114.

persuadé que j'aurai toujours pour vous tout le respect et la soumission que je vous dois, étant avec un profond respect, Monseigneur, votre très humble et très obéissant serviteur.

Du Pin.

Jean Gerbais à Bossuet[67] (12 avril 1692)

Voici la lettre de M. Du Pin[68], qu'il m'a prié d'accompagner d'une des miennes. Il a différé à vous écrire, parce qu'il espérait qu'on lui communiquerait le *Mémoire* qui a été mis entre les mains de l'archevêque, et qu'il pourrait, après l'avoir lu, s'expliquer plus précisément. Mais comme non seulement on ne lui a pas communiqué ce *Mémoire*, mais qu'on ne lui a même rien fait dire ni savoir depuis qu'il fut mandé chez M. l'archevêque, il a cru ne pouvoir plus longtemps sans vous marquer ses sentiments et sa disposition, de laquelle je suis persuadé que vous serez content. Si M. l'archevêque n'était pas saisi de l'affaire, je suis sûr que nous l'aurions terminée chez vous à moins[69] d'une matinée, et cela sans bruit ni sans éclat. M. le chancelier, à qui je rendis compte, il y a quelques jours, d'une commission dont il m'avait chargé, m'avait promis de m'envoyer le *Mémoire* que vous lui aviez laissé sur le sujet de M. Du Pin ; mais apparemment il l'a oublié ou il a changé de sentiment, car il ne m'a pas été remis. Et ainsi, ne sachant ce qu'il contient, il ne m'a pas été possible de conférer avec M. Du Pin, ni prendre avec lui les mesures convenables pour vous satisfaire et pour éviter les mauvaises interprétations que l'on pourrait donner aux choses qu'il a écrites. Si vous désirez m'ordonner quelque chose là-dessus, j'obéirai avec plaisir et avec la même soumission avec laquelle je serai toujours, Monseigneur, votre très humble et très obéissant serviteur,

Gerbais.

Je viens d'apprendre, Monseigneur, depuis ma lettre écrite, que M. l'archevêque de Paris a envoyé quérir M. Du Pin, qu'il lui a fait voir un *Mémoire* que M. Pirot lui avait rendu de votre part ; et que là-dessus

---

67 *Ibid.*

68 Celle qui précède.

69 C'est-à-dire « en moins d'une matinée ».

M. Du Pin avait témoigné à M. l'archevêque qu'il était prêt de donner telle satisfaction et tels éclaircissements qu'il plairait à Sa Grandeur de lui prescrire. J'aurais mieux aimé, Monseigneur, que cela se fût terminé avec vous.

Fénelon à Bossuet[70] (25 avril 1692)

Vous ne vous trompez point, Monseigneur, quand vous croyez m'avoir mandé [ordonné] d'envoyer votre *Mémoire* à M. Pirot. Mais je vous avais représenté qu'un endroit me paraissait avoir besoin d'un peu de révision. Vous me répondîtes que vous l'examineriez avec le petit concile de Versailles. Je comptais donc qu'il fallait garder le *Mémoire* jusqu'à votre retour : on me disait qu'il était si prochain que je ne faisais aucun scrupule de l'attendre. Je ne comprenais pas même sur votre lettre que la chose fût si pressée ; mais puisqu'elle l'est, je l'envoie sans plus grand retardement à M. Pirot. Je voudrais que les choses vous fussent aussi libres qu'au *Mémoire* [...].

Fénelon à Bossuet[71] (4 mai 1692)

Il m'est impossible, Monseigneur, de vous expliquer ce que nous avions remarqué dans un endroit de votre *Mémoire* : je l'ai envoyé à M. Pirot, et vous savez qu'il faut avoir les termes devant les yeux pour pouvoir rentrer dans cette discussion : je crois même que de telles choses ne se font bien que de vive voix. Après tout, l'endroit n'est pas essentiel ; et vous avez tant de choses inexcusables à reprocher à M. Du Pin qu'il ne peut manquer d'être confondu : Dieu veuille qu'il soit aussi corrigé ! Si vous étiez venu ici avant le départ de la Cour, on aurait pu raisonner avec M. Racine, et engager par lui M. Du Pin à venir ici pour recevoir vos leçons : mais Mme de Jouarre vous tient en prison. Quand même vous viendriez maintenant, ce serait trop tard ; car M. Racine n'y sera plus.

70 *Correspondance de Fénelon*, t. II, p. 243-244.
71 *Ibid.*, t. II, p. 244. Fénelon fait allusion au départ prochain du roi, et de son historiographe Racine, pour la Flandre et la campagne de Namur : il sera effectif le 10 mai 1692.

CONCLUSIONS

Au terme d'une aussi riche rencontre, comment ne pas louer l'audacieuse idée de Laurence Devillairs, Alberto Frigo et Patricia Touboul de consacrer une Journée d'étude à une question étonnamment délaissée : Fénelon et Port-Royal ? D'une part les enquêtes sur Fénelon et l'augustinisme ne se bousculent pas. Et de surcroît tout le monde sait aujourd'hui que « Port-Royal » et « jansénisme » ne se superposent pas. Port-Royal existait bien avant la publication de l'*Augustinus* de Jansénius en 1640, et il déborde de toutes parts les controverses sur la grâce. Comme nous ne disposions que d'une Journée, il est frappant que les deux tiers des communications aient tourné autour du jansénisme théologique (avec la philosophie qu'il présuppose), pris en son sens strict : la théologie de Jansénius et de ses partisans (Jean Orcibal eût parlé de janséniens et de jansénianisme, afin d'éviter le piège d'un terme injurieux et Protée). Pour mesurer ce sur quoi nous avons été conduits à faire l'impasse, il suffit d'évoquer diverses questions qui pouvaient se poser sur *Port-Royal en dehors de Jansénius*. Elles se regroupent en deux ensembles.

Tout d'abord le rapport entre les personnalités. Ce champ eût été entièrement absent du présent volume, si Jean Lesaulnier n'avait proposé d'adjoindre aux six communications de la Journée proprement dite une étude sur Racine, Fénelon et Port-Royal. Avec sa précision coutumière, l'auteur retrace les rencontres de Racine et de Fénelon, mais aussi de Bossuet et de l'archevêque de Paris, à propos de l'affaire Ellies du Pin en 1692-1693. Une telle exploration constitue un modèle pour bien d'autres recherches : Nicole était du côté de Bossuet à propos de la mystique ; a-t-il eu des rapports avec Fénelon ? Il s'agit là d'enquêtes historiennes qui s'intéressent aux réseaux concrets. Il n'est pourtant pas sûr que Fénelon ait eu beaucoup de rapports suivis avec des « amis de Port-Royal ». L'index de son abondante correspondance semble éloquent à cet égard : ses « réseaux » se révèlent tout autres que ceux d'un Arnauld, d'un La Rochefoucauld, d'une Mme de Sévigné ou d'une Mme de Lafayette, entourés, eux, de tous côtés par Port-Royal, ainsi que l'avait perçu Sainte-Beuve.

En second lieu, les rapports de doctrine sur les autres secteurs de la pensée. Ici les possibilités abondaient : sur l'esthétique, sur la morale relâchée, sur la politique, sur l'éducation des femmes (et l'éducation en général), sur la spiritualité, sur le rôle du chrétien dans le monde, sur la controverse avec les protestants, sur les preuves de l'existence de Dieu, sur l'accueil de Descartes, etc. À propos du malebranchisme, l'édition par Ginette Dreyfus du *Traité de la nature et de la grâce* (Vrin, 1958) offrait 80 pages sur Arnauld et Malebranche, suivies de 21 sur Fénelon critique de l'oratorien, et l'éditrice comparait les deux attaques. Il nous manque un livre sur Fénelon et Pascal, sujet à peine effleuré par Chérel en 1908, enfin abordé frontalement, mais partiellement, par Laurence Devillairs dans son *Fénelon. Une philosophie de l'infini* (Cerf, 2007).

La seconde conclusion qui se présente à l'esprit, c'est que – à part les études d'Hélène Michon et de Philippe Moulis – les communications ont, comme je l'ai mentionné sans d'abord m'y arrêter, subi l'attraction de Jansénius. Sylvio de Franceschi effectue une entrée en fanfare en se concentrant sur la formule qui apparaissait à Fénelon comme un abrégé de tout l'*Augustinus*, la « délectation victorieuse », sur laquelle nous allons revenir. Alberto Frigo, Laurence Devillairs et Patricia Touboul manifestent le retentissement du grand livre de l'évêque d'Ypres encore au temps de Fénelon, et l'on a découvert récemment que le prestige de l'ouvrage fascinait toujours l'abbé Grégoire au seuil du XIXe siècle. Fénelon ne se proposait rien de moins que d'anéantir l'« *Augustin* d'Ypres » (*Augustinus iprensis*) en l'accablant sous un « *Augustin* de Cambrai » (*Augustinus cameracensis*).

La troisième conclusion, c'est que les six communications de la Journée peuvent se répartir en deux ensembles : deux qui visent « le cœur de cible », pour emprunter une métaphore à la pratique du tir (en mettant entre parenthèses son emploi dans le marketing et la publicité), ce sont celles de Sylvio de Franceschi, et de Laurence Devillairs-Patricia Touboul ; et quatre qui gravitent tout autour.

Commençons par ces dernières. L'étude de Philippe Moulis sur « Les jansénistes de Fénelon de 1708 à 1715 : mythe ou réalité » eût pu servir d'ouverture à nos travaux, si cela n'eût risqué de trop enfermer dans les quelques années de la fin. Elle restitue en effet le contexte immédiat et l'évolution de Fénelon, qui *devient* anti-janséniste de façon étonnamment soudaine, et tardive. Il *invente* au même moment l'existence d'un réseau dangereux de jansénistes dans son propre diocèse, ce que toutes les vérifications démentent. Alors pourquoi cette croisade ? L'hypothèse la plus vraisemblable est que le cygne de Cambrai, condamné par Rome et mal en Cour, ait espéré séduire par son chant en prenant la tête de la controverse contre une doctrine rejetée par Rome et par la puissante Compagnie de Jésus et contre des groupes suspects à Louis XIV. On pourrait faire remarquer, ironiquement, que, si cette supposition est exacte, l'archevêque se rapprocherait singulièrement de Port-Royal, puisqu'on a voulu expliquer l'entrée en lice d'Arnauld et de Nicole contre les protestants à partir de 1664, quand ils publient *La Perpétuité de la foi de l'Église catholique touchant l'Eucharistie*, par un désir comparable de réhabilitation.

Peu avant et pendant les attaques sur le fond de la doctrine, Fénelon s'est opposé à la distinction arnaldienne entre le fait et le droit à propos de la condamnation des Cinq propositions. Selon lui, une telle distinction ruinait le charisme d'infaillibilité de l'Église. C'est à cette question qu'est consacrée l'analyse de François Trémolières. La position fénelonienne est novatrice, difficile à défendre ; à son époque elle ne fut pas reçue, et elle déplut même à Rome. Cette controverse sur les « faits dogmatiques », c'est-à-dire qui ne constituent pas des vérités révélées tout en étant supposés nécessaires à leur défense, a bien été ouverte par les théologiens de Port-Royal, et Fénelon y occupe une place singulière. Elle n'est toujours pas tranchée aujourd'hui. Un ouvrage tout récent du père Bernard Sesboüé en retrace l'histoire agitée (*Histoire et théologie de l'infaillibilité de l'Église*, Bruxelles, éditions Lessius, 2013).

Le premier thème proprement théologique qui oppose Fénelon à Arnauld et à Nicole, c'est celui de l'amour naturel de Dieu. Alberto Frigo et Hélène Michon, par des voies en parties différentes, aboutissent aux mêmes constats : Fénelon propose d'éradiquer une tendance naturelle, l'amour propre, foncièrement opposé à l'amour pur. Pour leurs adversaires, la charité vive épouse au contraire, et oriente, un dynamisme déjà existant, l'amour naturel de Dieu : c'est le point de vue de saint Thomas, de saint François de Sales, d'Arnauld et de Nicole. Paradoxalement, c'est de… l'*Augustinus* avec son apologie de l'*amor castus* que Fénelon se rapprocherait, alors que sur ce point Arnauld et Nicole ont rallié saint

Thomas. Comme Bossuet s'inspire d'Arnauld et de Nicole, on voit que beaucoup reste à explorer sur le rôle de Port-Royal dans la controverse sur *Les Maximes des saints*. Le second thème théologique, prédominant dans les débats, est constitué par la « délectation victorieuse ». Nous commençons par une surprise. Phénomène curieux : alors qu'il paraissait si facile de relier les deux leitmotive augustiniens de la grâce comme délectation et suavité et de la grâce comme obtenant infailliblement l'effet voulu par Dieu, de *La grâce victorieuse de Jésus-Christ* (selon le titre de l'ouvrage de l'augustinien Noël de La Lane en 1651), le mariage des deux ne s'est longtemps que rarement produit. Augustin lui-même n'utilise qu'une fois « délectation victorieuse ». Arnauld et les théologiens jansséniens n'y recourent guère non plus. Seuls Jansénius et Pascal ont manifesté le lien. Après Pascal, un demi-siècle va s'écouler sans que cette formule occupe le devant de la scène.

C'est le grand mérite de l'étude de Sylvio de Franceschi de projeter dans une vive lumière la tardive originalité de Fénelon. L'archevêque de Cambrai, à partir de 1706 et surtout de 1708, a voulu voir dans la « délectation victorieuse » le résumé de la théologie de Jansénius et donc, selon lui, de ses erreurs. Cette formule lui paraissait rendre compte des Cinq Propositions (ce n'est soutenable que pour les quatre premières). Dès lors, les controverses anti-jansénistes vont adopter cet angle d'attaque, ignoré jusque-là.

C'est à ce stade que l'étude de Laurence Devillairs-Patricia Touboul sur le(s) plaisir(s) prend brillamment le relais. L'auteur de l'*Instruction pastorale* et des Lettres à François Lamy ne peut plus désormais supporter une conception de la grâce comme entraînant infailliblement la volonté en vertu d'une délectation toute-puissante. Il durcit l'« infailliblement » des augustiniens en « nécessairement ». La théologie de Jansénius, à ses yeux, anéantit le libre arbitre, qui fait la dignité de l'homme en assurant son « empire sur [s]es propres actes ». Les deux auteures ont raison de se demander si maintes formules ne rendent pas un son semi-pélagien. Ce qui explique cette évolution de Fénelon loin de l'augustinisme de certaines pages de sa réfutation de Malebranche (1687), c'est l'influence grandissante de Descartes et de sa conception de la volonté. Puisque les plus puissantes théologies de la grâce reposent souvent sur des images toutes simples, la grâce fénelonienne se présente comme un cordial, un remontant, qui rétablit la volonté dans une position souveraine entre le bien et le mal – celle d'Adam innocent. C'est l'homme alors qui décide et qui mérite. Nous sommes là aux antipodes du *De correptione et gratia* d'Augustin, non seulement de certaines de ses formules radicales, mais de toute son architecture.

Si Fénelon rejette la théorie d'un plaisir *prévenant* entraînant le libre arbitre de façon indélibérée, il défend la réalité d'un plaisir accompagnant et suivant le choix du vrai bien, c'est-à-dire d'un plaisir « délibéré ». Sur le rôle positif du plaisir dans l'éducation, il se révèle assez proche de Port-Royal. Il faut donc en finir avec l'illusion d'un Fénelon hostile au plaisir. Plus profondément, on peut s'interroger sur « une obsession souterraine : la recherche d'une forme de délivrance à l'égard des contraintes affectives ».

Ce bel ensemble sur la délectation victorieuse pourrait être prolongé par une étude serrée du petit traité d'Augustin que je viens de mentionner, le *De correptione et gratia* (*La Réprimande et la grâce*), considéré par Port-Royal comme la « clé » de la théologie augustinienne de la grâce, traduit par Arnauld dès 1644, massivement utilisé par Pascal dans les *Écrits sur la grâce*, et dont l'anti-Jansénius de Cambrai a vainement tenté d'atténuer la portée.

Notre Journée a pleinement tenu ses promesses. Bien sûr, il ne s'agit que de la première approche d'un champ qui s'est révélé vaste. D'ores et déjà nous avons pris une plus claire conscience du fait que l'archevêque de Cambrai a évolué : c'est un constat sur lequel Jacques Le Brun, pressenti le premier pour établir ces « Conclusions » et malheureusement empêché, comptait insister. Il nous est apparu aussi que l'opposition entre Fénelon et Jansénius n'est pas si générale qu'on pourrait le croire ; qu'Arnauld et Nicole se trouvent quelquefois plus proches de saint Thomas et de saint François de Sales que le cygne de Cambrai. Beaucoup d'affirmations péremptoires sont à nuancer. Il n'y a que le premier pas qui coûte. Maintenant qu'il a été accompli, et avec quel succès ! les recherches pourront se multiplier.

Philippe SELLIER

REPÈRES CHRONOLOGIQUES

Cette chronologie, tout d'abord réalisée par Philippe Moulis en accompagnement de sa communication, a été complétée par chacun des contributeurs de ce volume.

Les ouvrages qui ont notamment servi à sa constitution sont les suivants : Monique Cottret, *Jansénismes et Lumières. Pour un autre* XVIIIe *siècle*, Paris, Albin Michel, 1998 ; Gaetano Lettieri, *Il metodo della grazia. Pascal e l'ermeneutica giansenista di Agostino*, Rome, Dehoniane, 1999 ; Frédéric Delforge, *Chronologie* dans *Dictionnaire de Port-Royal*, élaboré sous la direction de Jean Lesaulnier et Antony McKenna, Paris, Honoré Champion, 2004 ; *Lettres de Madame de Maintenon, volume III, 1698-1706*, édition intégrale et critique par Hans Bots et Eugénie Bots-Estourgie, Paris, Honoré Champion, 2011 ; *Lettres de Madame de Maintenon, volume IV, 1707-1710*, édition établie et présentée par Marcel Loyau, Paris, Honoré Champion, 2011 ; *Lettres de Madame de Maintenon, volume V, 1711-1713*, édition intégrale et critique par Christine Mongenot, Paris, Honoré Champion, 2013 et *Lettres de Madame de Maintenon, volume VI, 1714-1719*, édition intégrale et critique par Jan Schillings, Paris, Honoré Champion, 2011.

1640

Jansénius, *Augustinus.*

Jean-Pierre Camus, *La Défense de l'Amour pur contre les attaques de l'amour propre.*

1641

Antoine Sirmond, *La Défense de la Vertu.*

1641

Antoine Arnauld, *Extrait de quelques erreurs et impiétés contenues dans un livre intitulé : « La Défense de la vertu ».*
Antoine Arnauld, *Dissertation Théologique sur le commandement d'aimer Dieu.*

1642

Bulle *In Eminenti* d'Urbain VIII.
François de La Mothe Le Vayer, *La Vertu des Payens.*

1643

Antoine Arnauld, *De la Fréquente communion.*

1644

Antoine Arnauld, *Première Apologie pour Jansénius.*

1645

Antoine Arnauld, *Seconde Apologie pour Jansénius.*

1650

Antoine Arnauld, *Apologie pour les Saints Pères.*

1653

Bulle *Cum occasione* d'Innocent X.

1655

Antoine Arnauld, *Lettre à une personne de condition* et *Seconde lettre à un duc et pair.*

1656

Bulle *Ad Sanctam Beati Petri Sedem* d'Alexandre VII.
Jean Le Porcq, *Les Sentiments de saint Augustin sur la grâce, opposés à ceux de Jansénius.*

1657

Antoine Arnauld, *Réflexions d'un docteur de Sorbonne.*
Publication en un seul volume des *Provinciales* et leur mise à l'index.
Georges Pirot, *Apologie pour les Casuistes.*

1658

Blaise Pascal et Antoine Arnauld, *Écrits des curés de Paris.*

1662

Antoine Arnauld et Pierre Nicole, *La Logique ou l'art de penser.*

1665

Antoine Arnauld et Pierre Nicole, *Apologie pour les religieuses de Port-Royal.*

1667

Martin de Barcos, *Sentiments de l'abbé Philérème sur l'oraison mentale* (publié en 1696).
Pierre Nicole, *Les Imaginaires ou lettres sur l'hérésie imaginaire*, tome I,

contenant les dix premières ; tome II, *Les Visionnaires ou Seconde partie des lettres sur l'hérésie imaginaire contenant les huit dernières.*

Antoine Arnauld et Pierre Nicole, *Défense de la traduction du Nouveau Testament imprimée à Mons.*

Antoine Arnauld, *Nouveaux éléments de Géométrie.*

Pierre Nicole, *Traité de la comédie.*

1670

Blaise Pascal, *Pensées sur la religion et sur quelques autres sujets* (éd. dite de Port-Royal, précédée d'une pré-édition en 1669).

1671

Jacques-Bénigne Bossuet, *Exposition de la doctrine de l'Église catholique.*

1672

Pasquier Quesnel, *Abrégé de la Morale de l'Évangile.*

1673

Enrico Noris, *Historia pelagiana.*

1674-1675

Nicolas Malebranche, *De la Recherche de la vérité.*

1679

Pierre Nicole, *Traité de l'oraison.*

Pierre-Daniel Huet, *Demonstratio evangelica.*

1680

Nicolas Malebranche, *Traité de la nature et de la grâce.*
Jacques-Bénigne Bossuet, *Traité du libre arbitre.*

1681

Jacques-Bénigne Bossuet, *Discours sur l'histoire universelle.*

1682

Déclaration des quatre articles.
Jean Le Porcq, *Les Sentiments de saint Augustin sur la grâce, opposés à ceux de Jansénius.*

1683

Antoine Arnauld, *Traité des vraies et fausses idées.*
Nicolas Malebranche, *Méditations chrétiennes et métaphysiques.*

1684

Pierre Jurieu, *L'Esprit de M. Arnauld.*
Pierre Nicole, *Les Prétendus-Reformés convaincus de schisme.*

1686

Antoine Arnauld, *Phantôme du jansénisme*
Pierre Jurieu, *Vrai système de l'Église*

1687

21 février : Fénelon reçoit un privilège pour la publication du *Traité de l'éducation des filles.*

Pasquier Quesnel, *Tradition de l'Église romaine sur la prédestination des saints et sur la grâce efficace.*
Bulle *Cœlestis pastor* d'Innocence XI.
Pierre Nicole, *De l'unité de l'Église.*

1687-1688

Rédaction de la *Réfutation du système du P. Malebranche* de Fénelon.

1688

Louis-Paul Du Vaucel, *Breves considerationes in doctrinam M. Molinos.*
Nicolas Malebranche, *Entretiens sur la Métaphysique, sur la Religion et sur la Mort.*
Jacques-Bénigne Bossuet, *Histoire des variations des églises protestantes.*
Pierre Jurieu, *Traité de l'unité de l'Église.*

1689

16 août : Fénelon est nommé précepteur du duc de Bourgogne.

1690

Janvier : date probable de la lettre de Fénelon à Mme de Maintenon « Sur les défauts ».
Antoine Arnauld, *Défense de l'Écrit géométrique sur la grâce générale.*

1691

Février : représentations d'*Athalie* à Saint-Cyr.
Antoine Arnauld, *Écrit du pouvoir physique.*

1692

Pasquier Quesnel, *Le Nouveau Testament en Français avec des Réflexions morales sur chaque verset.*

1693

Antoine Arnauld, *Écrits portant sur l'amour naturel de Dieu, touchant le sens auquel Thomas reconnaît un amour naturel.*

31 mars : Fénelon prononce son discours de réception à l'Académie française.

Début de l'examen des écrits de Mme Guyon par Bossuet.

1694

Septembre : rédaction du *Gnostique de saint Clément d'Alexandrie* par Fénelon.

Laurent Le Brun, *Disputatio de Jansenii vita et morte.*

1695

Pierre Nicole, *Réfutation des principales erreurs des Quiétistes.*

4 février : Fénelon est nommé archevêque de Cambrai.

9, 12, 14, 19 février : conférences d'Issy réunissant Bossuet, Noailles et Tronson.

10 mars : à l'issue des conférences d'Issy, Fénelon, Bossuet, Noailles et Tronson condamnent 34 propositions considérées comme « quiétistes ».

1696

Martin de Barcos, *Exposition de la foi touchant la grâce et la prédestination.*

Rédaction de l'*Explication des articles d'Issy* par Fénelon.

Fin février-début mars : rédaction de l'*Explication des articles d'Issy* par Fénelon.

Juin : Fénelon lit *Le Nouvel athéisme renversé ou Réfutation du système de Spinoza* de François Lamy.
24 juillet : Fénelon lit l'*Instruction sur les états d'oraison* de Bossuet.

1697

29 janvier : publication de l'*Explication des maximes des saints.*
25 février : publication de l'*Instruction sur les états d'oraison* de Bossuet.
De mars à décembre : lettres de Leibniz sur le pur amour ; publication du *Traité de l'amour de Dieu* de Malebranche.
Août : Fénelon se retire dans son diocèse de Cambrai.
15 septembre : *Instruction pastorale… sur l'Explication des maximes des saints* par Fénelon.

1698

Jacques-Bénigne Bossuet, *Relation sur le quiétisme.*

1699

Avril : publication des *Aventures de Télémaque.*
12 mars : Innocent XII condamne, par le Bref *Cum alias*, 23 propositions de l'*Explication des maximes des saints.*
Octobre : Innocent XII souhaite nommer Fénelon cardinal.

1701

Un « Cas de conscience », présenté à la Sorbonne rouvre la question du « silence respectueux » : « Peut-on donner l'absolution à un pénitent qui garde le silence respectueux ? ». Approbation de 23 docteurs.
20 juillet : un texte, préalablement soumis au cardinal de Noailles, est approuvé et signé par quarante docteurs de la Sorbonne.

1702

Septembre : *Mémoire sur l'état du diocèse de Cambrai par rapport au jansénisme et sur les moyens d'y arrêter les progrès de l'erreur*, par Fénelon.

1705

16 juillet : Fulmination par Clément XI de la bulle *Vineam Domini* concernant les jansénistes qui ne condamneraient pas les 5 propositions de *l'Augustinus*.

28 juillet : le nonce remet au roi la bulle *Vineam Domini*.

30 août : l'assemblée du clergé accepte la bulle *Vineam Domini*.

4 septembre : le Parlement de Paris enregistre la bulle *Vineam Domini*.

30 septembre : le cardinal de Noailles publie la bulle, accompagnée du titre *Contre le jansénisme*.

1er décembre : Pierre de Langle publie son mandement pour la publication de la bulle *Vineam Domini*.

1708

27 mars : la bulle *Ad Instantiam regis* du pape Clément XI supprime la maison et le titre d'abbesse de Port-Royal des Champs.

13 juillet : bref du pape Clément XI condamnant l'ouvrage de P. Quesnel, *Le Nouveau Testament en français avec des Réflexions Morales sur chaque verset pour en rendre la lecture plus utile et la méditation plus aisée, Paris*, augmenté et réimprimé plusieurs fois de 1668 à 1706.

11 novembre : arrêt du Conseil qui abolit le privilège accordé pour la publication des *Réflexions morales sur le Nouveau Testament* du père Quesnel.

1708-1709 : correspondance de Fénelon avec le bénédictin François Lamy.

1709

Lettre... sur l'infaillibilité de l'Église touchant les textes dogmatiques de Fénelon.

Janvier : mort du père de La Chaise, confesseur du roi ; le père Le Tellier lui succède.

11 juillet : le cardinal de Noailles signe le décret de suppression de Port-Royal des Champs.
29 octobre : dispersion des religieuses de Port-Royal des Champs.

1710

22 janvier : arrêt du Conseil ordonnant la destruction de Port-Royal des Champs.
Juillet : *Ordonnance et instruction pastorale de M^grs^ les évêques de Luçon et de La Rochelle, du 15 juillet 1710 Portant condamnation d'un livre intitulé : Le Nouveau Testament en François, avec des réflexions morales*, La Rochelle, Pierre Mesnier.
Août : début des entretiens de Fénelon avec Ramsay.
1710-1711 : correspondance de Fénelon avec le pasteur Pierre Poiret.

1711

26 janvier : lettre de Bissy à Fénelon sollicitant son approbation au sujet de l'*ordonnance* qu'il a publiée en avril 1710 et qui condamne la *Théologie dogmatique* de Louis Habert.
Entre janvier et mars : parution de la *Dénonciation de la Théologie de Monsieur Habert, adressée à Son Éminence monseigneur le cardinal de Noailles, archevêque de Paris et à Monseigneur l'évêque de Châlons-sur-Marne* (s. l.).
Fin février : sur ordre du cardinal de Noailles, les séminaristes François de Lescure et Jean-Baptiste de Champflour de La Trémouline, neveux des évêques de Luçon et de La Rochelle, sont expulsés du séminaire de Saint-Sulpice à Paris.
Début mars : le cardinal de Noailles publie un monitoire afin de connaître l'identité de la *Dénonciation*. Il pense, à tort, que Fénelon en est l'instigateur. L'auteur est probablement le père jésuite, Lallemant. Le conflit entre Noailles et les jésuites, soutiens des deux évêques, s'envenime.
4 mars : François Berger de Malissoles, évêque de Gap, publie une ordonnance intitulée : *Mandement portant condamnation du Nouveau Testament de Mons, des Réflexions du P. Quesnel sur le Nouveau Testament, des*

Institutions théologiques du P. Juénin et de plusieurs autres livres (notamment la théologie de Habert).

Mars : Le cardinal de Noailles charge les docteurs Pirot, Vuitasse, Quinot et Vivans d'examiner la *Théologie dogmatique* de Habert.

Entre mars et juin : *Mandement et instruction pastorale de Monseigneur l'évêque de Meaux sur le jansénisme portant condamnation des Institutions Théologiques du P. Juénin.*

24 avril : le chapitre cathédral de Paris examine le document intitulé : *Lettre écrite au Roy, par messeigneurs les évêques de Luçon et de la Rochelle, contre Son Éminence monseigneur le cardinal de Noailles archevêque de Paris.*

28 avril : *Ordonnance de Monseigneur le cardinal de Noailles, archevesque de Paris, portant défense de lire certains écrits publiés sous le prétendu titre d'Ordonnances et Instructions pastorales de MM. les Evesques de Luçon et de La Rochelle, et du Mandement de M Evesque de Gap*, Paris, Vve Muguet.

1er mai : impression, avec l'accord du P. Le Tellier, confesseur du roi, du mandement de Fénelon portant condamnation de la *Théologie* de Louis Habert. Le document n'est pas publié.

3 mai : lecture dans les églises du diocèse de Paris de l'ordonnance du cardinal de Noailles.

14 mai : impression de l'*Instruction pastorale de MM. de Luçon et de La Rochelle sur la Justification des Réflexions morales*, La Rochelle, Pierre Mesnier, 1711.

20 mai : lettre au roi des évêques de Luçon et de La Rochelle.

1er juin : Le P. Le Tellier demande, au nom du roi, à l'évêque de La Rochelle une lettre de satisfaction.

Début juin : Louis XIV charge le Dauphin de l'affaire des évêques. Il est aidé par Henry-Pons de Thiard de Bissy, évêque de Meaux, et Armand Bazin de Bezons, archevêque de Bordeaux.

6 juin : l'évêque de La Rochelle accepte de rédiger une lettre de satisfaction à la condition que le cardinal de Noailles révoque publiquement l'approbation publiée dans l'édition de 1696, des *Réflexions* du P. Quesnel et son ordonnance d'avril contre l'instruction pastorale des deux évêques.

17 juin : ouverture de l'Assemblée générale du clergé.

Fin juin : le cardinal de Noailles envoie à tous les cardinaux une lettre circulaire dans laquelle il dénonce et se plaint de la lettre que les évêques de Luçon et de La Rochelle ont adressée à Louis XIV.

4 juillet : bref papal en réponse à la lettre des évêques de Luçon et de La Rochelle du 1er janvier 1711 qui accompagnait l'envoi de leur *Instruction pastorale.*

Début juillet : le cardinal de Noailles annonce la réception du bref papal du 13 juillet 1708 portant condamnation du livre du P. Quesnel.

15 juillet : interception de la lettre de l'abbé Antoine Bochart de Saron, trésorier de la Saint-Chapelle de Vincennes, à son oncle l'évêque de Clermont. Ce document suggère une cabale, organisée par le P. Le Tellier, à l'encontre du cardinal de Noailles.

18 juillet : première lettre du Dauphin aux évêques.

25 juillet : le cardinal de Noailles se plaint auprès du Dauphin de la cabale révélée par la lettre de Bochart de Saron

Fin juillet : publication à Paris d'un ouvrage intitulé : *Intrigue découverte ou réflexions sur la lettre de M. l'abbé Bochart de Saron à M. l'E. de Clermont et sur un modèle de lettre au Roi.*

17 août : bref papal adressé au cardinal de Noailles au sujet de la réception de la bulle de 1705 et sur la lettre du cardinal à ce sujet. Louis XIV fait retourner ce bref à Clément XI.

21 août : le cardinal de Noailles interdit plusieurs confesseurs.

4 septembre : le Dauphin rencontre les évêques de Luçon et de La Rochelle afin de trouver un accommodement avec le cardinal.

12 septembre : lettre du Dauphin aux évêques. Un accommodement est accordé par le Dauphin au cardinal de Noailles.

Début octobre : le père lazariste François Hébert, ancien curé de Versailles, publie une *Lettre de M. l'évêque d'Agen à MM. les évêques de Luçon et de La Rochelle sur la lettre écrite au Roi contre le cardinal de Noailles* (s. l.), dans laquelle il défend le cardinal.

11 octobre : lettre des évêques de Luçon et de La Rochelle demandant réparation contre le cardinal et contre l'ouvrage de François Hébert.

Début novembre : Fénelon condamne la *Théologie* de Louis Habert dans son *Ordonnance et instruction pastorale [...] portant condamnation d'un livre intitulé : Theologica dogmatica et moralis ad usum Seminari Catalaunensis.*

7 et 19 novembre : lettres de Mgr de Bissy aux évêques de Luçon et de La Rochelle leur permettant de formuler leur plainte devant le Dauphin. Parution d'un écrit anonyme, *Réflexions sur les ordonnances et instructions pastorales publiées sous le nom de M[grs] les évêques de Luçon, de*

La Rochelle et de Gap, qui accuse le Dauphin de complaisance envers le cardinal de Noailles.

11 novembre : arrêt du Conseil d'État interdisant la réimpression et la vente du *Nouveau Testament* du P. Quesnel.

16 novembre : Louis XIV demande à La Trémoille, ambassadeur à Rome, de solliciter le pape pour la fulmination d'une bulle qui soit reçue par l'Église de France et qui mette fin à la querelle janséniste.

2 décembre : le cardinal de Noailles est reçu par Louis XIV.

12 décembre : La Trémoille présente à Clément XI les instructions du roi au sujet de l'obtention d'une Constitution.

20 décembre : impression à Paris de la *Lettre du cardinal de Noailles à l'Évêque d'Agen*. Elle sera remise à tous les cardinaux.

22 décembre : plainte des deux évêques auprès du Dauphin.

1712

25 janvier : Mgr de Bissy autorise les deux évêques à publier leur *Ordonnance* sur un faux ouvrage attribué à Bossuet et intitulé : *Nouveau Testament* du P. Quesnel.

Début février : Institution à Rome, par le cardinal Fabroni, d'une commission spéciale au sujet des *Réflexions morales* du P. Quesnel.

3 février : remise au Dauphin, par les évêques de Laon et de Langres, d'un mémoire soutenant le cardinal de Noailles et condamnant les évêques qui lui sont hostiles. Ils demandent un règlement interne.

18 février : mort du Dauphin.

Février-mars : parution des *Réflexions sur les Ordonnances et Instructions pastorales publiées sous le nom de Messeigneurs les évêques de Luçon, La Rochelle et Gap, première partie.*

12 mars : Louis XIV envoie au pape une copie du *Mémoire* du Dauphin trouvé après sa mort dans sa cassette et lui demande son aide contre le jansénisme.

30 mars : deuxième mandement de Mgr de Bissy contre les *Remarques sur le Mandement et Instruction pastorale de Monseigneur Henry de Bissy, évêque de Meaux, touchant les Institutions du P. Juénin*, qui publie en retour les *Lettres théologiques contre le mandement et instruction pastorale de Monseigneur Henri de Thiard de Bissy évêque de Meaux sur le jansénisme : portant condamnation des institutions théologiques du père Juénin* (s. l.).

Début avril : remise à Louis XIV de la lettre de plainte des évêques de Luçon et de La Rochelle.

11 avril : Louis XIV permet à l'évêque de La Rochelle de se pourvoir à Rome.

13 avril : la même permission est accordée à l'évêque de Gap.

17 avril : Louis XIV prend la décision de soumettre au pape le différend entre le cardinal de Noailles et les deux évêques.

Fin avril : la lettre des évêques au Roi est imprimée clandestinement.

Début mai : publication, sur ordre de Louis XIV, du mémoire du Dauphin, *Mémoire de Mgr le Dauphin pour NTSP le pape*, Imprimerie royale.

8 mai : parution des *Réflexions sur un écrit intitulé Mémoire de Mgr le Dauphin.*

Mai : le cardinal de Noailles publie *Une réponse du Cardinal de Noailles au mémoire que le Roi lui a fait l'honneur de lui donner.*

Entre mai et juin : réimpression aux Provinces-Unies de la *Relation de ce qui s'est passé dans le différend qui est aujourd'hui entre MM. les évêques de Luçon, de La Rochelle et de Gap avec Mgr le cardinal.*

6 juin : la congrégation spéciale instituée par Clément XI débute ses travaux concernant l'ouvrage des *Réflexions morales* du P. Quesnel. Le 22 décembre 1712, la 23e congrégation achèvera ses travaux.

30 juin : envoi à Rome de la lettre des évêques de Luçon et de La Rochelle dénonçant le mandement du cardinal de Noailles.

21 juillet : accession officielle au cardinalat de Armand-Gaston-Maximilien de Rohan, évêque de Strasbourg. Louis XIV lui remet la calotte.

26 juillet : Mgr de Bissy permet, avec l'accord du roi, aux deux évêques de publier des *Éclaircissements sur les faits contenus dans les lettres de M. l'E. d'Agen, et dans plusieurs libelles anonymes, touchant les contestations qui sont entre M. le C. de Noailles, et MM. les E. de Luçon et de La Rochelle* (imprimé en septembre 1712).

Début août : la lettre du cardinal de Noailles en réponse à celle des deux évêques est remise à Clément XI. La curie romaine est favorable au cardinal.

6 août : bref du pape en réponse aux évêques.

7 août : privilège pour la publication de la *Démonstration de l'existence de Dieu, tirée de la nature, et proportionnée à la faible intelligence des plus simples* de Fénelon.

16 août : Cornelio Bentivoglio, archevêque d'Athènes et nonce du pape, est reçu par Louis XIV.

20 août : le nonce du pape est reçu une seconde fois par Louis XIV.

25 octobre : première audience publique accordée par Louis XIV à Cornelio Bentivoglio, nonce du pape.

Décembre : publication de la *Démonstration de l'existence de Dieu* de Fénelon.

22 décembre : la 23e congrégation spéciale instituée par Clément XI a terminé l'examen des 155 propositions condamnant l'ouvrage du P. Quesnel.

1713

Lettres sur divers sujets de métaphysique et de religion de Fénelon.

7 février : le nonce du pape est reçu par Louis XIV.

9 février : ouverture par le pape de la première des vingt-trois sessions cardinalices consacrées à la bulle. La dernière congrégation aura lieu le 8 août et aboutira à la bulle *Unigenitus.*

12 mars : lettre des évêques de Luçon et de La Rochelle à Mgr de Bissy dans laquelle ils se justifient.

Courant mars : Publication du *Mandement de Mgr l'évesque de Gap portant condamnation du « Nouveau Testament de Mons », des « Réflexions du P. Quesnel sur le Nouveau Testament »... avec les Remarques sur ce mandement... par Mgr le cardinal de Noailles et la Réponse de Mgr l'évesque de Gap.*

24 mars : arrêt du Parlement exigeant la suppression du livre du père Jouvancy (*Josephi Juvencii Historiae Societatis Jesu, partis quintæ tomus pasterior, ab anno 1591, ad annum 1616, Romae, 1710).*

7 avril : réponse de Mgr de Bissy aux évêques de Luçon et de La Rochelle leur demandant d'attendre la fulmination de la prochaine bulle.

2 mai : audience royale particulière accordée au nonce Cornelio Bentivoglio.

3 mai : audience royale au cardinal de Noailles.

17 juin : arrivée du cardinal Gualterio à Paris. Il est reçu par Louis XIV.

7 juillet : Louis XIV envoie une lettre à La Trémoille à Rome dans laquelle il insiste pour que le pape propose cette bulle.

28 août : Louis XIV envoie une lettre à La Trémoille dans laquelle il souhaite que le pape lui envoie le texte de la bulle avant de la faire accepter en France. Refus du Pape.

8 septembre : bulle *Unigenitus* qui condamne 101 propositions extraites des *Réflexions morales* de P. Quesnel.

9 septembre : arrivée de la bulle à la Cour de France, accompagnée d'un bref antidaté du 10 septembre rappelant à Louis XIV son engagement de faire recevoir la bulle.
25 septembre : un exemplaire de la bulle est remis au cardinal de Noailles.
29 septembre : publication du mandement du cardinal de Noailles révoquant son approbation des *Réflexions morales* donnée à Châlons.
3 octobre : audience royale accordée au nonce Cornelio Bentivoglio.
6 octobre : Louis XIV informe le pape que le texte de la bulle sera examiné afin de savoir s'il respecte les usages du Royaume de France et les libertés de l'église gallicane.
16 octobre : ouverture, à l'archevêché de Paris et sous la présidence du cardinal de Noailles, de l'Assemblée du clergé convoquée pour accepter la bulle *Unigenitus*. Un bureau, composé de six commissaires et dirigé par le cardinal de Rohan, est chargé de rédiger le texte d'acceptation.
Novembre : le cardinal de Noailles demande que le texte d'acceptation de la bulle soit accompagné d'une relation des travaux des évêques ou d'un précis.

1714

1er janvier : *Instruction pastorale de Monseigneur l'archevesque Duc de Cambray, au clergé et au peuple de son diocèse en forme de dialogues divisée en trois parties. Première Partie, qui développe le système de Jansénius, sa conformité avec celui de Calvin sur la délectation et son opposition à la doctrine de Saint-Augustin. Seconde partie qui explique les principaux ouvrages de S. Augustin sur la grâce, l'abus que les jansénistes en font et l'opposition de leur doctrine à celle des thomistes. Troisième partie, qui montre la nouveauté du système de Jansénius et les conséquences pernicieuses de cette doctrine contre les bonnes mœurs.*
14 janvier : les neuf prélats, dont le cardinal de Noailles, s'opposant à la bulle *Unigenitus* adressent une supplique à Louis XIV, demandant que des explications soient données pour l'acceptation de la bulle.
5 février : clôture de l'Assemblée du clergé. Le cardinal de Noailles, Pierre de Langle et sept autres prélats refusent l'acceptation de la Constitution. Huit prélats s'opposent, en même temps que le cardinal de Noailles, à la réception de la nouvelle Constitution.

8 février : Les huit prélats reçoivent simultanément des lettres de cachet leur enjoignant de regagner leurs diocèses.

Février : 40 évêques présents à l'assemblée du Clergé acceptent la bulle *Unigenitus.* Ces délibérations sont publiées avec une instruction pastorale destinée aux prélats absents, appelée par la suite l'*Instruction des Quarante*, et avec la version française de la bulle, *Délibérations de l'Assemblée des cardinaux, archevêques et évêques, tenue à Paris en l'année 1713 et 1714 Sur l'acceptation de la Constitution en forme de bulle de Notre Saint-Père le pape Clément XI*, Paris, Veuve de François Muguet.

15 février : le Parlement de Paris enregistre les *Lettres patentes sur la Constitution du Pape en forme de Bulle, portant condamnation d'un livre intitulé, le Nouveau Testament en François, avec des réflexions morales sur chaque verset*, imprimé à Paris en 1699, *ou abrégé de la morale de l'Évangile, des Actes des apôtres, etc.*, à Paris en 1693 et 1694 [Publiée à Paris, par la veuve François Muguet et Hubert Muguet en 1714].

De février à mars : premier essai d'accommodement de Louis XIV.

De mars à août : second essai d'accommodement de Louis XIV.

26 mai : *Lettre à l'Académie* de Fénelon.

D'août à octobre : troisième essai d'accommodement de Louis XIV.

Octobre : Louis XIV envoie à Rome le marquis d'Amelot afin de réunir, avec l'accord du pape, un concile national, dans lequel le cardinal de Noailles serait déposé.

1715

7 janvier : décès de Fénelon, archevêque de Cambrai.

BIBLIOGRAPHIE

SOURCES PRIMAIRES

MANUSCRITS

Archives de Saint-Sulpice

Ms 2123, pièce 6241 : « *Quid de Amore purae in Deum Amicitiae Senserint Ysambertus, Du Vallius, Gamacheaus ; Quid et Jansenius et Estius* ».

Archives municipales de Saint-Omer

2 G 185 : correspondance des évêques de Saint-Omer (1671-1755).

Archives d'Utrecht, collection Port-Royal

P.R. 1425 ; P.R. 1443 ; P.R. 1471 ; P.R. 3220 ; P.R. 1376-7 ;
P.R. 971-2 : une lettre de l'évêque d'Arras au père Besson de Douai (s.d.) ;
P.R. 1241 ; lettre de Pierre de Langle, à [un inconnu des Pays-Bas autrichiens], datée du 27 juin 1714.

Bibliothèque Nationale de France

f.fr. 12886, ff. 180-181 : Lettre de Racine à son fils Jean-Baptiste, 5 avril 1697 ;
f.fr. 12886, ff. 189-190 (autographe) : Lettre de Racine son fils à Jean-Baptiste, 26 janvier 1698 ;
f.fr. 23217 : quatre lettres datées du 16 mars, 23 et 25 août et du 13 juin 1703 de l'évêque d'Arras au cardinal de Noailles ;
f.fr. 23206 : dix lettres de l'évêque d'Arras au cardinal de Noailles, datées du 11 janvier, 20 février, 27 mars, 30 mai, 31 juillet, 12 et 16 septembre, 3 et 20 octobre, 26 novembre 1715 ;

f.fr. 23207 : treize lettres datées du 18 décembre 1718, 4 janvier, 30 mars, 22 avril, 5 et 17 novembre, une de novembre (sans mention du jour), 11 décembre 1719, (sans indication du jour) janvier, 23 février, 29 novembre 1720, 25 mars, 5 mai 1721 de l'évêque d'Arras à Gaston de Noailles, évêque de Châlons.

Bibliothèque de Port-Royal

P.R. 51, p. 533 (Lettre de Racine à Boileau, 20 janvier 1698, copie).

IMPRIMÉS

ANNAT, François, *Disputatio quadripartita de incoacta libertate*, Rome, Ignace de Lazaris, 1652.

ANNAT, François, *Informatio de quinque Propositionibus*, Paris, S. et G. Cramoisy, 1653.

ARNAULD, Antoine, *Œuvres de messire Antoine Arnauld*, fac-similé de l'éd. de Paris 1775-1783, 42 vol., Bruxelles, Culture et civilisation, 1964-1967.

Arrêt au Parlement du samedi 25 avril 1693, Paris, François Muguet, 1693.

AUGUSTIN, *Œuvres de saint Augustin*, Paris, Desclée de Brouwer, « Bibliothèque augustinienne », 76 opuscules, 1949-2008 et « Nouvelle bibliothèque augustinienne », 9 volumes, 1992-2004.

BAYEUX, Tranquille de, *Réponse à la bibliothèque janséniste avec des remarques sur la réfutation des critiques de M. Bayle et des éclaircissements sur les lettres de M. de Saléon, évêque de Rodez, à M. Bossuet, évêque de Troyes*, Nancy [Paris, J. Nicolaï], 1740.

BERNARD, saint, *Œuvres mystiques*, éd. critique par Albert Béguin, Paris, Le Seuil, 1953.

BOSSUET, Jacques-Bénigne, *Œuvres complètes*, éd. critique par François Lachat et Eugène Levesque, 31 vol., Paris, L. Vivès, 1862-1875.

BOSSUET, Jacques-Bénigne, *Correspondance*, éd. critique par François Lachat et Eugène Levesque, 15 vol., Paris, Hachette, 1909-1925.

CAMUS, Jean-Pierre, *Le Renoncement spirituel, Renoncement de soi-même, Éclaircissement spirituel*, Paris, chez André Soubron, 1637.

CAMUS, Jean-Pierre, *De la Défense de l'Amour pur*, Paris, chez Gervais Alliot, 1640.

COLONIA, Dominique de, *Bibliothèque janséniste ou catalogue alphabétique des principaux livres jansénistes ou suspects de jansénisme qui ont paru depuis la naissance de cette hérésie*, s. l., 1735.

COLONIA, Dominique de, *Dictionnaire des livres jansénistes ou qui favorisent le jansénisme*, Anvers, chez Jean-Baptiste Verdussen, 1752.

Conférences entre les sieurs de Lalane et Girard, docteurs en théologie, et le R. P. Ferrier touchant les contestations présentes, en présence de Mgr l'évesque de Comenge, député par le Roy, s. l., 1663.

Délibérations de l'Assemblée des cardinaux, archevêques et évêques, tenue à Paris en l'année 1713 et 1714. Sur l'acceptation de la Constitution en forme de bulle de Notre Saint-Père le pape Clément XI, Paris, Veuve de François Muguet, 1714.

Dénonciation de la théologie de M. L'Herminier à nosseigneurs les évêques, s. l., 1709.

DESCARTES, René, *Œuvres*, éd. critique par Charles Adam et Pierre Tannery, 11 vol., Paris, Vrin, 1996.

DU PIN, Louis Ellies, *Liber Psalmorum*, Paris, André Pralard, 1691.

DU PIN, Louis Ellies, *Nouvelle bibliothèque des auteurs ecclésiastiques contenant l'histoire de leur vie, le catalogue, la critique, et la chronologie de leurs ouvrages ; le sommaire de ce qu'ils contiennent : un jugement sur leur style, et sur leur doctrine, et le dénombrement des différentes éditions de leurs œuvres*, Paris, André Pralard, 45 vol., 1686-1723.

DU PIN, Louis Ellies, *La juste défense du Sieur Du Pin, pour servir de réponse à un libelle anonyme publié depuis peu contre les Psaumes qu'il a donnés au public*, Cologne, Jacques Valé, 1693.

DUVERGIER DE HAURANNE, Jean, abbé de S. Cyran, *Lettres chrétiennes et spirituelles de messire Jean du Vergier de Hauranne, abbé de S. Cyran, qui n'ont point encore été imprimées jusqu'à présent*, s. l., 1744.

FÉNELON, François de Salignac de La Mothe, *Œuvres complètes*, éd. critique par l'abbé Gosselin, 10 vol., Paris, Besançon, Gauthier et Frères, 1851-1852.

FÉNELON, François de Salignac de La Mothe, *Œuvres*, éd. critique par Jacques Le Brun, 2 vol., Paris, Gallimard, « Bibliothèque de la Pléiade », 1983-1997.

FÉNELON, François de Salignac de La Mothe, *Correspondance*, éd. critique par Jacques Le Brun, Jean Orcibal, avec la collaboration d'Irénée Noye, 18 tomes, Genève, Droz, 1972-2007.

FONTAINE, Nicolas, *Mémoires pour servir à l'histoire de Port-Royal*, Utrecht, Aux dépens de la Compagnie, 1736.

[FOUILLOU, Jacques et PETITPIED, Nicolas], *Justification du silence respectueux, ou Réponse aux instructions pastorales et autres écrits de M. l'archevêque de Cambrai*, 3 vol., s. l., 1707.

FRANÇOIS DE SALES, saint, *Œuvres*, éd. critique par André Ravier, Paris, Gallimard, « Bibliothèque de la Pléiade », 1969.

FRANÇOIS DE SALES, saint, *Œuvres complètes de François de Sales*, édition établie par les soins des religieuses de la Visitation du 1er monastère d'Annecy sous les conseils de dom Mackey, O. S. B., 27 vol., Annecy, J. Niérat, 1892-1898.

[GERBERON, Gabriel], *Lettre d'un Théologien à Monseigneur l'Évêque de Meaux où l'on Réfute la fausse Apologie du Véritable Amour de Dieu. Avec deux livres de saint Augustin [de la Grâce de Jésus-Christ ; de la Grâce et du Libre-arbitre] et un Dialogue de saint Anselme du Franc-arbitre] traduits nouvellement en français par le sieur de Longbois*, Cologne, chez Pierre Marteau, 1699.

[GOURLIN, Pierre-Sébastien], *Observations importantes au sujet de la thèse de M. de Prades soutenue en Sorbonne le 18 novembre 1751, censurée par la Faculté de théologie le 27 janvier 1752 et condamnée par M. l'archevêque de Paris le 29 du même mois*, s. l., 1752.

GUÉRANGER, Prosper, *Défense de l'Église romaine contre les accusations du R. P. Gratry*, Paris-Le Mans, Palmé-Leguicheux-Galienne, 1870.

HABERT, Louis, *Theologia dogmatica et moralis ad usum seminarii Catalaunensis*, Paris, Billiot, 1706-1712.

HARLAY DE CHAMPVALLON, François, *Ordonnance de Monseigneur l'archevêque de Paris, portant condamnation du livre intitulé :* Nouvelle Bibliothèque des auteurs ecclésiastiques, etc., *par Maître Ellies Du Pin, docteur de la Faculté de Paris*, Paris, 1693.

JANSÉNIUS, Cornelius, *Augustinus seu doctrina S. Augustini de humanæ naturæ sanitate, ægritudine, medicina adversus Pelagianos et Massilienses*, Louvain, J. Zeger, 1640.

JUÉNIN, Gaspard, *Institutiones theologicæ ad usum seminariorum*, 1694, 2e éd. Paris, J. Anisson, 1701.

L'HERMINIER, Nicolas, *Summa theologiæ ad usum scholæ accommodata*, Paris, Delaulne, 1701-1711.

LEDIEU, François, *Les dernières années de Bossuet. Journal de Ledieu*, éd. critique par Charles Urbain et Eugène Levesque, 2 vol., Bruges, Paris, Desclée De Brouwer, 1928-1929.

LE FEBVRE DE SAINT-MARC, *Supplément au Nécrologe de l'abbaye de Notre-Dame de Port-Royal*, 1735.

Lettres de Madame de Maintenon, volume II, 1690-1697, édition intégrale et critique par H. Bots et E. Bots-Estourgie, Paris, Honoré Champion, 2010.

Lettres de Germain Vuillart, ami de Port-Royal, à M. Louis de Préfontaine (1694-1700), éd. critique par Ruth Clark, Genève-Lille, Droz-Giard, 1950.

LEYDEKKER, Melchior, *De Historia Jansenismi libri VI : quibus De Cornelii Jansenii vita et morte, nec non De Ipsius et Sequacium Dogmatibus disseritur*, Utrecht, F. Halmam, 1695.

Mémoire adressé à la Sorbonne touchant la Nouvelle bibliothèque des auteurs ecclésiastiques, s. l. n. d.

Mémoires pour servir à l'histoire de Port-Royal, Utrecht, Aux dépens de la Compagnie, 1742.

Nécrologe des plus célèbres défenseurs et confesseurs de la vérité du dix-huitième siècle, contenant les principales circonstances de la Vie & de la Mort des Amis de la Vérité de l'un & l'autre Sexe, & sur-tout des persécutions qu'ils ont souffertes au sujet du Formulaire & de la Bulle Unigenitus, & de la part des Jésuites, 8 vol., s. l., 1760.

LEIBNIZ, Gottfried Wilhelm, *Sämtliche Schriften und Briefe*, tome III, 1695-1700, Akademie Verlag GMBH, Berlin, 2013.

NICOLE, Pierre, *Traité de l'oraison*, Paris, 1679.

NICOLE, Pierre, *Lettres de feu M. Nicole*, Lille, chez Jean-Baptiste Brovellio, 1718.

NICOLE, Pierre, *Réfutation des principales erreurs des Quiétistes*, Paris, 1695.

NICOLE, Pierre, *Essais de morale*, éd. critique par Laurent Thirouin, Paris, PUF, 1999.

PASCAL, Blaise, *Œuvres complètes*, texte établi, présenté et annoté par Jean Mesnard, 4 tomes parus, Paris, Desclée de Brouwer, 1964 ; 1970 ; 1991 ; 1992.

PASCAL, Blaise, *Les Provinciales, Pensées et opuscules divers*, éd. critique par Gérard Ferreyrolles et Philippe Sellier, d'après l'édition de Louis Cognet pour « Les Provinciales », Paris, Le Livre de Poche / Classiques Garnier, « La Pochothèque », 2004.

[NIVELLE, Gabriel-Nicolas], *La constitution* Unigenitus *deferée à l'Église universelle ou recueil general des actes d'appel interjettés au futur concile general de cette constitution et des lettres pastoralis officii*, 4 tomes, Cologne, Aux dépens de la Compagnie, 1757.

Ordonnance et instruction pastorale de M^grs^ les évêques de Luçon et de La Rochelle, du 15 juillet 1710. Portant condamnation d'un livre intitulé : Le Nouveau Testament en François, avec des réflexions morales, La Rochelle, Pierre Mesnier, 1710.

Pasquier Quesnel et les Pays-Bas. Correspondance, publiée avec introduction et annotations par Joseph Anna Guillaume Tans, Groningue, J. B. Wolters, Paris, Vrin, 1960.

[PERCIN DE MONTGAILLARD, Pierre-Jean-François], *Nouvelle lettre de Mgr l'évêque de Saint-Pons, qui réfute celles de Mgr l'archevêque de Cambray touchant l'infaillibilité du pape*, s. l., 1706.

PETITDIDIER, Mathieu, *Remarques sur la Bibliothèque des auteurs ecclésiastiques de Monsieur Du Pin*, par ***, 3 tomes, Paris, Daniel Horthemels, 1691-1696.

Poésies sur la Constitution Unigenitus *recueillies par le chevalier de G…, officier du régiment de Champagne*, t. Ier, Villefranche, Philalete Belhumeur, 1724.

RACINE, Jean, *Œuvres*, éd. critique par Paul Mesnard, Paris, Hachette, G.É.F., t. VII, 1870.

RACINE, Jean, *Œuvres*, éd. critique par Raymond Picard, Paris, Gallimard, La Pléiade, t. II, 1960.

SCUPOLI, Lorenzo, *Le Combat spirituel* [1589], Paris, éd. du Lion de Judas, 1990.

THOMAS D'AQUIN, saint, *Somme théologique*, 4 vol., Paris, Cerf, 1984-1986.

TOURNÉLY, Honoré, *Prælectiones theologicæ de gratia Christi*, Paris, chez la veuve de R. Mazières et J.-B. Garnier, 1725.

Un janséniste en exil. Correspondance de Pasquier Quesnel, 2 vol., éd. critique par Mme Albert Le Roy, Paris, Perrin, 1900.

*L'*Unigenitus *en frontière de catholicité. Pierre de Langle et ses correspondants (1711-1724)*, édition critique par Philippe Moulis, Paris, Honoré Champion, 2016.

SOURCES SECONDAIRES

« Arnauld, Thomas d'Aquin et les thomistes », sous la dir. de D. Moreau et S. Icard, *XVIIe siècle*, n° 259, 2013.

ARMOGATHE, Jean-Robert, « La spiritualité de Pierre Nicole : antimysticisme ou intellectualisme ? », *Chroniques de Port-Royal*, n° 45, « Pierre Nicole (1625-1695) », Paris, Bibliothèque Mazarine, 1996, p. 83-99.

AUBERT, Roger, « Jansénisme », *Dictionnaire d'histoire et de géographie ecclésiastique*, Paris, Letouzey et Ané, t. XXVI, 1996, col. 911-932.

AUBERT, Roger, *Le pontificat de Pie IX (1846-1878)*, Paris, Bloud et Gay, 1952.

AUVRAY, Paul, *Richard Simon. 1658-1718*, Paris, PUF, 1974.

BERG, Kenneth, *A Love Beyond Desire ? Investigations into the Theologies of Jansenius and Fénelon*, Aarhus, Aarhus University, 2009.

BEYSSADE, Jean-Marie, *La Philosophie première de Descartes*, Paris, Flammarion, 1979.

BOCHET, Isabelle, *Saint Augustin et le désir de Dieu*, Paris, Les Études augustiniennes, 1982.

BOUCHILLOUX, Hélène, *La Question de la liberté chez Descartes. Libre arbitre, liberté et indifférence*, Paris, Honoré Champion, 2003.

BREMOND, Henri, *La Querelle du pur Amour au temps de Louis XIII*, Paris, Bloud et Gay, 1932.

BRUCKER, Joseph, *La Compagnie de Jésus. Esquisse de son institut et de son histoire (1521-1773)*, Paris, Beauchesne, 1919.

BRUGGEMAN, Jacob, VAN DE VEN, Antoon Joseph, *Inventaire des pièces d'archives françaises se rapportant à l'abbaye de Port-Royal des Champs et son cercle et à la résistance contre la bulle* Unigenitus *et à l'Appel (ancien fonds d'Amersfoort)*, La Haye, Martinus Nijhoff, 1972.

CARCASSONNE, Ély, *Fénelon, l'homme et l'œuvre*, Paris, Hatier-Boivin, 1946.

CARRÉ, Irénée, *Les Pédagogues de Port-Royal*, Paris, Delagrave, 1887 [Genève, Slatkine-Reprints, 1971].

CEYSSENS, Lucien, « Autour de la bulle *Unigenitus* : Fénelon », *Antonianum Roma*, t. 59, nº 3-4, 1984, p. 482-540.

CEYSSENS, Lucien, « Que penser finalement de l'histoire du jansénisme et de l'antijansénisme ? », *Revue d'histoire ecclésiastique de Louvain*, t. 88, 1993, p. 108-130.

CHÂTELLIER, Louis, *La religion des pauvres. Les sources du Christianisme moderne, XVIᵉ-XIXᵉ siècle*, Paris, Aubier, 1993.

CHÉDOZEAU, Bernard, « Pierre Nicole lecteur des œuvres de spiritualité de Jean Desmarets de Saint-Sorlin : un conflit d'anthropologies », *XVIIᵉ Siècle*, nº 193, 1996, p. 779-788.

CHIRON, Jean-François, *L'infaillibilité et son objet. L'autorité du magistère infaillible de l'Église s'étend-elle aux vérités non révélées ?*, préf. d'H. Legrand, Paris, Cerf, « Cogitatio Fidei », 1999.

COGNET, Louis, « Les *Provinciales* et l'histoire » (1965), repris dans Blaise Pascal, *Les Provinciales, Pensées et opuscules divers*, éd. G. Ferreyrolles et Ph. Sellier, Paris, Garnier, 2004, p. 157-229.

COGNET, Louis, *Crépuscule des mystiques : Bossuet – Fénelon*, Paris, Desclée de Brouwer, 1958, nouvelle éd. 1991.

COGNET, Louis, *Le Jansénisme*, Paris, PUF, « Que sais-je ? », 1961.

COGNET, Louis, *Histoire de la Spiritualité chrétienne*, III, *La spiritualité moderne*, t. I, *L'essor : 1500-1650*, Paris, Aubier, 1966.

CONGAR, Yves, « Fait dogmatique et foi ecclésiastique », *Catholicisme*, t. IV, Paris, Letouzey et Ané, 1954, col. 1059-1067.

COURTINE, Jean-François, *Nature et empire de la loi. Études Suareziennes*, Paris, Éditions de l'École des Hautes Études en Sciences Sociales, Vrin, 1999.

CUVILLIERS, Vincent et MOULIS, Philippe, « Réseaux catholiques et clandestinité dans les diocèses septentrionaux de la France au XVIIIᵉ siècle », *Revista Arhivelor-Archives Review*, nº 2, 2010, p. 86-99.

DE FRANCESCHI, Sylvio Hermann, « Fénelon et la définition du vrai thomisme. De la condamnation du *Cas de conscience* (1704) à la Bulle *Unigenitus* (1713) », *Revue des sciences philosophiques et théologiques*, t. 92, nº 1, 2008, p. 33-76.

DE FRANCESCHI, Sylvio Hermann, « Fénelon et la recherche du vrai thomisme. Le débat sur l'antithomisme fénelonien (1725-1726) », *Revue d'histoire ecclésiastique*, t. 103, nº 3-4, 2008, p. 839-886.

DE FRANCESCHI, Sylvio Hermann, « Les premiers jansénistes face à la doctrine thomiste. Jansénisme et thomisme à la veille de la campagne des *Provinciales* », *La campagne des* Provinciales. *Actes du colloque de Paris,*

19-21 septembre 2007, *Chroniques de Port-Royal*, n° 58, Paris, Bibliothèque Mazarine, 2008, p. 307-322.

DE FRANCESCHI, Sylvio Hermann, « Le moment pascalien dans la querelle de la grâce. Pascal à la croisée des chemins (1655-1657) », *Revue de synthèse*, s. 6, t. 130, n° 4, 2009, p. 595-635.

DE FRANCESCHI, Sylvio Hermann, « Thomisme et jansénisme dans la querelle de la grâce (I). Les conséquences des cinq Articles de 1663 sur le débat autour du jansénisme », *Bulletin de littérature ecclésiastique*, t. 110, n° 1, 2009, p. 3-30.

DE FRANCESCHI, Sylvio Hermann, « Thomisme et jansénisme dans la querelle de la grâce (II). Le spectre des cinq Articles de 1663 au temps de l'antijansénisme triomphant », *Bulletin de littérature ecclésiastique*, t. 110, n° 2, 2009, p. 179-206.

DE FRANCESCHI, Sylvio Hermann, « Fénelon et la notion thomiste de prémotion physique. Le thomisme moderne au tribunal du molinisme », *Revue de l'histoire des religions*, t. 228, n° 1, 2011, p. 37-70.

DE FRANCESCHI, Sylvio Hermann, « Le statut du thomisme selon la théologie moliniste. L'antijansénisme de Fénelon au secours de l'orthodoxie thomiste », *Revue théologique de Louvain*, t. 42, n° 2, 2011, p. 217-241.

DE FRANCESCHI, Sylvio Hermann, « La controverse théologique par l'instruction pastorale. Délectation victorieuse et prémotion physique selon Fénelon : à propos de la *Théologie de Châlons* de Louis Habert (1711) », *Les métamorphoses de la théologie. Théologie, littérature, discours religieux au XVIIe siècle*, éd. J.-P. Gay et Ch.-O. Stiker-Métral, Paris, Honoré Champion, 2012, p. 147-171.

DE FRANCESCHI, Sylvio Hermann, « Le jansénisme et le recours à la doctrine thomiste. La défense du philothomisme augustinien au temps de la querelle du *Cas de conscience* (1702-1706) », *Revue d'histoire de l'Église de France*, t. 98, 2012, p. 285-310.

DE FRANCESCHI, Sylvio Hermann, *Entre saint Augustin et saint Thomas. Les jansénistes et le refuge thomiste (1653-1663) : à propos des 1re, 2e et 18e* Provinciales, Paris, Nolin, 2009.

DE FRANCESCHI, Sylvio Hermann, *La Puissance et la Gloire. L'orthodoxie thomiste au péril du jansénisme (1663-1724) : le zénith français de la querelle de la grâce*, Paris, Nolin, 2011.

DEREGNAUCOURT, Gilles, *De Fénelon à la Révolution, le clergé paroissial de l'archevêché de Cambrai*, Lille, Presses Universitaires de Lille, 1991.

DEREGNAUCOURT, Gilles, et GUIGNET, Philippe, (dir.), *Fénelon, évêque et pasteur en son temps (1695-1715)*, Centre d'Histoire de la Région du Nord et de l'Europe du Nord-Ouest, Villeneuve d'Ascq, 1996.

DEREGNAUCOURT, Gilles, *Évêques, prêtres et paroisses dans les Pays-Bas catholiques du Concile de Trente aux Lumières. Provinces ecclésiastiques de Cambrai et Malines et Diocèse de Liège*, Habilitation à Diriger des Recherches, Université d'Artois, 1998, 2 tomes.

DEVILLAIRS, Laurence, « Le plaisir en théologie : Port-Royal et ses adversaires », *Ruine et survie de Port-Royal (1679-1713). Actes du colloque international organisé par la Société des Amis de Port-Royal (Paris, Port-Royal des Champs, 22-23 septembre 2011)*, éd. S. De Franceschi et R. Mathis, *Chroniques de Port-Royal*, n° 62, 2012, p. 149-166.

DEVILLAIRS, Laurence, *Fénelon, une philosophie de l'infini*, Paris, Cerf, 2007.

DUBU, Jean, « Racine et la Bible », *Le Grand Siècle et la Bible*, sous la dir. de J.-R. Armogathe, Paris, Beauchesne, 1989, p. 721-734.

DURANTON, Henri, « La théologie à l'encan. La poésie satirique au service du bon combat », *8 septembre 1713 : le choc de l'*Unigenitus. *Actes du colloque international organisé par la Société des Amis de Port-Royal (Versailles, 2-4 octobre 2013)*, éd. O. Andurand et S. De Franceschi, *Chroniques de Port-Royal*, n° 64, Paris, Bibliothèque Mazarine, 2014, p. 115-129.

DUSSART, Michel (dir.), *Visages de Fénelon, 1651-1715. Tricentenaire de la mort de Fénelon*, Cambrai, Société d'émulation de Cambrai, tome 114, 2015.

Fénelon. Philosophie et spiritualité, éd. D. Leduc-Fayette, Genève, Droz, 1996.

FRIGO, Alberto, « La tentation de la négligence : grâce et *zelum animarum* de Jansénius à Pascal », *Critique du zèle. Théologie, fidélités et radicalités confessionnelles dans la modernité (France, XVIe-XVIIIe siècles)*, éd. C. Bernat et F. Gabriel, Paris, Beauchesne, 2013, p. 65-90.

FRIGO, Alberto, « *Caritas patriæ*. L'ordre de la charité et le martyre civil au XIIIe siècle », *Revue des sciences religieuses*, t. 87, 2013, p. 21-40.

GAY, Jean-Pascal, « L'écriture de l'histoire des *Provinciales* : révélateur des transformations des usages et des fonctions de la polémique ? », *La campagne des* Provinciales. *Actes du colloque de Paris, 19-21 septembre 2007*, *Chroniques de Port-Royal*, n° 58, Paris, Bibliothèque Mazarine, 2008, p. 35-49.

GAY, Jean-Pascal, « Théologiens radicaux, théologies radicales ? Quelques théologiens francophones de la fin du XVIIe siècle et leurs pratiques d'écriture », *Archives de sciences sociales des religions*, t. 150, 2010, p. 77-98.

GILLON, Louis-Bertrand, « L'argument du tout et de la partie après saint Thomas d'Aquin », *Angelicum*, t. 38, 1951, p. 205-223 ; 346-362.

GILLON, Louis-Bertrand, « Le sacrifice pour la patrie et la primauté du bien commun chez les premiers Thomistes », *Revue Thomiste*, t. 49, 1949, p. 242-253.

GILSON, Étienne, *Introduction à l'étude de saint Augustin*, Paris, Vrin, 3e éd., 1969.

GOUHIER, Henri, *Blaise Pascal. Commentaires*, Paris, Vrin, 2e éd., 1971.

GOUHIER, Henri, *Fénelon philosophe*, Paris, Vrin, 1977.

GRÈS-GAYER, Jacques, « Un théologien gallican, témoin de son temps : Louis Ellies Du Pin (1657-1719) », *Revue d'histoire de l'Église de France*, t. 72, n° 188, 1986, p. 67-121.

GRÈS-GAYER, Jacques, « Un théologien gallican et l'Écriture sainte : le "projet biblique" de Louis Ellies Du Pin (1657-1719) », *Le Grand Siècle et la Bible*, sous la dir. de J.-R. Armogathe, Paris, Beauchesne, 1989, p. 255-275.

GUION, Béatrice, « Fénelon et Nicole : l'impossible dialogue autour de l'*Explication des Maximes des Saints* », *Fénelon. Mystique et Politique (1699-1999). Actes du colloque international de Strasbourg pour le troisième centenaire de la publication du* Télémaque *et de la condamnation des* Maximes des Saints, publiés par F.-X. Cuche et J. Le Brun, Paris, Honoré Champion, 2004, p. 49-64.

HAILLANT, Marguerite, « Jansénius et ses défenseurs dans l'*Instruction pastorale* de Fénelon portant condamnation du *Cas de Conscience* », *L'image de Jansénius jusqu'à la fin du XVIIIe siècle. Actes du Colloque de Louvain, 7-9 novembre 1985*, éd. J. M. van Eijl, Louvain, Peeters, 1987, p. 119-136.

HILLENAAR, Henk, *Fénelon et les jésuites*, La Haye, Nijhoff, 1967.

HILLENAAR, Henk, « Fénelon et Pasquier Quesnel », *Revue des sciences philosophiques et théologiques*, t. 61, n° 1, 1977, p. 33-58.

HILLENAAR, Henk, « Fénelon, Louvain et l'augustinisme », *L'augustinisme à l'ancienne Faculté de théologie de Louvain*, sous la direction de M. Lamberights, Louvain, University Press, 1994, p. 309-331.

HILLENAAR, Henk (dir.), *Nouvel état présent des travaux sur Fénelon*, Amsterdam-Atlanta, Rodopi, 2000.

HILLENAAR, Henk, « L'Augustinisme de Fénelon face à l'Augustinisme des Jansénistes », *Jansenismus, Quietismus, Pietismus*, éd. H. Lehmann, H. Schilling et H.-J. Schrader, Göttingen, Vandenhoeck und Ruprecht Verlag, 2002, p. 40-53.

HOUDARD, Sophie, *Les invasions mystiques. Spiritualités, hétérodoxies et censures au début de l'époque moderne*, Paris, Les Belles Lettres, 2008.

HOURS, Bernard, « Fausse primauté du pape et vraie constitution de l'Église : la première querelle de l'*Histoire ecclésiastique* (1726-1737) », *Histoires antiromaines II. L'antiromanisme dans l'historiographie ecclésiastique catholique (XVIe-XXe siècles). Actes de la journée d'études de Munich (13 septembre 2012)*, éd. Fr.-X. Bischof et S. De Franceschi, *Chrétiens et Sociétés*, *Documents et mémoires*, 23, Lyon, LARHRA RESEA, 2014, p. 123-156.

HUILLET D'ISTRIA, Madeleine, *Le Père Caussade et la querelle du pur amour*, Paris, Aubier, 1964.

JACQUES, Émile, « Un chanoine belge ami de Port-Royal et collaborateur de Fénelon : Philippe Charles Robert », *Revue d'histoire ecclésiastique*, n° 73, 1978, p. 5-44.

JAMES, Edward Donald, « *The Problem of Sufficient Grace and the* Lettres Provinciales », *French Studies*, t. 21, n° 3, 1967, p. 205-219.

JAMES, Edward Donald, *Pierre Nicole, Jansenist and Humanist : a Study of his Thought*, La Hague, Nijhoff, 1972.

JOPPIN, Gabriel, *Fénelon et la mystique du pur amour*, Paris, Beauchesne, 1938.

JOUSLIN, Olivier, *La Campagne des* Provinciales *de Pascal. Étude d'un dialogue polémique*, 2 vol., Clermont-Ferrand, Presses Universitaires Blaise Pascal, 2007.

KAPLAN, Benjamin, MOORE, Bob, VAN NIEROP, Henk, POLMANN, Judith (éd.), *Catholic Communities in Protestant States. Britain and the Netherlands, c. 1570-1720*, Manchester, Manchester, University Press, 2008.

KEMPSHALL, Matthew, *The Common Good in Late Medieval Political Thought : Moral Godness and Material Benefit*, Oxford, Oxford University Press, 1999.

KNEBEL, Sven K., « Casuistry and the Early Modern Paradigm Shift in the Notion of Charity », *Moral Philosophy on the Threshold of Modernity*, éd. J. Kraye et R. Saarinen, Dordrecht, Springer, 2005, p. 115-139.

KOCH, Isabelle, « L'auto-affaiblissement de la volonté chez Augustin », dans R. Lefebvre et A. Tordesillas (dir.), *Faiblesse de la volonté et maîtrise de soi. Doctrines antiques, perspectives contemporaines*, Rennes, PUR, 2009, p. 163-175.

KUSIAK, Jean, *Fénelon et le jansénisme*, Mémoire de maîtrise, sous la direction du Pr. Alain Lottin, Université d'Artois, 1995.

La campagne des Provinciales. *Actes du colloque de Paris, 19-21 septembre 2007, Chroniques de Port-Royal*, n° 58, Paris, Bibliothèque Mazarine, 2008.

LAPORTE, Jean, *La doctrine de Port-Royal*, II, I : *Les vérités de la grâce*, Paris, PUF, 1923.

LAPORTE, Jean, *Saint-Cyran*, Paris, PUF, 1922.

LE BRUN, Jacques, *Le Pur amour de Platon à Lacan*, Paris, Éditions du Seuil, 2002.

LE BRUN, Jacques, « De la *Lettre* au *Traité*. Les correspondances philosophiques de Fénelon », *Revue philosophique de la France et de l'étranger*, t. 128, n° 2, 2003, p. 191-210.

LE BRUN, Jacques, *La Spiritualité de Bossuet*, Paris, Klincksieck, 1972.

LEDUC, Christophe, *Gens d'Église et société à l'époque moderne : le chapitre et les chanoines de Notre-Dame de Cambrai de la Renaissance à la Révolution : mi XVe-fin XVIIIe siècles*, doctorat sous la dir. d'Alain Lottin, 2004, 3 tomes.

LEDUC-FAYETTE, Denise, « Vouloir ne vouloir pas », *Fénelon. Philosophie et spiritualité*, Genève, Droz, 1996, p. 95-110.

LESAULNIER, Jean et MCKENNA, Antony (dir.), *Dictionnaire de Port-Royal*, Paris, Honoré Champion, 2004.

LETTIERI, Gaetano, *Il metodo della grazia. Pascal e l'ermeneutica giansenista di Agostino*, Rome, Dehoniane, 1999.

LUBAC, Henri de, *Augustinisme et théologie moderne*, Paris, Aubier, 1965, réédition Paris, Cerf, 2008.

MAGNARD, Pierre, « La querelle des augustinismes », *Fénelon. Philosophie et spiritualité*, éd. D. Leduc-Fayette, Genève, Droz, 1996, p. 137-154.

MAHIEU, Léon, *Jansénisme et antijansénisme dans les diocèses d'Arras et de Cambrai : avec une introduction générale sur le jansénisme dans les diocèses du Nord de la France*, Lille, E. Raoust, 1944.

MARTIMORT, Aimé-Georges, *Le Gallicanisme de Bossuet*, Paris, Cerf, 1953.

MELCHIOR-BONNET, Sabine, *Fénelon*, Paris, Perrin, 2008.

MESNARD, Jean, « Essai sur la signification des *Écrits sur la grâce* de Pascal », dans Blaise Pascal, *Œuvres complètes*, éd. J. Mesnard, t. III, Paris, Desclée de Brouwer, 1991, p. 543-641.

MICHEL, Marie-José, « Clergé et pastorale janséniste à Paris (1669-1730) », *Revue d'histoire moderne et contemporaine*, t. 26, avril-juin 1979, p. 177-197.

MOCHIZUKI, Yuka, « La délectation dans les *Écrits sur la grâce*. Une orientation nouvelle dans les controverses jansénistes », *Pascal, auteur spirituel*, éd. D. Descotes, Paris, Honoré Champion, 2006, p. 351-392.

MOREAU, Denis, « Arnauld, les idées et les vérités éternelles », *Les Études philosophiques*, n° 1-2, janvier-juin 1996, p. 131-156.

MOREAU, Denis, *Deux Cartésiens : la polémique entre Antoine Arnauld et Nicolas Malebranche*, Paris, Vrin, 1999.

MOULIS, Philippe, « Réseau et clientèle d'un prélat janséniste : Pierre de Langle, évêque de Boulogne-sur-Mer (1698-1724) », *Chroniques de Port-Royal*, n° 62, Paris, Bibliothèque Mazarine, 2012, p. 57-75.

NEVEU, Bruno, *L'erreur et son juge*, Naples, Bibliopolis, 1993.

ORCIBAL, Jean, « La spiritualité de Dom Gabriel Gerberon, champion de Jansénius et de Fénelon », *Revue d'histoire de l'Église de France*, t. 43, n° 140, 1957, p. 151-222.

ORCIBAL, Jean, « Néo-platonisme et jansénisme : du *De libertate* du P. Gibieuf à l'*Augustinus* », *Nuove ricerche storiche sul giansenismo*, *Analecta Gregoriana*, vol. LXXI, Rome, Università Gregoriana, 1954, p. 33-57.

ORCIBAL, Jean, « Thèmes platoniciens dans l'*Augustinus* de Jansénius », *Augustinus Magister*, II, Paris, Études Augustiniennes, 1954, p. 1077-1085.

ORCIBAL, Jean, « Une controverse sur l'Église d'après une correspondance inédite entre Fénelon et Pierre Poiret », *XVIIe Siècle*, n° 25-26, 1955, p. 396-422.

ORCIBAL, Jean, *Documents pour une histoire doctrinale de la querelle du quiétisme. Le procès des « Maximes des saints » devant le Saint-Office avec la relation des congrégations cardinalices et les « observationes » inédites de Bossuet*, Rome, « Archivio italiano per la storia delia Pietà », V-28, Edizioni di Storia e letteratura, 1968.

ORCIBAL, Jean, *Études d'histoire et de littérature religieuses,* XVIe-XVIIe *siècles*, études réunies par J. Le Brun et J. Lesaulnier, Paris, Klincksieck, 1997.

ORCIBAL, Jean, *Jansénius d'Ypres (1585-1638)*, Paris, Études Augustiniennes, 1989.

ORCIBAL, Jean, *Les Origines du Jansénisme* : V. *La spiritualité de Saint-Cyran avec ses écrits de piété inédits*, Paris, Vrin, 1962.

PLAINEMAISON, Jacques, « Blaise Pascal et la *grâce suffisante* des thomistes dans les *Provinciales* », *Revue thomiste*, t. 80, n° 4, 1981, p. 575-585.

PLAINEMAISON, Jacques, « Pourquoi les *Provinciales* ou une guerre perdue d'avance », *Revue historique*, t. 287, n° 1, 1992, p. 61-88.

PLAINEMAISON, Jacques, *Blaise Pascal polémiste*, Clermont-Ferrand, Presses Universitaires Blaise Pascal, 2003.

POLMANN, Judith, *Catholic Identity and the Revolt of the Netherlands*, 1520-1635, Oxford, Oxford University Press, 2011.

QUANTIN, Jean-Louis, « Les limites de l'argument de tradition : sur les autorités dans la controverse entre Bossuet et Fénelon », *Fénelon. Mystique et Politique (1699-1999). Actes du colloque international de Strasbourg pour le troisième centenaire de la publication du* Télémaque *et de la condamnation des* Maximes des Saints, publiés par F.-X. Cuche et J. Le Brun, Paris, Honoré Champion, 2004, p. 65-97.

ROUSSELOT, Pierre, *Le Problème de l'Amour au Moyen Âge*, Paris, Vrin, 1981.

SELLIER, Philippe, *Pascal et saint Augustin*, Paris, Armand Colin [1970], 1995.

SAINTE-BEUVE, *Port-Royal*, présentation Ph. Sellier, Paris, Robert Laffont, « Bouquins », 2004.

SOLÈRE, Jean-Luc, « Antoine Arnauld ou la controverse dans les règles », *La Controverse religieuse et ses formes*, éd. A. Le Boulluec, Paris, Cerf, 1995, p. 319-372.

SOLÈRE, Jean-Luc, « Le "Testament spirituel" de Nicole ou le malentendu dévoilé. (Grâce, volonté et liberté, trente ans après) », *Chroniques de Port-Royal*, n° 45, « Pierre Nicole (1625-1695) », Paris, Bibliothèque Mazarine, 1996, p. 117-134.

TANS, Joseph Anna Guillaume et SCHMITZ DU MOULIN, Henri, *La correspondance de Pasquier Quesnel. Inventaire et index analytique*, 3 vol., Louvain-la-Neuve-Bruxelles, Bureau de la R.H.E., Bibliothèque de l'Université, Éditions Nauwelaerts, 1989-1993.

TANS, Joseph Anna Guillaume, « Les troubles causés par la constitution Unigenitus. Correspondance entre P. Quesnel et les principaux évêques appelants, avec introduction et annotations », Lias, vol. 1/2, 1974, p. 183-224.

TANS, Joseph Anna Guillaume, *Pasquier Quesnel et le jansénisme en Hollande*, Paris, Nolin, 2007.

TAVENEAUX, René, *Le jansénisme en Lorraine 1640-1789*, Paris, Vrin, 1960.

TERESTCHENKO, Michel, *Amour et désespoir de François de Sales à Fénelon*, Paris, Seuil, 2000.

THIROUIN, Laurent, « À la recherche du vrai saint Augustin », *Les écoles de pensée religieuse à l'époque moderne. Actes de la Journée d'Études de Lyon (14 janvier 2006)*, éd. Y. Krumenacker et L. Thirouin, *Chrétiens et Sociétés, Documents et Mémoires*, 5, 2006, p. 25-64.

TOUBOUL, Patricia, *Fénelon et les arts du dessin. Instruire par l'image*, Paris, Vrin, 2012.

TRÉMOLIÈRES, François, *Fénelon et le sublime. Littérature, anthropologie, spiritualité*, Paris, Honoré Champion, 2009.

INDEX NOMINUM

INDEX RERUM

RÉSUMÉS

Sylvio Hermann DE FRANCESCHI, « Le parti moliniste face à l'impossible mise en système de la doctrine janséniste. Le rôle de la notion théologique de délectation victorieuse dans la genèse de l'antijansénisme fénelonien »

Pour être venu tardivement dans la querelle de la grâce, Fénelon n'en a pas moins eu un rôle polémique capital. À partir de 1706 et plus encore après 1708, la dimension ecclésiologique du discours antijanséniste fénelonien s'estompe, tandis que l'archevêque de Cambrai recentre sa réflexion sur le cœur doctrinal de la matière janséniste en développant sans cesse davantage la thèse selon laquelle le jansénisme se réduit en définitive au système des deux délectations prévenantes et indélibérées.

François TRÉMOLIÈRES, « Qui peut juger du sens d'un texte ? »

Les relations de Fénelon avec le jansénisme sont essentiellement polémiques. Avant de tenter la réfutation du système de Jansénius, Fénelon a voulu convaincre qu'il n'était pas possible de douter que le sens du texte de l'*Augustinus* était bien celui formulé pour être condamné par les « cinq propositions ». Il s'agit non d'arguments de contenu ou de critique interne, mais d'une discussion sur l'autorité du magistère. Elle est en cohérence avec le système de Fénelon et sa propre attitude d'obéissance à l'Église.

Alberto FRIGO, « L'antimysticisme de Port-Royal et la mystique de Fénelon »

On sait le rôle que Port-Royal joua dans « le crépuscule des mystiques » (Cognet). Il se peut que si Bossuet se réclame des Messieurs de Port-Royal, et notamment d'Arnauld et de Nicole dans son affrontement avec Fénelon, c'est précisément dans la mesure où ceux-ci s'étaient finalement éloignés de Jansénius et de son interprétation de saint Augustin. L'exégèse de la doctrine thomiste de l'amour naturel de Dieu proposée par Arnauld et l'usage du théologoumène du « Dieu caché » par Nicole en donnent la preuve.

Hélène MICHON, « La question de l'amour naturel. Fénelon, François de Sales, Arnauld »

La querelle de l'amour pur qui oppose à la fin du XVIIe siècle Fénelon à Bossuet apparaît souvent comme une aporie des débats théologiques du temps et comme le coup de grâce porté à la mystique française. Cette querelle comporte une généalogie et sans doute est-ce par elle que l'on peut mieux en délimiter les enjeux. C'est sans doute le principe anthropologique d'un mouvement naturel vers Dieu qui fait défaut dans la perception fénelonienne des rapports de l'homme avec Dieu, et qui en modifie la perspective.

Laurence DEVILLAIRS et Patricia TOUBOUL, « Le(s) plaisir(s) : Fénelon et Port-Royal »

L'affirmation selon laquelle Fénelon serait un ennemi du plaisir est fréquente. Son combat contre l'idée de délectation prévenante, de même que sa défense du pur amour, paraissent au prime abord le justifier. Cependant, cette interprétation est fausse parce que trop générale. Si Fénelon repousse bien l'idée d'un plaisir *prévenant*, il défend en revanche l'idée d'un plaisir *volontaire.* Aussi Fénelon est-il l'un des penseurs les plus féconds et les plus originaux permettant à terme de parler non *du* plaisir, mais *des* plaisirs.

Philippe MOULIS, « Les jansénistes de Fénelon de 1708 à 1715, mythe ou réalité ? »

Le 13 juillet 1708, le pape Clément XI condamne l'ouvrage de P. Quesnel : *Le Nouveau Testament en français avec des Réflexions Morales*... Le 11 novembre, un arrêt du Conseil du roi abolit le privilège accordé pour la publication de ce livre. Le cardinal de Noailles et les jansénistes sont visés par ces mesures du pape et de Louis XIV. Le 8 septembre 1713, la bulle *Unigenitus* condamne 101 propositions extraites des *Réflexions morales.* L'Église de France est divisée. Fénelon jouera un rôle important dans cette querelle.

Jean LESAULNIER, « Fénelon, Racine et Port-Royal. L'affaire Louis Ellies Du Pin (1692) »

Fénelon et Racine eurent à se rencontrer et à collaborer plus particulièrement lors des débats suscités par la publication des ouvrages de Louis Ellies

Du Pin. Le gouverneur du duc de Bourgogne et le dramaturge s'efforcèrent d'intervenir auprès de ce jeune docteur de Sorbonne mis en cause et d'apporter des réponses aux questions d'ordre historique et théologique formulées par Bossuet. La lutte de pouvoirs ne contribua pas peu à la condamnation finale d'un ouvrage, dont l'auteur sortit plutôt renforcé.

TABLE DES MATIÈRES

IMPRIM'VERT®

Achevé d'imprimer par Corlet Numérique,
À Condé-sur-Noireau (Calvados), en août 2017
N° d'impression : 140728 – Dépôt légal : août 2017
Imprimé en France